中国教育专业学位研究生教育标准

Zhongguo Jiaoyu Zhuanye Xuewei
Yanjiusheng Jiaoyu Biaozhun

张斌贤 主编　翟东升 副主编

北京师范大学出版集团
BEIJING NORMAL UNIVERSITY PUBLISHING GROUP
北京师范大学出版社

图书在版编目(CIP)数据

中国教育专业学位研究生教育标准/张斌贤主编,翟东升副主编.—北京:北京师范大学出版社,2024.7
ISBN 978-7-303-29826-6

Ⅰ.①中… Ⅱ.①张… ②翟… Ⅲ.①教育学—研究生教育—标准—中国 Ⅳ.①G40-65

中国国家版本馆 CIP 数据核字(2024)第 040095 号

教 材 意 见 反 馈 　gaozhifk@bnupg.com　010-58805079
营 销 中 心 电 话 　010-58802135　58802786
北师大出版社教师教育分社微信公众号　京师教师教育

出版发行:北京师范大学出版社　www.bnupg.com
　　　　　北京市西城区新街口外大街 12-3 号
　　　　　邮政编码:100088
印　　刷:唐山市润丰印务有限公司
经　　销:全国新华书店
开　　本:787 mm×1092 mm　1/16
印　　张:21
字　　数:388 千字
版　　次:2024 年 7 月第 1 版
印　　次:2024 年 7 月第 1 次印刷
定　　价:66.00 元

策划编辑:王建虹　　　　　责任编辑:岳　蕾
美术编辑:李向昕　　　　　装帧设计:焦　丽
责任校对:包冀萌　　　　　责任印制:马　洁

编者序

1996 年 4 月 13 日，国务院学位委员会第十四次会议审议通过《关于设置和试办教育硕士专业学位的报告》，由此开启了教育专业学位研究生教育的发展历程。2008 年 12 月 30 日，国务院学位委员会第二十六次会议审议通过《教育博士专业学位设置方案》，教育专业学位研究生教育事业进入了一个新的发展阶段。在中国教育史上，教育专业学位的设置既是一项全新的事业，也是一场前所未有的艰难探索。

二十多年来，国务院学位委员会、原国家教育委员会、教育部、国务院学位委员会办公室（教育部学位管理与研究生教育司）等部门和全国教育专业学位研究生教育指导委员会相继出台了大量政策文件和专业文件，从学位设置、院校授权、招生工作、培养目标、培养过程、课程计划、实践教学和学位要求等各个方面提出了大量规范性要求，逐步建立了较为完备的质量标准体系和质量保障体系。这些文件既是汇集各方智慧、不断探索的思想成果，又是教育专业学位研究生教育事业健康发展的制度保障，也是培养院校有效开展管理工作和培养工作所应遵循的准则。

由于相关政策文件和专业文件数量较多，涉及专题多种多样，且时间跨度大，其结果便是文件散见于各处，对检索、查阅和使用造成诸多不便。这种状况不仅影响政策资源发挥其应有的效用，而且不利于培养院校日常管理工作和培养工作的规范开展。近年来，随着培养院校数量的不断增加，同时也由于从事相关管理工作的人员更迭频繁，大批年轻教师加入导师队伍，全国教育专业学位研究生教育指导委员会秘书处常年频繁地接到培养院校提出的各种问题，咨询数量激增，涉及范围广泛。这令秘书处深切地感到加强相关政策的普及和宣传的紧迫性、必要性。而要开展政策的普及和宣传，一项基础性的工作便是政策文件的广泛搜集、梳理和系统呈现。为此，秘书处精心选编了 1996—2023 年国务院学位委员会、原国家教育委员会、教育部、国务院学位委员会办公室和全国教育专业学位研究生教育指导委员会相继公布的与专业学位研究生教育、教育专业学位研究生教育相关的重要政策文件和专业文件，以便于教育专业学位研究生培养院校的相关管理部门、承担教育专业学位研究生培养的专业学院和指导教师更为全面地了解教育专业学位研究生培养要求，更为高效地开展工作，以保证人才培养质量，不断推进教育专业学位研究生教育的健康发展。

在编辑本书的过程中，全国教育专业学位研究生教育指导委员会委员、天津师范大学教育学部部长王光明教授，以及全国教育专业学位研究生教育指导委员会秘书处秘书翟东升副研究员、沈阳师范大学教育硕士研究生院院长周润智教授、东北师范大学研究生院培养处处长秦春生研究员付出了辛勤的劳动，提供了大量帮助，在此一并致谢。

感谢北京师范大学出版集团郭兴举、王剑虹两位编辑的大力支持和专业服务。

借此机会，向所有教育专业学位研究生培养院校多年来对全国教育专业学位研究生教育指导委员会秘书处工作的大力支持表示由衷的感谢。

张斌贤

2023 年 12 月 18 日

目　录

第一编　国务院学位委员会、教育部等部委相关政策

第二编　教育硕士专业学位教育标准

第三编　教育博士专业学位教育标准

第一编

国务院学位委员会、教育部等部委相关政策

一、专业学位研究生教育相关政策

国务院学位委员会　教育部关于加强和改进专业学位教育工作的若干意见

学位〔2002〕1 号

各省(自治区、直辖市)学位与研究生教育主管部门,有关高校:

全面贯彻、落实党中央、国务院确定的科教兴国战略,适应国家经济建设、科技进步和社会发展需要,必须不断改革和完善我国学位与研究生教育制度,促进专业学位教育的健康发展,为社会主义现代化建设培养大批应用型高层次专门人才。

专业学位,或称职业学位,是相对于学术性学位而言的学位类型,培养适应社会特定职业或岗位的实际工作需要的应用型高层次专门人才。专业学位与相应的学术性学位处于同一层次,培养规格各有侧重。

我国自 1991 年开始实行专业学位教育制度以来,经过十年的努力和建设,专业学位教育发展迅速,取得了显著的成绩。目前,已基本形成了以硕士学位为主,博士、硕士、学士三个层次并存的专业学位教育体系,初步建立了具有我国特色的专业学位教育制度,探索出比较适合专业学位教育发展的培养模式,培养了一批合格的专业学位人才。但是,由于我国专业学位教育起步较晚,在发展过程中还存在一些问题,主要表现在:对专业学位教育重要性的认识有待进一步提高,专业学位教育规模偏小,优秀教材与案例比较缺乏,师资总体水平有待提高,专业学位与职业或岗位任职资格之间的衔接不够紧密,质量保证措施尚需完善等。对于这些问题,必须采取措施加以解决。为此,提出如下意见。

一、充分认识发展专业学位教育的重要性

我国专业学位教育发展的实践证明，专业学位教育适合我国国情和教育实际，已成为学位与研究生教育的重要组成部分，是培养应用型高层次专门人才的重要途径。因此，做好专业学位教育工作，积极发展专业学位教育具有重要意义。

发展专业学位教育，是社会主义现代化建设的需要。随着我国社会主义市场经济的发展和知识经济的来临，社会各行各业的从业标准和知识、技术含量日益提高，对于应用型高层次专门人才的需求在量上和质上都提出了迫切的、更高的要求。学位与研究生教育必须适应这种需要，培养大批社会主义现代化建设需要的各种类型的应用型高层次专门人才。

发展专业学位教育，是完善我国高等教育体系、提高我国高等教育国际竞争力的需要。随着经济全球化和国际竞争的日趋激烈，世界发达国家十分重视高层次、应用型专门人才的培养，学位种类多样，应用型高层次人才的培养规模随着经济、社会的发展不断扩大，一些行业或岗位的从业资格与专业学位、文凭证书衔接紧密。我国高等教育要提高国际竞争力，就必须重视和加强应用型高层次人才的培养。

发展专业学位教育，是我国学位与研究生教育改革与发展的需要。我国自1981年开始实施学位制度以来，学位与研究生教育已经取得了显著成就，在当前和今后一个时期的重要任务之一，就是要进一步调整和优化学科结构，在加强学术性高层次人才培养的同时，大力发展专业学位教育。

专业学位人才培养与学术性学位人才培养是高层次人才培养的两个重要方面，在高等院校人才培养工作中，具有同等重要的作用。有关高等院校一定要充分认识发展专业学位教育的重要性，高度重视专业学位教育工作，把其作为学位与研究生教育工作的一项重要任务，抓住机遇，创造条件，积极促进专业学位教育的健康发展。

二、统筹规划专业学位教育，积极、主动适应社会经济发展需要

国家统筹规划专业学位教育的发展，研究专业学位教育发展规律，制定专业学位教育发展的政策、法规，指导、协调与专业学位教育有关的活动。对不同专业学位教育进行分类指导。

适应社会、经济发展需要，扩大专业学位培养单位数量，调整和优化地区布局；提高专业学位人才在高层次人才中所占比例，不断扩大专业学位人才的培养规模。

加大为西部地区培养专业学位人才的力度，积极支持西部地区专业学位教育的发展，为地方经济建设和社会发展服务。

积极与有关主管部门协调，根据职业或岗位任职资格的实际需要和发展趋势，制定切实可行的、具有一定先导性的与职业或岗位任职资格相互衔接的相关政策。

有关高等院校要转变教育观念，根据社会、经济发展需要和高素质人才培养需要，积极进行学科结构、人才结构及培养模式的调整和优化，探索适合专业学位教育发展的教学体制和管理模式。

三、深化专业学位教育制度改革，提高培养质量

为保证专业学位教育质量，提高教学水平，必须树立现代教育观念，优化培养过程，探索新型的培养模式和教学方法，不断深化专业学位教育制度改革。

改革专业学位招生制度。考试科目和内容要紧紧围绕培养目标，着重考察学生的综合素质和能力，有利于选拔有培养前途和发展潜力的人员。考试方式逐步实行全国联考与学校考核相结合，增加面试在考试中的比重。具备条件时，逐步实行在国家宏观指导下，由招生单位自行确定招生规模和录取分数线。

优化培养方案和课程体系，更新教学内容。课程设计要体现基础性、实践性、选择性及先进性。教学内容要求知识面宽、反映最新学术成果和科技动态、紧密联系实际需要。着重培养学生的思维能力、逻辑推理能力和操作能力以及观察问题和创造性解决问题的能力。重视和加强教材建设；引进国外优秀教材和编写国内高水平教材相结合。

改进教学方法。教学方式要多样化，将课堂讲授与研讨、模拟、案例教学、实践等形式有机结合，鼓励学生积极、主动参与教学活动。重视现代教学手段的运用，改善和提高教学效果。加强案例教学，重视案例的编写和使用；高水平案例应作为教学研究成果。加强实践环节，创造条件建立较稳定的实践基地，把理论学习与实际应用紧密结合。

正确把握专业学位论文的规格和标准。专业学位的论文形式可灵活多样；论文选题应有现实针对性、应用性；论文内容强调理论在实践中的应用；论文要综合反映学生运用知识分析问题和解决问题的能力及调查研究的能力。

提高师资水平。专业学位教育的师资队伍必须以具有硕士、博士学位的教师为主，并要不断提高有博士学位教师的比例。教师必须要紧密接触实际，具有实践经验。教师在加强学术研究的同时，必须针对专业学位教育的特点，

注重教学方法的研究。培养单位要建立和完善教师的评聘、培训、使用、评价和激励制度。积极吸收实际部门有丰富实践经验和较高理论水平的人员参与教学活动。

加强管理和服务。加强教学环节各项规章制度的建立和完善，强化培养过程的管理，形成严格的、系统的保证专业学位教育质量的管理制度。转变观念，树立服务意识，积极为学生提供学习、实践、就业等方面的服务。切实加强教学基础设施的建设。

培养方式实行全日制和非全日制两种方式；实行学分制。

四、充分发挥专业学位教育指导委员会的作用

专业学位教育指导委员会是专业学位教育的专业性组织，具有对专业学位教育进行研究、指导与协调等职能。充分发挥专业学位教育指导委员会的作用，既是政府部门转变职能的需要，也是专业学位教育发展的需要。

专业学位教育指导委员会在专业学位教育标准的制定、教学改革、教材与案例建设、师资培训、国际交流与合作、加强与有关主管部门的协调、参与评估、开展研究等方面，要积极行使职能，充分发挥作用。同时，要建立和规范教育指导委员会的各项工作制度。

专业学位教育指导委员会秘书处要有专职人员负责。秘书处所在单位要在工作条件、人员配备、岗位设置等方面给予大力支持。

五、建立和完善专业学位教育评估制度

评估在专业学位教育中具有重要作用，是保证专业学位教育质量，提高专业学位教育水平，促进专业学位教育健康发展的重要手段。

逐步建立和完善科学、合理的专业学位教育评估制度。专业学位教育评估制度，必须遵循高层次人才培养规律，针对专业学位教育的特点，有利于科学评价专业学位教育质量，有利于形成良性的竞争环境，有利于社会的了解和监督，有利于促进专业学位教育的发展和水平的不断提高。

逐步建立教育内部评估、中介机构评估和社会评价相结合的专业学位教育评估体系。

评估要具有客观性、指导性、权威性；力戒形式主义。

六、加强国际交流与合作

加强国际交流与合作，学习、借鉴国际上在培养应用型高层次专门人才方面的成功经验和有益做法，对于建立既具有我国特色又符合国际发展趋势

的专业学位教育制度，提高办学水平，促进我国专业学位教育的改革和发展具有重要意义。

鼓励高等院校积极开展多种形式的国际交流与合作，如互聘教师、交换学生、召开研讨会等；引进和吸收国外先进的教育观念、教学方法、管理模式、教材和案例；创造条件，支持教师到国外进修、学习、研究和访问。

支持高等院校与国外较高水平大学开展中外合作办学。国家加强对中外合作办学的宏观指导和管理，保证中外合作办学的质量。

国务院学位委员会　教育部
二〇〇二年一月九日

教育部关于做好全日制硕士专业学位
研究生培养工作的若干意见

教研〔2009〕1 号

各省、自治区、直辖市教育厅(教委)，新疆生产建设兵团教育局，有关部门
(单位)教育司(局)，部属各高等学校：

为更好地适应国家经济建设和社会发展对高层次应用型人才的迫切需要，
积极发展具有中国特色的专业学位教育，我部决定自 2009 年起，扩大招收以
应届本科毕业生为主的全日制硕士专业学位范围。开展全日制硕士专业学位
研究生教育，必须以邓小平理论和"三个代表"重要思想为指导，深入贯彻落
实科学发展观，坚持以人为本，以质量为核心，按照"全面、协调、可持续"
的要求，整体规划、统筹协调、规范管理、分类指导、协同发展，确保全日
制硕士专业学位研究生的培养质量。为做好全日制硕士专业学位研究生教育
工作，现提出如下意见：

一、充分认识开展全日制硕士专业学位研究生教育的重要性

(一)开展全日制硕士专业学位研究生教育是学位与研究生教育积极主动
适应经济社会发展对高层次应用型专门人才的需要。

当前，科学技术突飞猛进，新知识、新理论、新技术日新月异，职业分
化越来越细，职业的技术含量和专业化程度越来越高，对专门人才的需求呈
现出大批量、多规格、高层次的特点。世界各国高等教育都主动适应这种变
化，积极进行人才培养目标和培养模式的调整，大力提高人才培养的适应性
和竞争力。近年来，随着我国经济社会的快速发展，迫切需要大批具有创新
能力、创业能力和实践能力的高层次专门人才。研究生教育必须要增强服务
于国家和社会发展的能力，加快结构调整的步伐，加大应用型人才培养的力
度，促进人才培养与经济社会发展实际需求的紧密联系。

(二)开展全日制硕士专业学位研究生教育是学位与研究生教育改革与发
展的需要。

我国学位与研究生教育经过 30 年的发展，办学规模不断扩大，教育质量
不断提高，总体实力不断增强，建立了学科门类比较齐全、结构比较合理的

学位授权体系，形成了独具特色的、有质量保证的研究生培养制度。长期以来，我国硕士研究生教育主要是培养具有独立从事科学研究或教学工作能力的教学科研人才。但随着研究生规模的不断扩大和社会需求的不断变化，硕士研究生的就业去向已更多地从教学、科研岗位转向实际工作部门。从世界研究生教育发展状况来看，硕士研究生教育基本是以面向实际应用为主，教学科研人才更多是来源于博士研究生。为促进我国研究生教育的更好发展，必须重新审视和定位我国硕士研究生的培养目标，进一步调整和优化硕士研究生的类型结构，逐渐将硕士研究生教育从以培养学术型人才为主向以培养应用型人才为主转变，实现研究生教育在规模、质量、结构、效益等方面的协调、可持续发展。

(三)开展全日制硕士专业学位研究生教育是进一步完善专业学位教育制度的需要。

我国自 1991 年开展专业学位教育以来，专业学位教育种类不断增多，培养规模不断扩大，社会影响不断增强，在培养高层次应用型专门人才方面日益发挥着重要的作用，已成为学位与研究生教育的重要组成部分。专业学位教育既要培养具有一定工作经历的在职人员，满足他们在职提高、在岗学习的需要，也要培养应届本科毕业生，满足他们适应社会发展、提高专业水平、增强就业竞争力的需要。根据不同培养对象，学习方式可以全日制攻读，也可以非全日制攻读。目前，我国专业学位教育，在职人员攻读比例偏大、应届本科毕业生攻读比例偏小，在全日制研究生教育中的地位和作用没有得到充分体现。开展以应届本科毕业生为主的全日制硕士专业学位研究生教育，对于完善专业学位教育制度、增强专业学位研究生的培养能力、满足社会多样化需求、加快培养高层次应用型专门人才，具有重要意义。

二、创新全日制硕士专业学位研究生教育的培养模式，确保培养质量

(一)科学定位

专业学位研究生的培养目标是掌握某一专业(或职业)领域坚实的基础理论和宽广的专业知识、具有较强的解决实际问题的能力，能够承担专业技术或管理工作、具有良好的职业素养的高层次应用型专门人才。专业学位研究生教育在培养目标、课程设置、教学理念、培养模式、质量标准和师资队伍建设等方面，与学术型研究生有所不同，要突出专业学位研究生教育的特色。做好全日制硕士专业学位研究生教育工作，必须科学确立专业学位研究生教育的合理定位，深入研究和准确把握专业学位研究生教育规律，创新培养理念，改革培养模式，确保培养质量。

(二)教学要求

课程设置要以实际应用为导向，以职业需求为目标，以综合素养和应用知识与能力的提高为核心。教学内容要强调理论性与应用性课程的有机结合，突出案例分析和实践研究；教学过程要重视运用团队学习、案例分析、现场研究、模拟训练等方法；要注重培养学生研究实践问题的意识和能力。学习年限一般2年，实行学分制。课程学习与实践课程要紧密衔接，课程学习主要在校内完成，实习、实践可以在现场或实习单位完成。建立健全校内外双导师制，以校内导师指导为主，校外导师参与实践过程、项目研究、课程与论文等多个环节的指导工作。吸收不同学科领域的专家、学者和实践领域有丰富经验的专业人员，共同承担专业学位研究生的培养工作。注重培养实践研究和创新能力，增长实际工作经验，缩短就业适应期限，提高专业素养及就业创业能力。

(三)实践要求

专业实践是重要的教学环节，充分的、高质量的专业实践是专业学位教育质量的重要保证。专业学位研究生在学期间，必须保证不少于半年的实践教学，可采用集中实践与分段实践相结合的方式；应届本科毕业生的实践教学时间原则上不少于1年。要提供和保障开展实践的条件，建立多种形式的实践基地，加大实践环节的学时数和学分比例。注重吸纳和使用社会资源，合作建立联合培养基地，联合培养专业学位研究生，改革创新实践性教学模式。推进专业学位研究生培养与用人单位实际需求的紧密联系，积极探索人才培养的供需互动机制。研究生要提交实践学习计划，撰写实践学习总结报告。要对研究生实践实行全过程的管理、服务和质量评价，确保实践教学质量。

(四)学位论文

要正确把握专业学位研究生学位论文的规格和标准。学位论文选题应来源于应用课题或现实问题，必须要有明确的职业背景和应用价值。学位论文形式可以多种多样，可采用调研报告、应用基础研究、规划设计、产品开发、案例分析、项目管理、文学艺术作品等形式。学位论文须独立完成，要体现研究生综合运用科学理论、方法和技术解决实际问题的能力。学位论文字数，可根据不同专业学位特点和选题，灵活确定。学位论文评阅人和答辩委员会成员中，应有相关行业实践领域具有高级专业技术职务的专家。

三、做好全日制硕士专业学位研究生教育的组织实施工作

(一)各专业学位研究生培养单位和有关教育主管部门要高度重视，将此项工作纳入学位与研究生教育改革与发展的重要内容。要充分认识到专业学位人才培养与学术型学位人才培养是高层次人才培养的两个重要方面，在高等学校人才培养工作中，具有同等重要的地位和作用。要抓住机遇，着力调整人才培养结构，深化培养机制改革，加强教学条件建设，统筹规划，积极促进专业学位教育的健康、快速发展。

（二）各专业学位研究生培养单位要在各专业学位教育指导委员会的指导下，制订全日制硕士专业学位研究生培养方案和实施细则，建立和完善各项规章制度。要充分借鉴、吸收国际上专业学位研究生教育的先进做法，积极探索、创新全日制硕士专业学位研究生培养模式。要重视构建和形成一支适应专业学位研究生教育的师资队伍，建立健全合理的教学科研评价体系。要强化过程管理，建立和完善包括招生、培养、学位授予等各个环节的专业学位质量保障体系。

（三）各专业学位研究生培养单位要切实加大投入，加强教学基础设施、案例库以及教学实践基地的建设。要树立服务意识，为学生学习、实践、创业等提供良好条件。要充分调动社会、行业和有关用人单位的积极性，发挥学校、院系和导师的作用，积极争取各方面资源，拓宽就业渠道。要建立和完善全日制硕士专业学位研究生的资助办法。要不断推进全日制硕士专业学位研究生教育的规范化发展，促进专业学位教育质量不断提高。要采取有力措施，确保全日制硕士专业学位研究生教育工作的顺利实施。

中华人民共和国教育部
二〇〇九年三月十九日

教育部关于开展研究生专业学位
教育综合改革试点工作的通知

教研函〔2010〕1 号

各省、自治区、直辖市教育厅（教委），新疆生产建设兵团教育局，有关部门（单位）教育司（局），部属各高等学校：

我国自 1991 年开展研究生专业学位教育以来，研究生专业学位教育种类不断增多，培养规模不断扩大，社会影响不断增强，在培养高层次应用型专门人才方面日益发挥着重要的作用，已成为学位与研究生教育的重要组成部分。目前，国务院学位委员会已批准设置了 38 种专业学位，其中已经开展试点的研究生专业学位类别有 19 种，具有研究生专业学位授予权的培养单位已达 476 所，累计招收硕士专业学位研究生 85 万人，已初步建立了具有中国特色的专业学位研究生教育制度，为社会主义现代化建设培养了大批高层次应用型专门人才。

为进一步推进研究生教育改革与发展，鼓励专业学位研究生培养单位积极探索和创新符合专业学位教育特点、具有鲜明特色的研究生专业学位教育培养模式和管理体制，促进研究生专业学位教育更好地适应经济社会发展和满足人民群众的多样化需要，并逐步健全具有中国特色的研究生专业学位教育制度，经研究，决定开展高等学校研究生专业学位教育综合改革试点（以下简称综合改革试点）工作。现将有关事项通知如下：

一、基本目标

通过综合改革试点工作，提高培养单位对研究生专业学位教育的科学认识，引导不同类型研究生合理定位，充分发挥学校自身办学优势，改变研究生专业学位教育学术化倾向，营造有利于研究生专业学位教育科学发展的良好环境。通过综合改革试点工作，推进研究生专业学位教育改革的不断深化，探索符合研究生专业学位教育规律的培养模式、质量标准及保障体系和办学管理体制，促进研究生专业学位教育水平和人才培养质量的明显提高。通过支持部分高等学校先行试点，创造具有推广价值的好经验、好做法，进而发挥典型引路、示范带动的作用，逐步构建和完善与经济社会发展需要相适应的研究生专业学位教育体系。

二、基本内容

在研究生专业学位教育培养模式创新和管理体制改革方面实现较大突破，采取有针对性的改革举措，取得显著成效，积累可推广的成功经验。

培养模式创新方面，重点在硕士专业学位研究生教育的课程体系设置、师资队伍建设、教学内容与方式、研究课题和专业技能训练、实验室和实习实践基地建设、考核评价标准和方式等方面有实质性的创新。

管理机制改革方面，重点在硕士专业学位研究生教育的招生结构调整、与行业和企业共建合作、教学科研考核与评价机制、奖助贷体系建立、教育管理机构完善等方面有突破性的改革。

三、政策及经费支持

对于开展研究生专业学位教育综合改革试点工作的单位，我部将在以下几个方面给予重点支持：

(一)给予一定的经费支持。

(二)适当增加专业学位研究生推荐免试生名额和招生计划。

(三)在其他有关政策中予以支持。

四、综合改革试点单位的遴选

(一)申报条件

申报开展综合改革试点工作的高等学校应具备下列基本条件：

1. 申请单位已是硕士专业学位培养单位并具有相应的硕士专业学位授权点。

2. 申请单位办学理念先进，定位准确，办学特色鲜明，对研究生专业学位教育高度重视；已建立较好的研究生专业学位教育管理体制，研究生专业学位培养质量和社会认可程度较高。

3. 有一支理论水平高与实践能力较强，专兼职相结合，能够满足研究生专业学位教育需要的高水平师资队伍。

4. 拥有能够满足专业学位研究生培养需要的专业实验室和数量充足、稳定的实习实践基地。申请单位与实习实践基地在人才培养、科学研究、技术推广等方面有长期合作关系。实习实践基地管理规范、责任落实、合作效果好。

5. 申请单位应具有目标明确、思路清晰、能够体现自身优势和特色的研究生专业学位教育发展规划，且在经费投入、机构设置、人员配备、制度建设和建立研究生奖助贷体系等方面有切实可行的措施。

6.申请单位的省级教育主管部门对申请单位开展综合改革试点工作在经费、政策和监督保障等方面有实质性支持。

(二)遴选办法

综合改革试点单位遴选坚持"总量控制、分类指导、统筹兼顾"原则，经单位自愿申报、主管部门推荐、专家审核、教育部审批等程序，遴选工作分三个阶段进行。

1.申请和推荐。中央部门(单位)属高等学校直接申报；地方所属高等学校由所在地区省级教育行政部门推荐，具有研究生专业学位授权的地方高等学校数量超过15所(含15所)的地区可推荐2所，其余地区可推荐1所。每个单位申请开展试点的硕士专业学位类别不超过3个。

2.专家审核。根据申报情况，教育部组织由高校专家、行业和企业的专业人士组成的评审组，按硕士专业学位类别对申请单位进行审核并听取答辩。

3.教育部审批。根据专家组审核意见，综合考虑单位类型、地区布局、硕士专业学位类别和研究生专业学位教育特点，选择中央部门(单位)属高校和地方高等学校各30所左右确定为综合改革试点单位。

(三)工作安排

各省级教育行政部门和有关部门(单位)属高等学校将推荐单位或本校的申请材料[申请材料包括：(1)按硕士专业学位类别分别填写的《研究生专业学位教育综合改革试点申报书》；(2)与有关行业或企业合作开展硕士专业学位研究生培养的协议、证明、相关管理规范及已取得的教育科研成果等]，一式10份于5月20日前报至北京大学研究生院(地址：北京市海淀区颐和园路5号北京大学红二楼研究生院2207室，收件人：瞿毅臻，邮编：100871，联系电话：010-62757190)，同时将申报书电子文档发送至：cavalier_feng@126.com，yjscx@pku.edu.cn。教育部学位管理与研究生教育司联系电话：010-66097896，010-66096488。

附件：研究生专业学位教育综合改革试点申报书(略)

中华人民共和国教育部

二○一○年四月二十六日

教育部关于批准有关高等学校开展专业学位
研究生教育综合改革试点工作的通知

教研〔2010〕2 号

有关省、自治区、直辖市教育厅(教委)，新疆生产建设兵团教育局，有关部门(单位)教育司(局)，部属有关高等学校：

为贯彻落实《国家中长期教育改革和发展规划纲要(2010—2020 年)》，促进专业学位研究生教育更好地适应经济社会发展和满足人民群众的多样化需要，建立和完善具有中国特色的专业学位研究生教育制度，经单位申报、专家评审，我部决定批准北京大学等 64 所高等学校开展专业学位研究生教育综合改革试点工作(具体名单详见附件 1)。

请上述高校根据《关于实施专业学位研究生教育综合改革试点工作的指导意见》(见附件 2)精神，认真研究，加强领导，根据不同专业学位研究生教育发展规律以及国家或区域经济社会发展需要，制订试点工作具体实施方案，做好实施工作。实施方案请于 2010 年 11 月上旬报我部学位管理与研究生教育司(省属高校须经主管行政部门批准后上报)。

特此通知。

附件：1. 开展专业学位研究生教育综合改革试点的高等学校及相关专业
　　　　 学位类别(略)
　　　 2. 关于实施专业学位研究生教育综合改革试点工作的指导意见

中华人民共和国教育部
二〇一〇年十月十三日

附件 2：

关于实施专业学位研究生教育
综合改革试点工作的指导意见

为贯彻落实《国家中长期教育改革和发展规划纲要(2010—2020 年)》，进一步推进研究生教育改革与发展，促进专业学位研究生教育更好地适应经济社会发展对高层次应用型人才的需要，并逐步建立健全具有中国特色专业学位研究生教育制度，教育部决定从 2010 年起，在部分高等学校开展专业学位研究生教育综合改革试点(以下简称综合改革试点)工作。为保证综合改革试点工作的顺利实施，现提出有关指导意见：

一、充分认识综合改革试点工作的重要意义

1. 开展综合改革试点工作是深入贯彻落实科学发展观和建设人力资源强国的需要，是落实《国家中长期人才发展规划纲要(2010—2020 年)》《国家中长期教育改革和发展规划纲要(2010—2020 年)》的重要举措，对于推动专业学位研究生教育科学发展，加快培养经济社会发展急需的高层次应用型人才有着重要意义。

2. 开展综合改革试点工作是改革和完善我国学位与研究生教育制度的需要，有利于推动高等学校转变观念，提高对专业学位研究生教育重要性的认识，促进研究生教育结构的优化调整，满足经济社会对人才类型多样化的需求。

3. 开展综合改革试点工作是推动新时期专业学位研究生教育改革发展的需要，有利于引导高校从我国国情出发，合理借鉴国际经验，积极探索专业学位研究生教育规律，逐步形成具有鲜明中国特色的专业学位研究生教育管理制度、培养模式和质量保障体系，增强专业学位研究生教育的发展活力，提高专业学位研究生教育质量。

二、综合改革试点工作的指导思想

综合改革试点工作的指导思想：**转变教育理念，创新培养模式，改革管理体制，提高培养质量。**

开展综合改革试点工作，要坚持以人为本，以质量为核心，以培养社会特定职业领域高层次应用型人才为目标，以高校为主体，依托企业和行业组织，转变教育理念，创新培养模式，改革管理体制，增强专业学位研究生的培养能力，提升专业学位研究生的实践能力和创新能力，提高专业学位研究生教育质量。

三、综合改革试点工作的主要任务

1. 认真研究、准确把握专业学位研究生教育规律，切实转变专业学位研究生教育发展方式，树立正确的专业学位研究生教育质量观。

2. 改革专业学位研究生选拔制度。在国家统一的招生制度安排下，积极探索有利于吸引具有培养潜力的优秀生源的考试办法。

3. 完善专业学位研究生培养方案。根据专业学位研究生培养规律，跟踪国民经济发展需求及专业技术领域发展前沿，强化课程设计和教学要求，夯实专业学位研究生应具备的基础理论和基本能力；加强案例教学和实践教学，提高专业学位研究生认识问题、分析问题和解决问题的能力；加强思想政治和职业道德教育，提升专业学位研究生的职业精神和职业素养。

4. 积极探索和创新培养模式。通过学校与企业、行业组织开展多种形式的合作办学模式，吸引企业和行业组织参与培养方案设计、专业课和实践课程教学、实习或实践基地建设和管理、学位论文或设计指导等，提高实践训练的针对性，强化专业学位研究生实践能力和创新能力的培养。

5. 改革专业学位研究生的考核与评价方法。在课程学习、实习实践和学位论文三个环节建立以提升职业能力为导向的考核体系和评价标准，保证学位授予质量。

6. 大力加强师资队伍建设。努力建设一支与专业学位研究生教育相适应的、专兼职相结合的高水平"双师型"教师队伍，努力探索团队培养、集体会诊、个别指导、师生讨论等多种"双向互动"的研究生指导形式，完善专业学位研究生教育师资考核评价机制。

7. 建立和完善奖助贷体系和就业服务体系。专业学位研究生收费按照《教育部　国家发展改革委　财政部关于进一步规范高校教育收费管理若干问题的通知》(教财〔2006〕2 号)执行。积极研究和建立符合专业学位研究生教育特点的奖助贷体系和就业指导服务体系。

8. 完善校内管理体制与机制。构建符合专业学位研究生教育发展规律的校内管理体制和机制，为专业学位研究生教育提供必要的组织保障和良好的政策环境，形成完备的质量保障体系。

四、试点单位开展综合改革试点工作的基本要求

1. 试点单位要把综合改革试点工作作为一项重要任务，充分认识试点工作的紧迫性和重要性，成立由校领导任组长，相关职能部门负责人、试点专业学位类别依托院(系)负责人参加的综合改革试点领导小组，加强顶层设计和组织协调，建立制度保证机制，充分配置办学资源，将专业学位研究生教育纳入人才培养工作的评价体系中，努力做好试点工作的具体实施。

2. 试点单位要制定综合改革试点具体实施方案，内容包括办学思想、培养目标、培养方案、师资队伍、教育管理体制、课程设计、实习实践基地建设、学位论文等各个环节的改革具体措施，明确提出在培养模式创新和管理体制改革方面要实现的重点目标和主要创新点。

3. 试点单位要依靠广大教师和学生，发挥行业组织或企业的积极性，认真实施试点方案，并及时总结经验，不断完善和深化改革，创造具有推广价值的好经验、好做法，进而发挥引领、示范带动的作用。

4. 试点单位要根据不同专业学位类别教育发展规律以及国家或区域经济社会发展的需要，大力加强国际交流，努力打造自身办学模式和办学特色。

五、综合改革试点工作的组织实施

1. 教育部学位管理与研究生教育司负责综合改革试点工作的管理和指导，协同部内有关司局在招生计划、录取方式、经费投入、实习实践基地建设等方面支持试点单位推进改革；同时，加强与国务院有关部门的协调，推动专业学位与职业资格证书的有机衔接，为专业学位研究生教育的发展提供良好的政策环境。

2. 有关地方教育行政部门要加强领导，根据本地区实际情况，研究制定相关政策和措施，吸引本地区企业和行业组织积极参与和支持综合改革试点工作，创造条件重点支持试点单位的改革工作。同时，鼓励和支持本地区其他专业学位研究生培养单位开展综合改革试点工作。

3. 有关全国专业学位教育指导委员会要根据文件精神，积极参与综合改革试点工作，充分发挥对试点工作的指导与咨询、质量监督与评价、与行业组织及学校相互沟通协调等职能。

4. 综合改革试点工作周期为 2010 年 9 月—2013 年 6 月。教育部将适时组织有关专家对试点工作进行检查、评估和总结。

教育部　人力资源社会保障部关于深入推进专业学位研究生培养模式改革的意见

教研〔2013〕3 号

各省、自治区、直辖市教育厅（教委）、人力资源社会保障厅（局），新疆生产建设兵团教育局、人力资源社会保障局，中国人民解放军学位委员会，各专业学位研究生教育指导委员会，教育部直属各高等学校：

专业学位研究生教育是研究生教育体系的重要组成部分，是培养高层次应用型专门人才的主要途径。积极发展专业学位研究生教育，是全面建成小康社会、建设创新型国家的必然要求，也是研究生教育服务国家经济建设和社会发展的必然选择。发展专业学位研究生教育，要深入推进培养模式改革，加快完善体制机制，不断提高教育质量。根据《教育部　国家发展改革委　财政部关于深化研究生教育改革的意见》，现就深入推进专业学位研究生培养模式改革提出如下意见：

一、明确改革目标

以职业需求为导向，以实践能力培养为重点，以产学结合为途径，建立与经济社会发展相适应、具有中国特色的专业学位研究生培养模式。

二、改革招生制度

坚持招生制度改革为人才培养服务的方向。积极推进专业学位与学术学位硕士研究生分类考试、分类招生。建立符合专业学位研究生教育特点的选拔标准，完善专业学位研究生招生办法，重点考查考生综合素质、运用基础理论和专业知识分析解决实际问题的能力以及职业发展潜力。拓宽和规范在职人员攻读硕士专业学位的渠道。

三、完善培养方案

专业学位研究生的培养目标是掌握某一特定职业领域相关理论知识、具有较强解决实际问题的能力、能够承担专业技术或管理工作、具有良好职业素养的高层次应用型专门人才。

培养单位应依据特定职业领域专门人才的知识能力结构和职业素养要求，以及全日制或非全日制学习方式，科学制订培养方案并定期修订。全日制研究生和非全日制研究生须分别制定培养方案。培养方案应合理设置课程体系和培养环节，加大实践性课程的比重。鼓励培养单位结合区域经济社会发展特点和自身优势，制订各具特色的培养方案。培养方案的制（修）订工作应有相关行（企）业专家参与。

四、改进课程教学

培养单位应紧密围绕培养目标，优化课程体系框架，优选教学内容，突出课程实用性和综合性，增强理论与实际的联系。创新教学方法，加强案例教学、模拟训练等教学方法的运用。完善课程教学评价标准，转变课程考核方式，注重培养过程考核和能力考核，着重考察研究生运用所学基本知识和技能解决实际问题的能力和水平。

五、加强实践基地建设

培养单位应积极联合相关行（企）业，建立稳定的专业学位研究生培养实践基地。共同建立健全实践基地管理体系和运行机制，明晰各方责任权利。明确研究生实践内容和要求，健全实践管理办法，加强实践考核评价，保证实践质量。促进实践与课程教学和学位论文工作的紧密结合，注重在实践中培养研究生解决实际问题的意识和能力。

六、强化学位论文应用导向

培养单位应根据各专业学位研究生教育指导委员会意见，分类制定专业学位论文标准，规范专业学位论文要求。专业学位论文选题应来源于应用课题或现实问题，要有明确的职业背景和行业应用价值。专业学位论文应反映研究生综合运用知识技能解决实际问题的能力和水平，可将研究报告、规划设计、产品开发、案例分析、管理方案、发明专利、文学艺术作品等作为主要内容，以论文形式表现。专业学位论文应与学术学位论文分类评阅。专业学位论文评阅人和答辩委员会成员中，应有不少于三分之一的相关行业具有高级职称（或相当水平）的专家。

七、推进与职业资格衔接

对具备条件的专业学位类别或培养单位，积极推进专业学位研究生课程和实践考核与特定职业人才评价标准有机衔接，推进专业学位研究生培养内容与特定职业人才工作实际有效衔接，推进专业学位授予与获得相应职业资格有效衔接。

八、充分调动研究生积极性主动性

促进研究生全面发展，着力增强研究生服务国家服务人民的社会责任感、勇于探索的创新精神和善于解决问题的实践能力。鼓励培养单位引导研究生制订职业发展规划、提高对职业领域及岗位的认识。鼓励培养单位开展互动式、探究式教学，激发研究生自主学习的积极性主动性；鼓励研究生早实践，多实践，在实践中提升职业胜任力。加强专业学位研究生创业能力培养，完善就业指导。加快完善专业学位研究生奖助体系，创造有利于研究生成长成才的氛围。

九、加强教师队伍建设

培养单位应根据不同专业学位类别特点，聘请相关学科领域专家、实践经验丰富的行（企）业专家及国（境）外专家，组建专业化的教学团队。加强教师培训，选派青年教师到企业或相关行业单位兼职、挂职，提高实践教学能力。

鼓励培养单位对研究生导师按专业学位和学术学位分类制订评定条件，分类评聘，逐步形成稳定的专业学位研究生导师队伍。大力推广校内外双导师制，以校内导师指导为主，重视发挥校外导师作用。根据不同专业学位类别特点，探索导师组制，组建由相关学科领域专家和行（企）业专家组成的导师团队共同指导研究生。

完善教师考核评价体系，突出育人责任。根据专业学位研究生教育特点，科学合理制定考核评价标准。将优秀教学案例、教材编写、行业服务等教学、实践、服务成果纳入专业学位教师考核评价体系。

十、完善质量保障体系

培养单位是质量保证体系的主体。培养单位应完善校内质量监督机制，建立招生、培养、学位授予等全过程质量保障制度，加强专业学位毕业生就业质量和职业发展跟踪。根据专业学位类别，分别设立培养指导委员会，负责指导、规范本单位专业学位研究生培养工作。委员会中应有一定比例来自行（企）业的专家。

国家按专业学位类别（或领域）制订博士、硕士专业学位基本要求，建立与特定职业岗位要求相适应的质量评价标准，完善质量监管制度，加快建立管理服务平台，推进招生、培养、就业信息公开。

十一、鼓励开展联合培养

鼓励培养单位加大校企合作力度，按照"优势互补、资源共享、互利共赢、协同创新"的原则，选择具备一定条件的行（企）业开展联合招生和联合培养，构建人才培养、科学研究、社会服务等多元一体的合作培养模式，提高专业学位研究生培养质量。

十二、支持开展改革试点

支持省级学位与研究生教育管理部门和培养单位结合行（企）业和区域人才需求，开展培养模式改革试点，树立专业学位特色品牌。案例教学、实践基地建设等改革试点成效将作为培养单位申请新增专业学位授权点及专业学位授权点定期评估的重要内容。

支持各专业学位研究生教育指导委员会开展培养模式改革研究，加强对培养单位的指导，统筹编写教材、制定课程教学基本要求、建设案例库、定期开展教学研讨等工作，推动本类别专业学位研究生实践基地建设、案例库建设和师资培训。

教育部　人力资源社会保障部

2013 年 11 月 4 日

国务院学位委员会　教育部关于加强学位与研究生教育质量保证和监督体系建设的意见

学位〔2014〕3 号

各省、自治区、直辖市学位委员会、教育厅（教委），新疆生产建设兵团教育局，中国科学院大学，中国社会科学院研究生院，中共中央党校学位评定委员会，中国人民解放军学位委员会，各学位授予单位：

为贯彻落实党的十八大和十八届三中全会精神以及《国家中长期教育改革和发展规划纲要（2010—2020 年）》，实施《教育部　国家发展改革委　财政部关于深化研究生教育改革的意见》（教研〔2013〕1 号），走内涵式发展道路，提高研究生教育质量，现就加强学位与研究生教育质量保证和监督体系建设提出如下意见。

一、加强质量保证和监督体系建设的意义

加强质量保证和监督体系建设，在学位与研究生教育事业发展中具有重要作用。面对高层次人才培养的新形势，提高质量是研究生教育改革和发展最核心最紧迫的任务，亟需进一步完善与研究生教育强国建设相适应、符合国情和遵循研究生教育规律的质量保证和监督体系。

二、总体思路

1. 指导思想。全面贯彻落实研究生教育改革精神，转变政府职能，推进管办评分离，树立科学的质量观，以研究生和导师为核心，以学位授予单位为重心，从研究生教育基本活动入手，明确各质量主体职责，保证研究生教育基本质量，创新机制，激发学位授予单位追求卓越的积极性和创造性，不断提高人才培养水平。

2. 建设目标。构建以学位授予单位质量保证为基础，教育行政部门监管为引导，学术组织、行业部门和社会机构积极参与的内部质量保证和外部质量监督体系。内部质量保证体系要明确学位授予单位第一主体的职责，增强质量自律，培育质量文化。外部质量监督体系要加强教育行政部门的政策支撑与宏观监管，以质量为主导统筹资源配置，发挥学术组织、行业部门和社

会机构的质量监督作用。

3. 基本原则。①标准先行。根据经济社会发展多样化需求，制订不同类型、层次和学科类别研究生培养和学位授予标准。②分类监管。根据不同主体和对象，采取相应的质量监管方式，加强分类指导和管理。③统筹协调。充分调动各主体的创造性，形成上下配合、内外协调、积极有效的质量保证和监督机制。④支撑发展。质量保证和监督体系建设要有利于促进学位与研究生教育事业科学发展，有利于全面提升研究生教育质量。

三、强化学位授予单位的质量保证

1. 学位授予单位是研究生教育质量保证的主体，要按照《学位授予单位研究生教育质量保证体系建设基本规范》（见附件），健全内部质量保证体系，确立与本单位办学定位相一致的人才培养和学位授予质量标准，建立以培养质量为主导的研究生教育资源配置机制。

2. 学位授予单位要充分发挥学位评定委员会、学术委员会等学术组织在质量保证方面的作用，审定研究生培养方案和学位授予标准，指导课程体系建设，开展质量评价等工作。不断完善导师管理评价机制，把师德师风和研究生培养质量作为导师评价的重点，加强导师对研究生思想、学习和科研实践的教育与指导。

3. 学位授予单位要统筹各类研究生教育经费，建立健全研究生奖助体系，激励优秀人才脱颖而出。加强研究生培养过程管理，畅通分流渠道，加大对不合格学生的淘汰力度，激发研究生学习的积极性和主动性。把学术道德教育和学术规范训练贯穿到研究生培养全过程，建立学风监管与惩戒机制，严惩学术不端行为。

4. 学位授予单位要建立研究生教育质量自我评估制度，组织专家定期对本单位学位授权点和研究生培养质量进行诊断式评估，发现问题，改进学科建设和人才培养工作，不断提高研究生教育质量。鼓励有条件的单位积极开展国际评估。

四、加强教育行政部门的质量监管

1. 委托国务院学位委员会学科评议组和全国专业学位研究生教育指导委员会，按一级学科和专业学位类别分别制订《博士硕士学位基本要求》，为学位授予单位实施研究生培养、各级教育行政部门开展质量监管提供基本依据。

2. 建立学位授权点合格评估制度，以人才培养为核心，制订科学的评估标准，开展研究生教育质量评估工作。按类型、分层次组织实施评估工作，提高评估实效。对存在质量问题的学位授予单位，采取约谈、通报、限期整改直至撤销学位授权等处理办法。不断改进学科评估工作。

3. 开展博士、硕士学位论文抽检工作，强化学位授予单位、导师和研究生的质量意识，加强学位授予管理，保证学位授予质量。建立研究生教育绩效拨款制度，推动人才培养的改革与创新，促进研究生教育质量不断提升。

4. 建立全国研究生教育质量信息平台，及时公开学位与研究生教育相关信息，开展质量调查，定期发布教育行政部门、学位授予单位和相关学术组织的研究生教育质量报告，促进学位授予单位质量自律，加强质量预警，营造良好的质量环境。

5. 省级教育行政部门要加大对本地区学位与研究生教育质量的监管力度，做好硕士学位授权点合格评估、省级重点学科评选、硕士学位论文抽检、优秀学位论文评选等工作。积极推动研究生教育质量监督区域协作机制建设。

五、充分发挥学术组织、行业部门和社会机构的监督作用

1. 充分发挥国务院学位委员会学科评议组、全国专业学位研究生教育指导委员会、中国学位与研究生教育学会等学术组织在研究生教育质量调查研究、标准制订、评估论证及学风建设等方面的重要作用。

2. 充分发挥行业部门在人才培养、需求分析、标准制订、实践训练和专业学位质量认证等方面的积极作用。鼓励社会机构积极参与研究生教育质量监督，逐步建立独立、科学、公正、且具有良好声誉的研究生教育质量社会评价机制。

各省级教育行政部门和学位授予单位要加强领导，把学位与研究生教育质量保证和监督体系建设作为推进研究生教育改革与发展的重要内容，认真做好组织实施工作。省级教育行政部门要根据本地区实际，制订相关措施，统筹本地区研究生教育质量保证和监督工作。学位授予单位要在全面总结已有经验的基础上，健全质量保证体系，不断提高研究生教育质量。

附件：学位授予单位研究生教育质量保证体系建设基本规范

国务院学位委员会　教育部

2014 年 1 月 29 日

附件：

学位授予单位研究生教育质量保证体系建设基本规范

为指导学位授予单位建设内部质量保证体系，制定本规范。

一、目标与标准

确立研究生教育发展目标。根据国家和区域经济社会发展的需求，结合本单位研究生教育实际，确定研究生教育层次、类型、规模和结构等方面的发展目标，并定期调整。

制订学位授予标准。在国家制定的《博士硕士学位基本要求》基础上，按学科或专业学位类别制订与本单位办学定位相一致的博士、硕士学位授予标准。

制订学科专业设置与调整办法。制订本单位一级学科授权点和专业学位授权点增列与撤销办法，二级学科自主设置与调整的办法，明确标准，规范程序，形成学位授权点动态调整机制，优化结构，发展特色。

二、招生管理

制订研究生招生指标配置办法。综合考虑经济社会发展需求，研究生生源质量、培养质量、就业状况，以及培养经费、科研任务、导师队伍、实践基地等研究生培养条件方面的因素，制订以质量为导向的研究生招生指标配置办法。

制订研究生招生选拔规定。建立有效的招生自我约束机制，规范招生选拔，充分明确导师在研究生招生选拔中的职责和权力，加强对考生综合素质和发展潜力的考察，保证招生质量。

三、培养过程与学位授予管理

制订培养方案。培养方案应明确培养目标、课程体系、培养环节，要遵循研究生教育规律，创新培养模式，体现学科特色和学术前沿，突出个性化培养。专业学位研究生培养方案的制订要吸收行业部门参与，注重实践和创新能力培养。

制订研究生课程体系建设办法。根据经济社会发展需求、学科发展前沿和研究生个人发展需要，建构科学合理的课程体系，及时更新课程内容，丰富课程类型。

制订课程教学质量监控办法。明确授课教师资质，规范课程教学，建立科学的教学督导和评价制度，加强对授课质量的监测和评估，提高课程教学质量。制订专业学位研究生实践教学质量的监督与评价办法，保证实践教学质量。

建立健全中期考核制度。不断提高研究生中期考核或博士生资格考试的科学性和有效性，切实发挥其在研究生培养过程中的筛选作用。

健全学位论文开题及评阅制度。论文开题要有规范的程序，论文评阅要保证有一定数量的外单位同行专家参与，加强匿名评阅等适合本单位实际的论文评阅制度建设，有条件的单位应探索国际同行评阅。

健全论文答辩和学位授予制度。完善学位论文预答辩、答辩和答辩后修改等制度。答辩委员会和各级学位评定委员会要严格履行职责，保证学位授予质量。

建立科学道德与学术规范教育制度。在研究生培养过程中安排必修环节，对研究生进行科学精神、科学道德、学术规范、学术伦理和职业道德教育。明确学术不端行为处罚办法。

制订研究生分流与淘汰办法。制订研究生课程学习、中期考核、资格考试和学位论文开题等各阶段的分流与淘汰办法。

四、导师岗位管理

制订导师考核评价办法。规范导师岗位管理，实施导师招生资格审查，建立学术学位和专业学位研究生导师分类考核评价制度。

制订导师交流与培训办法。建立和完善导师国内外学术交流与合作制度，为导师提高学术和实践能力提供平台。加强导师培训，不断提高导师指导能力。

建立导师激励与问责制。完善导师激励制度，明确和保障导师在研究生培养中的责任与权力，调动导师育人积极性，发挥导师科学道德和学术规范的示范作用。完善导师问责制，对培养质量出现问题的导师，视情况分别采取质量约谈、限招、停招等处理。

五、研究生管理与服务

建立健全研究生奖助制度。以鼓励创新为导向，完善机制，充分发挥奖助学金的激励作用。统筹制订各类奖助学金评选办法，保证评选过程公平、公正、公开，奖助学金的评选要有一定比例的导师和研究生参加。

建立研究生权益保护机制。完善研究生培养过程中的正当利益诉求和权利救济机制，加强对研究生的权益保护。

建立研究生就业指导与服务制度。健全研究生就业市场和信息服务体系，加强研究生创业教育，鼓励研究生创业和面向基层就业。

六、条件保障与质量监督

制订研究生教育资源配置办法。按学科或专业学位类别制订研究生教育资源配置办法，保障各类研究生学习、科研、实践和生活等基本条件。

建立自我评估制度。以提高质量为导向，定期开展学位授权点和研究生培养质量自我评估，发现问题，提出改进措施。鼓励有条件的学科或专业学位类别参加国际评估或专业资格认证。

建立质量跟踪和反馈制度。建立毕业生发展质量跟踪调查和反馈制度，定期听取用人单位意见，开展人才培养质量和发展质量分析，及时调整人才培养结构。

建立质量信息公开制度。建立研究生教育质量信息公开制度，主动公开研究生培养质量和发展质量信息，定期发布本单位研究生教育发展质量报告。

七、质量管理与质量文化

健全质量管理组织机构。学位授予单位要明确研究生教育质量管理组织机构，以及学位评定委员会等组织的管理职责，规范研究生培养过程信息与档案管理。

营造质量文化。通过质量制度建设、规范研究生教育过程管理，加强导师、研究生和管理人员的质量意识，形成体现自身发展定位、学术传统与特色的质量文化。

教育部关于加强专业学位研究生案例教学和联合培养基地建设的意见

教研〔2015〕1 号

各省、自治区、直辖市教育厅（教委），新疆生产建设兵团教育局，各专业学位研究生教育指导委员会，有关研究生培养单位：

为贯彻落实《教育部　国家发展改革委　财政部关于深化研究生教育改革的意见》（教研〔2013〕1 号）、《教育部　人力资源社会保障部关于深入推进专业学位研究生培养模式改革的意见》（教研〔2013〕3 号），深化专业学位研究生培养模式改革，提高培养质量，现就加强专业学位研究生案例教学和联合培养基地（以下简称基地）建设提出如下意见。

一、充分认识加强案例教学和基地建设的重要意义

1. 案例教学是以学生为中心，以案例为基础，通过呈现案例情境，将理论与实践紧密结合，引导学生发现问题、分析问题、解决问题，从而掌握理论、形成观点、提高能力的一种教学方式。加强案例教学，是强化专业学位研究生实践能力培养，推进教学改革，促进教学与实践有机融合的重要途径，是推动专业学位研究生培养模式改革的重要手段。

2. 基地是培养单位为加强专业学位研究生实践能力培养，与行业、企业、社会组织等（以下简称合作单位）共同建立的人才培养平台，是专业学位研究生进行专业实践的主要场所，是产学结合的重要载体。加强基地建设，是专业学位研究生实践能力培养的基本要求，是推动教育理念转变、深化培养模式改革、提高培养质量的重要保证。

二、加强案例教学，改革教学方式

3. 重视案例编写，提高案例质量。培养单位和全国专业学位研究生教育指导委员会（以下简称教指委）要积极组织有关授课教师在准确把握案例教学实质和基本要求的基础上，致力于案例编写，同时吸收行业、企业骨干以及研究生等共同参与。鼓励教师将编写教学案例与基于案例的科学研究相结合，编写过程注重理论与实际相结合，开发和形成一大批基于真实情境、符合案

例教学要求、与国际接轨的高质量教学案例。

4. 积极开展案例教学，创新教学模式。培养单位要根据培养目标及教指委制定的指导性培养方案，明确案例教学的具体要求，规范案例教学程序，提高案例教学质量，强化案例教学效果。加强授课教师与学生的双向交流，引导学生独立思考、主动参与、团队合作，建立以学生为中心的教学模式。

5. 加强师资培训与交流，开展案例教学研究。培养单位和教指委要积极开展案例教学师资培训和交流研讨，推出案例观摩课和视频课，帮助教师更新教学观念，了解案例教学的内涵实质，准确把握案例教学的特点和要求，熟练掌握教学方法，提高案例教学的能力和水平，积极主动开展案例教学。同时，组织开展相关理论与实践研究，解决案例编写和教学中的难点问题，探索提高案例编写和教学水平的思路与方法，为推广和普及案例教学提供指导。

6. 完善评价标准，建立激励机制。完善教师考核评价机制和人才培养评价标准，调动教师和学生参与案例教学的积极性。培养单位要把案例研究、编写、教学以及参加案例教学培训等情况，纳入教师教学和科研考核体系。有条件的教指委和培养单位，可以组织开展优秀案例、优秀案例视频课评选和案例教学竞赛等活动，引导和推动广大教师更加深入地研究和实施案例教学。

7. 整合案例资源，探索案例库共享机制。鼓励不同专业学位类别之间、培养单位之间积极开展案例研究、开发和使用等方面的交流与合作。完善案例库建设、管理和使用办法，提高案例使用效率。有条件的机构、组织和培养单位可以充分运用网络媒介和信息化手段，搭建案例研究、开发、使用和共享的公共平台。整合案例资源，支持建设"国家级专业学位案例库和教学案例推广中心"。

8. 加强开放合作，促进案例教学国际化。各培养单位和教指委，要积极搭建合作交流平台，逐步将国内优秀案例推向国际，展示中国专业学位研究生教育成果。同时，根据实际需要，积极引进国外高质量教学案例，加以学习和借鉴，逐步建立起具有中国特色、与国际接轨的案例教学体系。

三、加强基地建设，推进产学结合

9. 创新建设模式，构建长效机制。培养单位要根据社会需求和人才培养目标，坚持创新，讲求实效，积极探索多种形式的联合培养机制。充分发挥合作单位在专业学位研究生培养过程中的积极性、主动性和创造性，共同制定培养目标、建设相关课程、参与培养过程、评价培养质量，建立产学有机融合的协同育人模式。以基地建设为纽带，充分发挥各自优势，构建人才培养、科学研究、成果转化、社会服务、文化传播等多元一体、互惠共赢的资源共享机制和合作平台。

10. 健全标准体系，规范基地管理。培养单位应根据不同专业学位类别的特点和培养目标定位，紧紧围绕行业和区域人才需求，分类制定基地遴选与建设标准，建立一批满足人才培养需求的规范化基地。协调合作单位，建立健全基地管理体系，组建基地运行专门管理机构，完善管理制度和运行机制，妥善解决知识产权归属等问题，明确各方责权利，推动基地科学化管理。针对不同专业学位类别，建立多样化的基地评价体系，定期开展自我评估，重点考核基地人才培养的实际效果。

11. 严格培养过程，创新培养模式。培养单位要依托基地，建立健全合作单位在招生录取、课程教学、实践训练和学位论文等方面全程参与研究生培养的合作机制。会同合作单位，根据培养方案，结合基地实际，制订研究生在基地期间的培养细则，明确培养考核要求，落实学生在培养单位与培养基地的时间分配和具体培养内容，加强对基地期间培养过程监督。要紧密结合基地实际，创新培养模式，通过采用阶段考核和终期考核相结合等方式，加强对研究生实践能力的培养。

12. 加强导师队伍建设，构建"双师型"团队。培养单位要完善研究生导师遴选机制，在合作单位中遴选一批思想政治素质过硬、师德高尚、实践经验丰富和学术水平较高的人员担任研究生实践教学的导师，建立基地导师定期培训、考核和退出制度，有针对性地提升基地导师实践指导能力和水平。选派青年教师到基地挂职锻炼或参与实践教学，提高实践教学能力。建立校内外导师定期交流合作机制，共同制定培养计划，共同参与指导，构建分工明确、优势互补、通力合作的"双师型"团队，实现培养单位人才培养规格与行业、企业人才需求之间的有机衔接。

13. 建立激励机制，加强示范引领。各教指委和省级教育部门要悉心指导基地建设工作，可根据实际需要组织开展示范性基地遴选和优秀实践教学成果评选，积极推进示范性基地建设工作，发掘先进典型，及时总结并推广好的经验和做法，加强示范引导。各培养单位应会同合作单位制订切实可行的基地建设和实施方案，以创建示范基地为驱动，大力推进实践教学工作，充分发挥示范基地先行先试的引领带动作用，深入推动专业学位研究生培养模式改革。

四、加大投入，完善政策配套和条件保障

14. 各培养单位要高度重视案例教学和基地建设，科学规划、创造条件，加大经费和政策支持力度。设立案例教学和基地建设专项经费，为案例教学和基地建设提供必要的条件保障。通过人才培养项目、实验室建设、联合科研攻关等途径加大对案例教学和基地建设等方面的投入。

15. 各教指委要加强对案例教学和基地建设的指导，研究制定案例教学和基地建设的基本要求，积极推广普及案例教学和基地建设经验，引导培养单位做好案例教学和基地建设工作。

16. 各省级教育部门要加强组织领导，会同有关部门，统筹区域内案例教学和基地建设，加强政策引导和经费支持，调动行业、企业的积极性，推动专业学位研究生教育与地方经济社会发展的紧密结合。鼓励有条件的地区，设立专项资金支持本地区研究生培养单位的案例教学和基地建设工作。

17. 案例教学和基地建设情况将作为专业学位授权点合格评估的重要内容。各省级教育部门和教指委要针对案例教学和基地建设情况加强督促检查，切实推动案例教学和基地建设工作积极发展。

教育部

2015 年 5 月 7 日

国务院学位委员会　教育部关于进一步发挥国务院学位委员会学科评议组和专业学位研究生教育指导委员会作用的意见

学位〔2018〕20 号

各国务院学位委员会学科评议组、专业学位研究生教育指导委员会：

国务院学位委员会学科评议组（以下简称"学科评议组"）、专业学位研究生教育指导委员会（以下简称"教指委"）分别依照《国务院学位委员会学科评议组组织章程》《专业学位研究生教育指导委员会工作规程》组织运行，承担着我国学位与研究生教育研究咨询、审核评估、规划标准制定、指导本学科和专业学位类别（以下简称"学科类别"）建设及人才培养等重要任务，为我国学位与研究生教育事业改革与发展发挥了不可替代的重要作用。

党的十九大提出，"加快一流大学和一流学科建设，实现高等教育内涵式发展"。为深入贯彻落实习近平新时代中国特色社会主义思想和党的十九大精神，实现学位与研究生教育事业内涵式发展，现就进一步发挥学科评议组和教指委作用提出以下意见。

一、把握政治方向

1. 学科评议组和教指委应当以习近平新时代中国特色社会主义思想和党的十九大精神为指引，牢牢把握社会主义办学方向，坚持党的教育方针，落实立德树人根本任务，切实做到为人民服务、为中国共产党治国理政服务、为巩固和发展中国特色社会主义制度服务、为改革开放和社会主义现代化建设服务、为国家高层次人才培养和科技进步服务，培养社会主义建设者和接班人。

二、强化职责作用

2. 切实履职尽责。全面履行学科评议组组织章程、教指委工作规程中规定的职责任务，完成好国务院学位委员会、教育部委托的专项工作，积极主动作为，切实提高工作效率和质量。

3. 强化研究咨询职责。立足国家经济社会需要、高等教育全局、学科长远发展进行统筹谋划，主动开展本学科类别发展状况、社会需求、质量建设、课程设计、人才队伍、人才培养体系等方面的调查研究，提出咨询意见。每六年应编写一次本学科类别的发展报告，不定期提供学科建设和人才培养方面的咨询建议，为教育主管部门决策提供专业咨询意见。

4. 强化标准制定与审核评估职责。深入研究并持续完善学位授权审核、研究生培养、学位授予、质量评价等各项基本标准，在国务院学位委员会、教育部的领导下开展多种形式的质量监测和专项检查活动。

5. 强化学科建设职责。指导引领本学科类别把握学术前沿，开拓学科建设视野，引导学科之间协同创新，提升学科整体实力。积极参与"双一流"建设，主动开展本学科类别一流学科建设的专题研究，提出建设成效评价的政策建议，为高校学科建设提供咨询和指导。指导加强本学科类别学风建设，营造风清气正的学术环境。

6. 积极参与重大改革。引领本学科类别积极参与研究生教育综合改革、学位授权审核改革、新兴交叉学科发展等重大改革，主动对接创新驱动发展战略、中国制造2025、"一带一路"、哲学社会科学繁荣发展等国家重大规划。

7. 积极组织交流活动。加强与海内外学术界、学科类别之间、本学科类别培养单位之间的沟通、研讨与交流，每年应至少组织一次交流活动。

三、完善工作机制

8. 落实组织责任。学科评议组召集人、教指委主任委员和副主任委员应当发挥好统筹谋划、带头引领、团结凝聚的作用，带领本组（委）积极开展工作，在重大问题上把好关、负好责。

9. 落实协助责任。学科评议组秘书、教指委秘书处应当主动协助召集人和主任委员、副主任委员开展工作，发挥好协调联络、沟通提醒、督促落实的作用。教指委秘书处应当具有专业的人员队伍、健全的规章制度，加强规范科学管理和信息化建设。

10. 落实成员责任。学科评议组成员、教指委委员应当带头践行师德师风、遵守学术规范，以德立身、以德立学、以德施教，提高自身的学术水平，主动了解掌握本学科的发展状况，了解本学科研究生教育情况，强化责任感和使命感，积极履行职责，保证足够的时间和精力投入到学科评议组或教指委工作。

11. 完善内部定期沟通交流机制。保证工作协调顺畅，提高凝聚力和执行力，每年至少召开一次本组（委）全体成员工作会议。

四、严守纪律规矩

12. 强化组织纪律。学科评议组、教指委必须全面落实依法治教、从严治教要求，进一步强化政治纪律、政治规矩和法治意识，依法依纪依规开展工作，在评审、评估、咨询等工作中严守纪律、坚持标准、客观公正。

13. 强化个人纪律。学科评议组成员、教指委委员必须严格遵守中央八项规定和有关廉政要求，不得接受请托，不得接受任何形式的礼金和礼品。领取咨询、劳务费等报酬须严格按照国家有关规定执行。严格遵守保密规定，不得泄漏评审相关信息。严格执行本单位、本人、利益相关方回避制度。

14. 加强经费管理。学科评议组、教指委作为非法人组织，不得收取任何形式的会员费、年费、工作经费等。应当建立完善的经费管理制度，严格按照国家财务管理规定使用经费。

15. 维护组织声誉。学科评议组和教指委不得组织或参与商业活动，个人不得以学科评议组成员、教指委委员的名义从事或参与商业活动。

16. 强化监督问责。对违反相关纪律并造成严重后果的，主管部门应取消其学科评议组成员、教指委委员的资格，并通报其所在单位。

五、加强支持力度

17. 学科评议组召集人和教指委秘书处所在单位应当在人员配备、岗位设置、办公条件等方面提供工作保障，积极给予支持，保证学科评议组和教指委的正常运转。学科评议组成员、教指委委员所在单位应当积极支持学科评议组成员、教指委委员的工作，适情计入工作绩效考核。

18. 国务院学位委员会、教育部将加强对学科评议组、教指委的指导与支持，及时解决学科评议组、教指委工作中的困难和问题，定期组织交流研讨，依法依规给予经费支持，畅通沟通与发声渠道，加强信息平台建设，为专家组织切实发挥作用提供支持与保障。

各学科评议组、教指委应把本意见传达至每位成员、委员，认真贯彻落实。

国务院学位委员会　教育部

2018 年 5 月 7 日

教育部 国家发展改革委 财政部关于加快 新时代研究生教育改革发展的意见

教研〔2020〕9 号

各省、自治区、直辖市教育厅（教委）、发展改革委、财政厅（局），新疆生产建设兵团教育局、发展改革委、财政局，有关部门（单位）教育司（局），中国科学院大学、中国社会科学院大学、中共中央党校学位评定委员会、中国人民解放军学位委员会，部属各高等学校、部省合建各高等学校：

　　研究生教育肩负着高层次人才培养和创新创造的重要使命，是国家发展、社会进步的重要基石，是应对全球人才竞争的基础布局。改革开放特别是党的十八大以来，我国研究生教育快速发展，已成为世界研究生教育大国。中国特色社会主义进入新时代，各行各业对高层次创新人才的需求更加迫切，研究生教育的地位和作用更加凸显。为深入学习贯彻党的十九大和十九届二中、三中、四中全会精神，全面贯彻落实全国教育大会、全国研究生教育会议精神，促进研究生德智体美劳全面发展，切实提升研究生教育支撑引领经济社会发展能力，现就加快新时代研究生教育改革发展提出以下意见。

一、总体要求

　　1. 指导思想。以习近平新时代中国特色社会主义思想为指导，全面贯彻党的教育方针，坚定走内涵式发展道路，以立德树人、服务需求、提高质量、追求卓越为主线，面向世界科技竞争最前沿，面向经济社会发展主战场，面向人民群众新需求，面向国家治理大战略，瞄准科技前沿和关键领域，深入推进学科专业调整，提升导师队伍水平，完善人才培养体系，推进研究生教育治理体系和治理能力现代化，引导研究生培养单位办出特色、办出水平，加快建设研究生教育强国，为坚持和发展中国特色社会主义、实现中华民族伟大复兴的中国梦提供坚强有力的人才和智力支撑。

　　2. 基本原则。坚持党的领导，增强"四个意识"、坚定"四个自信"、做到"两个维护"，把正确政治方向和价值导向贯穿研究生教育和管理工作全过程；坚持育人为本，以研究生德智体美劳全面发展为中心，把立德树人成效作为检验研究生教育工作的根本标准；坚持需求导向，扎根中国大地，全面提升研究生教育服务国家和区域发展能力；坚持创新引领，增强研究生使命感责任感，全面提升研究生知识创新和实践创新能力；坚持改革驱动，充分激发办学主体活力，加快构建优质高效开放的研究生教育体系。

3.总体目标。到 2025 年，基本建成规模结构更加优化、体制机制更加完善、培养质量显著提升、服务需求贡献卓著、国际影响力不断扩大的高水平研究生教育体系。到 2035 年，初步建成具有中国特色的研究生教育强国。

二、加强思想政治工作，健全"三全育人"机制

4.完善思想政治教育体系，提升研究生思想政治教育水平。开全开好研究生思想政治理论课，推进习近平新时代中国特色社会主义思想进教材、进课堂、进头脑。加强研究生课程思政，建成一批课程思政示范高校，推出一批课程思政示范课程，选树一批课程思政教学名师和团队，建设一批课程思政教学研究示范中心。配齐建强研究生辅导员队伍，全面落实专职辅导员专业技术职务、行政岗位职级"双线"晋升政策，探索依托导师和科研团队配备兼职辅导员。加强研究生心理健康教育、职业规划和就业创业服务。将研究生思想政治教育评价结果作为"双一流"建设成效评价、学位授权点合格评估的重要内容。

5.发挥导师言传身教作用，激励导师做研究生成长成才的引路人。导师是研究生培养第一责任人，要了解掌握研究生的思想状况，将专业教育与思想政治教育有机融合，既做学业导师又做人生导师；要率先垂范，以良好的思想品德和人格魅力影响和鼓舞研究生；要培养研究生良好的学风，严格要求学生遵守科学道德和学术规范。

6.提高研究生党建工作水平，强化党组织战斗堡垒作用。创新研究生党组织设置方式，探索在科研团队、学术梯队等建立党组织。选优配强研究生党支部书记，充分发挥研究生党员的先锋模范作用。持续开展新时代高校党建示范创建和质量创优工作，做好高校"百个研究生样板党支部"和"百名研究生党员标兵"遴选培育工作。

三、对接高层次人才需求，优化规模结构

7.以服务需求为导向，合理扩大人才培养规模。坚持供给与需求相匹配、数量与质量相统一，保持与经济社会发展相适应、与培养能力相匹配的研究生教育发展节奏，博士研究生招生规模适度超前布局，硕士研究生招生规模稳步扩大。招生规模统筹考虑国家需求、地区差异、培养条件、培养质量等因素，实行动态调整，差异化配置。

8. 优化培养类型结构，大力发展专业学位研究生教育。稳步发展学术学位研究生教育，以国家重大战略、关键领域和社会重大需求为重点，增设一批硕士、博士专业学位类别。新增硕士学位授予单位原则上只开展专业学位研究生教育，新增硕士学位授权点以专业学位授权点为主。各培养单位要根据经济社会发展需求和自身办学定位，切实优化人才培养类型结构。

9. 适应社会需求变化，加快学科专业结构调整。建立基础学科、应用学科、交叉学科分类发展新机制，按照单位自主调、市场调节调、国家引导调的思路，不断优化学科专业结构，健全退出机制。设立新兴交叉学科门类，支持战略性新兴学科发展。完善"双一流"建设动态监测与调整机制，引导建设高校和学科主动服务国家重大战略需求。

10. 优化布局结构，服务国家区域发展战略。完善省域研究生教育布局，建设区域性研究生教育高地。大力支持雄安新区、粤港澳大湾区、长三角、海南自由贸易试验区和长江经济带等区域发展优质研究生教育，振兴东北地区研究生教育。支持中西部地区发展与国家及区域战略相匹配的学科专业。

11. 坚持质量导向，完善学位授权审核工作。将深化科教融合、产教融合作为学位授权点布局的重要参考因素。持续推动省级教育主管部门统筹开展硕士学位授权审核工作，实现对区域经济社会发展的有力支撑。稳步推进学位授权自主审核工作，继续放权符合条件的高等学校自主审核增列学位授权点，自主设置一级学科、新兴交叉学科和专业学位类别。加强对中西部地区和高水平民办高校学位授权的支持。探索高水平应用型本科高校申请开展专业学位人才培养。

四、深化体制机制改革，创新招生培养模式

12. 深化招生计划管理改革，健全供需调节机制。建立健全与经济社会发展相适应的研究生招生计划调节机制。实施国家关键领域急需高层次人才培养专项招生计划。招生计划向重大科研平台、重大科技任务、重大工程项目、关键学科领域、产教融合创新平台和"双一流"建设取得突破性进展的高校倾斜。在博士研究生招生计划管理中，积极支持严把质量关、博士研究生分流退出比例较大的培养单位。在硕士专业学位研究生招生计划管理中，积极支持有效落实产教融合机制的培养单位和高水平应用型高校。继续在部分高水平研究型大学实施博士招生计划弹性管理。在现有财政拨款制度基础上，探索实施以国家重大科学研究、工程研发等科研经费承担培养成本的科研项目博士研究生专项招生计划。探索建立研究生招生计划管理负面清单制度，对学位点评估、博士论文抽检、师德师风、考试招生违规违法等问题突出的培

养单位予以必要限制。

13. 深化考试招生制度改革，精准选拔人才。完善分类考试、综合评价、多元录取、严格监管的研究生考试招生制度体系。深化硕士研究生考试招生改革，优化初试科目和内容，强化复试考核，综合评价考生考试成绩、专业素养、实践能力、创新精神和一贯学业表现等，择优录取；研究探索基础能力素质考试和招生单位自主组织专业能力考试相结合的研究生招生考试方式。健全博士研究生"申请—考核"招生选拔机制，扩大直博生招生比例，研究探索在高精尖缺领域招收优秀本科毕业生直接攻读博士学位的办法。

14. 完善科教融合育人机制，加强学术学位研究生知识创新能力培养。加强系统科研训练，以大团队、大平台、大项目支撑高质量研究生培养。推进硕博贯通培养，实行培养方案一体化设计。聚焦数理化、文史哲等基础学科，以强化原始创新能力为导向，实施高层次人才培养专项。

15. 强化产教融合育人机制，加强专业学位研究生实践创新能力培养。实施"国家产教融合研究生联合培养基地"建设计划，重点依托产教融合型企业和产教融合型城市，大力开展研究生联合培养基地建设，着力提升实践创新能力。科学规划布局建设集成电路、人工智能、储能技术等国家产教融合创新平台，实施关键领域核心技术紧缺博士人才自主培养专项。鼓励各地各培养单位设立"产业（行业）导师"，加强专业学位研究生双导师队伍建设。推动行业企业全方位参与人才培养，通过设立冠名奖学金、研究生工作站、校企研发中心等措施，吸引研究生和导师参与研发项目。大力推进专业学位与职业资格的有机衔接。

16. 加强课程教材建设，提升研究生课程教学质量。培养单位要紧密结合经济社会发展需要，完善课程设置、教学内容的审批机制，优化课程体系，加强教材建设，创新教学方式，突出创新能力培养，加强体育美育和劳动实践教育。规范核心课程设置，打造精品示范课程，编写遴选优秀教材，推动优质资源共享。将课程教材质量作为学位点合格评估、学科发展水平、教师绩效考核和人才培养质量评价的重要内容。鼓励办好研究生创新实践大赛和学科学术论坛。在国家级教学成果奖中单独设立研究生教学成果奖。

17. 加强关键环节质量监控，完善分流选择机制。培养单位要加强培养关键环节质量监控，完善研究生资格考试、中期考核和年度考核制度。加大分流力度，对不适合继续攻读学位的研究生及早分流。畅通分流选择渠道，分流退出的博士研究生，符合硕士学位授予标准的可授予硕士学位；未满足学位授予条件的研究生，毕业后一定时间内达到相应要求的，可重新申请授予学位。完善研究生学业相关申诉救济机制，加强研究生合法权益保护。

18. 深化开放合作，提升国际影响力。打造"留学中国"品牌，吸引优秀学生来华攻读硕士、博士学位，完善来华留学生招生、培养等管理体系，保障学位授予质量。鼓励培养单位与国际高水平大学建立研究生双向交流机制，支持双方互授联授学位。支持引进国外优质教育资源，建设高水平中外合作办学，推动高层次人才培养和学科建设。优化国家公派出国留学研究生全球布局。创新国际组织人才培养项目，加大国际组织后备人才培养力度。

五、全面从严加强管理，提升培养质量

19. 健全内部质量管理体系，压实培养单位主体责任。培养单位要完善质量控制和保证制度，抓住课程学习、实习实践、学位论文开题、中期考核、论文评阅和答辩、学位评定等关键环节，落实全过程管理责任，细化强化导师、学位论文答辩委员会和学位评定委员会权责，杜绝学位"注水"。推动培养单位探索建立学位论文评阅意见公开等制度，合理制定与学位授予相关的科研成果要求，破除"唯论文"倾向。加强教学质量督导，提升信息化管理水平。

20. 强化导师岗位管理，全面落实育人职责。培养单位要严格导师选聘标准，加强导师团队建设，明确导师权责，规范导师指导行为，支持导师严格学业管理；将政治表现、师德师风、学术水平、指导精力投入等纳入导师评价考核体系。加强兼职导师、校外导师的选聘、考核和培训工作。建立国家典型示范、省级重点保障、培养单位全覆盖的三级导师培训体系。鼓励各地各培养单位评选优秀导师和团队。

21. 加强学风建设，严惩学术不端行为。培养单位要完善学风建设工作机制，将科学精神、学术诚信、学术（职业）规范和伦理道德作为导师培训和研究生培养的重要内容，把论文写作指导课程作为必修课。抓住研究生培养关键环节，健全学术不端行为预防和处置机制，加大对学术不端行为的查处力度。

22. 完善质量评价机制，破除"五唯"评价方式。聚焦人才培养成效、科研创新质量、社会服务贡献等核心要素，健全分类多维的质量评价体系，扭转不科学的评价导向。鼓励引入第三方专业机构对研究生培养质量进行诊断式评估。加强研究生教育质量监测，探索开展毕业研究生职业发展调查。

23. 加强外部质量监督，严格规范管理。统筹运用学位授权点合格评估、质量专项检查、学位论文抽检等手段，强化对培养制度及其执行的评价诊断。严格规范培养档案管理，探索建立学术论文、学位论文校际馆际共享机制，将学位论文作假行为作为信用记录，纳入全国信用信息共享平台。推动建立优秀学位论文示范制度，鼓励培养单位和学术组织开展优秀学位论文评选。

扩大学位论文抽检比例，提升抽检科学化、精细化水平。对无法保证质量的学科或专业学位类别，撤销学位授权。对问题严重的培养单位，视情况限制申请新增学位授权。

六、切实加强组织领导，完善条件保障

24. 全面加强党的领导，确保正确办学方向。培养单位各级党组织要坚持以习近平新时代中国特色社会主义思想为指导，全面贯彻党的教育方针，坚持社会主义办学方向，坚守研究生教育意识形态阵地。培养单位党委会、常委会，要把加快研究生教育改革发展纳入重要议题，认真研究部署，积极推进落实。

25. 切实做好经费保障，完善差异化投入机制。完善研究生教育投入体系，加大博士研究生教育投入力度，研究建立差异化生均拨款机制，加大对基础研究、关键核心技术领域研究生培养的支持。完善培养成本分担机制，合理确定不同类型研究生教育学费收费标准，健全教育收费标准动态调整机制，鼓励培养单位使用科研项目资金支持研究生培养。

26. 改革完善资助体系，激发研究生学习积极性。完善政府主导、培养单位统筹、社会广泛参与的研究生资助投入格局。根据经济发展水平和物价变动情况，建立完善资助标准动态调整机制。加大对基础学科和关键领域人才培养的资助力度。培养单位要完善奖助学金评定标准，充分发挥奖学金的激励作用，探索建立动态调整的"三助"制度。适时调整国家助学贷款标准，给予家庭经济困难研究生更多支持。

27. 加强管理队伍建设，提升管理服务水平。各培养单位要加强研究生院（部、处）建设，强化管理工作职责，保障办公条件；健全校、院（部、系、所）两级研究生教育管理体系，加强基层管理力量，按照研究生培养规模配齐建强专职管理队伍；加强管理人员培训，提高专业化服务水平。

28. 强化组织保障，确保改革措施落地见效。各级教育、发展改革、财政主管部门要加强宏观指导，强化资源配置，保障研究生教育投入。充分发挥国务院学位委员会学科评议组和全国专业学位研究生教育指导委员会等专家组织和行业学会的作用，加强研究生教育研究、咨询和指导。支持有条件的高校建设研究生教育专门研究机构。各地各培养单位要认真制定落实方案，加强宣传引导，为深化研究生教育改革、建设研究生教育强国作出应有贡献。

教育部　国家发展改革委　财政部
2020 年 9 月 4 日

国务院学位委员会　教育部　人力资源社会保障部
关于修订《专业学位研究生教育指导委员会
工作规程》的通知

学位〔2019〕17 号

有关专业学位研究生教育指导委员会：

　　为进一步规范专业学位研究生教育指导委员会的工作，经国务院学位委员会第 35 次会议审议通过，决定修订《专业学位研究生教育指导委员会工作规程》。

　　现将修订后的《专业学位研究生教育指导委员会工作规程（2019 年修订）》印发给你们，请遵照执行。

　　附件：专业学位研究生教育指导委员会工作规程（2019 年修订）

国务院学位委员会　教育部　人力资源社会保障部

2019 年 6 月 3 日

附件：

专业学位研究生教育指导委员会工作规程
（2019 年修订）

第一条 为贯彻习近平新时代中国特色社会主义思想，坚持党的全面领导，落实党的教育方针和立德树人根本任务，积极发展专业学位研究生教育，建立具有中国特色的专业学位研究生教育制度，根据《中华人民共和国高等教育法》等法律法规的规定，制订本工作规程。

第二条 专业学位研究生教育指导委员会（以下简称"教指委"）经国务院学位委员会、教育部、人力资源社会保障部批准设立，其组成、任务、运行与管理适用本工作规程。

第三条 教指委按照国务院学位委员会批准设置的专业学位类别组建，是协助主管部门开展相应类别专业学位研究生教育研究、咨询、指导、评估和交流合作的专业组织。

教指委经批准可设立若干分委员会。

第四条 教指委一般由 15 至 35 人组成；设立分委员会的教指委，委员人数不得超过 50 人。

第五条 教指委设主任委员 1 名，副主任委员 2—6 名，秘书长 1 名，根据工作需要，可设副秘书长。

第六条 教指委由有关主管部门、行业、企业和事业单位及学位授予单位推荐的专家和负责人组成。教指委委员由国务院学位委员会、教育部、人力资源社会保障部聘任（均系兼职），受聘者年龄一般不超过 60 周岁。

第七条 教指委委员应坚持社会主义办学方向，贯彻党的教育方针，热爱研究生教育事业，落实立德树人根本任务，遵纪守法、廉洁自律、履职尽责，谨遵学术规范，严守工作纪律和保密纪律，自觉抵制不正之风，以严谨、科学、负责的态度，按时完成教指委的各项工作任务，不得以教指委委员的身份从事与教指委工作无关的活动。

第八条 教指委委员每届任期 5 年，连续聘任一般不超过两届。聘任期间不宜继续担任教指委委员的，应由国务院学位委员会、教育部、人力资源社会保障部解聘。

主任委员、副主任委员、秘书长以及非高校委员在任期内因工作岗位发生变动需要调整的，由原推荐单位向国务院学位委员会办公室提出调整申请。国务院学位委员会办公室受理后，集中报国务院学位委员会、教育部、人力资源社会保障部批准后公布。

第九条　教指委设秘书处。秘书处是教指委的工作机构，负责教指委的日常工作。

秘书长领导秘书处工作，副秘书长协助秘书长工作。

第十条　教指委承担以下任务：

（一）研究专业学位研究生教育改革发展的重大问题，制订有关专业学位研究生教育发展规划，推动专业学位研究生教育服务国家需求，大力培养高层次、创新型、复合型、应用型人才，提升专业学位研究生教育整体水平；

（二）研究并推动专业学位研究生招生选拔机制改革和培养体系建设，制订和修订专业学位研究生指导性培养方案、教学大纲和学位基本要求，指导加强专业学位研究生课程建设和学位论文工作等；

（三）研究并指导专业学位研究生实践能力培养，加强与行业实务部门的联系，构建产学研协同创新机制，推动专业学位与职业资格的衔接认证工作；

（四）对新增、调整、撤销专业学位授权点进行评议并提出审核意见，组织开展专业学位授权点合格评估、质量监测和专项检查等工作；

（五）就专业学位研究生教育的发展状况、教育质量、社会需求等开展调查、监测、分析和研究，并向主管部门、研究生培养单位提供咨询建议；

（六）组织开展专业学位研究生教育的国内外交流与合作，指导专业学位研究生培养单位提高办学水平；

（七）加强专业学位研究生教育的宣传与引导，提高信息化服务和管理水平；

（八）其他相关工作。

第十一条　教指委每年至少召开一次全体会议。根据工作需要，可以召开专项工作会议。

第十二条　教指委表决可采取会议投票、会议举手表决、实名通讯表决等方式。对重要事项表决前，应召开会议充分酝酿讨论。

参加表决的人数须达到全体教指委委员数的三分之二以上（含三分之二），表决结果有效；获得参加表决人数的三分之二以上（含三分之二）同意且同意人数达到教指委全体委员数二分之一以上（含二分之一）的，表决结果通过。

第十三条　教指委委员所在单位，应支持教指委委员的工作，给予必要的经费保障，并视情计入工作绩效考核。

第十四条　教指委秘书处所在单位，应设专职管理岗位，为其提供必要的工作条件和经费保障，保证教指委及其秘书处正常开展工作。

第十五条　教指委的经费来源为：

（一）有关部门专项拨款；

（二）有关机构和个人的赞助、捐赠；

（三）其他合理经费来源。

第十六条　教指委不得收取任何形式的会员费、年费、工作经费等。教指委应当建立完善的经费管理制度，严格按照国家财务管理规定使用经费。

第十七条　秘书处负责教指委经费的预算、使用和决算，经费接受秘书处所在单位审计。

秘书处应每年向教指委全体会议报告年度经费收支情况，由教指委全体会议审议。

第十八条　教指委根据本工作规程，制订章程及工作细则。

第十九条　本工作规程由国务院学位委员会办公室负责解释。

第二十条　本工作规程自修订之日起生效。

国务院学位委员会　教育部关于进一步
严格规范学位与研究生教育质量管理的若干意见

学位〔2020〕19 号

各省、自治区、直辖市学位委员会、教育厅(教委)，新疆生产建设兵团教育局，有关部门(单位)教育司(局)，部属各高等学校、部省合建各高等学校：

改革开放特别是党的十八大以来，学位与研究生教育坚持正确政治方向，确立了立德树人、服务需求、提高质量、追求卓越的主线，规模持续增长，结构布局不断优化，学位管理体制和研究生培养体系逐步完善，服务国家战略和经济社会发展的能力显著增强，我国已成为世界研究生教育大国。国务院学位委员会和教育部等部门先后印发了《关于加强学位与研究生教育质量保证和监督体系建设的意见》《关于加快新时代研究生教育改革发展的意见》等一系列文件，强化质量监控与检查，促进学位授予单位规范管理。中国特色社会主义进入新时代，人民群众对保证和提高学位与研究生教育质量的关切日益增强，但部分学位授予单位仍存在培养条件建设滞后、管理制度不健全、制度执行不严格、导师责任不明确、学生思想政治教育弱化、学术道德教育缺失等问题。为落实立德树人根本任务，实现新时代研究生教育改革发展目标，维护公平，提高质量，办好人民满意的研究生教育，建设研究生教育强国，现就进一步规范质量管理提出如下意见。

一、指导思想

以习近平新时代中国特色社会主义思想为指导，深入学习贯彻落实党的十九大和十九届二中、三中、四中全会精神，全面贯彻落实全国教育大会和全国研究生教育会议精神，紧紧围绕统筹推进"五位一体"总体布局和协调推进"四个全面"战略布局，全面贯彻党的教育方针，落实立德树人根本任务，推进研究生教育治理体系和治理能力现代化，坚持把思想政治工作贯穿研究生教育教学全过程。遵循规律，严格制度，强化落实，整治不良学风，遏止学术不端，营造风清气正的育人环境和求真务实的学术氛围，努力提高学位与研究生教育质量。

二、强化落实学位授予单位质量保证主体责任

(一)学位授予单位是研究生教育质量保证的主体,党政主要领导是第一责任人。要坚持正确政治方向,树牢"四个意识",坚定"四个自信",坚决做到"两个维护",以全面从严治党引领质量管理责任制的建立与落实。要落实落细《关于加强学位与研究生教育质量保证和监督体系建设的意见》《学位授予单位研究生教育质量保证体系建设基本规范》,补齐补强质量保证制度体系,加快建立以培养质量为主导的研究生教育资源配置机制。

(二)学位授予单位要强化底线思维,把维护公平、保证质量作为学科建设和人才培养的基础性任务,加强与研究生培养规模相适应的条件建设和组织保障。针对不同类型研究生的培养目标、模式和规模,强化培养条件、创新保障方式,确保课程教学、科研指导和实践实训水平。

(三)学位授予单位要建立健全学术委员会、学位评定委员会等组织,强化制度建设与落实,充分发挥学术组织在学位授权点建设、导师选聘、研究生培养方案审定、学位授予标准制定、学术不端处置等方面的重要作用,提高尽责担当的权威性和执行力。

(四)学位授予单位要明确学位与研究生教育管理主责部门,根据本单位研究生规模和学位授权点数量等,配齐建强思政工作和管理服务队伍,合理确定岗位与职责,加强队伍素质建设,强化统筹协调和执行能力,切实提高管理水平。二级培养单位设置研究生教育管理专职岗位,协助二级培养单位负责人和研究生导师,具体承担研究生招生、培养、学位授予等环节质量管理和研究生培养相关档案管理工作。

(五)学位授予单位要强化法治意识和规矩意识,建立各环节责任清单,加强执行检查。利用信息化手段加强对研究生招生、培养和学位授予等关键环节管理。强化研究生教育质量自我评估和专项检查,对本单位研究生培养和学位授予质量进行诊断,及时发现问题,立查立改。

三、严格规范研究生考试招生工作

(六)招生单位在研究生考试招生工作中承担主体责任。招生单位主要负责同志是本单位研究生考试招生工作的第一责任人,对本单位研究生考试招生工作要亲自把关、亲自协调、亲自督查,严慎细实做好研究生考试招生工作,确保公开、公平、公正。

(七)各地、各招生单位要强化考试管理,把维护考试安全作为一项重要政治责任,严格落实试卷安全保密、考场监督管理等制度要求,确保考试安

全。招生单位作为自命题工作的组织管理主体，要强化对自命题工作的组织领导和统筹安排，坚决杜绝简单下放、层层转交。招生单位要对标国家教育考试标准，进一步完善自命题工作规范，切实加强对自命题工作全过程全方位，特别是关键环节、关键岗位、关键人员的监管，切实加强对自命题工作人员的教育培训，落实安全保密责任制，坚决防止出现命题制卷错误和失泄密情况。试卷评阅严格执行考生个人信息密封、多人分题评阅、评卷场所集中封闭管理等要求，确保客观准确。

（八）招生单位要切实规范研究生招生工作，加强招生工作的统一领导和监督，层层压实责任，将招生纪律约束贯穿于命题、初试、评卷、复试、调剂、录取全过程，牢牢守住研究生招生工作的纪律红线。要进一步完善复试工作制度机制，加强复试规范管理，统一制定复试小组工作基本规范，复试小组成员须现场独立评分，评分记录和考生作答情况要交招生单位研究生招生管理部门集中统一保管，任何人不得改动。复试全程要录音录像，要规范调剂工作程序，提升服务质量。要严格执行国家政策规定，坚持择优录取，不得设置歧视性条件，除国家有特别规定的专项计划外，不得按单位、行业、地域、学校层次类别等限定生源范围。

（九）各级教育行政部门、教育招生考试机构和招生单位应按照教育部有关政策要求，积极推进本地区、本单位研究生招生信息公开，确保招生工作规范透明。招生单位要提前在本单位网站上公布招生章程、招生政策规定、招生专业目录、分专业招生计划、复试录取办法等信息。所有拟录取名单由招生单位研究生招生管理部门统一公示，未经招生单位公示的考生，一律不得录取，不予学籍注册。教育行政部门、教育招生考试机构和招生单位要提供考生咨询及申诉渠道，并按有关规定对相关申诉和举报及时调查、处理及答复。

四、严抓培养全过程监控与质量保证

（十）学位授予单位要遵循学科发展和人才培养规律，根据《一级学科博士硕士学位基本要求》《专业学位类别（领域）博士硕士学位基本要求》，按不同学科或专业学位类别细化并执行与本单位办学定位及特色相一致的学位授予质量标准；制定各类各层次研究生培养方案，做到培养环节设计合理，学制、学分和学术要求切实可行，关键环节考核标准和分流退出措施明确。实行研究生培养全过程评价制度，关键节点突出学术规范和学术道德要求。学位论文答辩前，严格审核研究生培养各环节是否达到规定要求。

（十一）二级培养单位设立研究生培养指导机构，在学位评定委员会指导下，负责落实研究生培养方案、监督培养计划执行、指导课程教学、评价教学质量等工作。加快建立以教师自评为主、教学督导和研究生评教为辅的研究生教学评价机制，对研究生教学全过程和教学效果进行监督和评价。

（十二）做好研究生入学教育，编发内容全面、规则详实的研究生手册并组织学习。把学术道德、学术伦理和学术规范作为必修内容纳入研究生培养环节计划，开设论文写作必修课，持续加强学术诚信教育、学术伦理要求和学术规范指导。研究生应签署学术诚信承诺书，导师要主动讲授学术规范，引导学生将坚守学术诚信作为自觉行为。

（十三）坚持质量检查关口前移，切实发挥资格考试、学位论文开题和中期考核等关键节点的考核筛查作用，完善考核组织流程，丰富考核方式，落实监督责任，提高考核的科学性和有效性。进一步加强和严格课程考试。完善和落实研究生分流退出机制，对不适合继续攻读学位的研究生要及早按照培养方案进行分流退出，做好学生分流退出服务工作，严格规范各类研究生学籍年限管理。

五、加强学位论文和学位授予管理

（十四）学位授予单位要进一步细分压实导师、学位论文答辩委员会、学位评定分委员会等责任。导师是研究生培养第一责任人，要严格把关学位论文研究工作、写作发表、学术水平和学术规范性。学位论文答辩委员会要客观公正评价学位论文学术水平，切实承担学术评价、学风监督责任，杜绝人情干扰。学位评定分委员会要对申请人培养计划执行情况、论文评阅情况、答辩组织及其结果等进行认真审议，承担学术监督和学位评定责任。论文重复率检测等仅作为检查学术不端行为的辅助手段，不得以重复率检测结果代替导师、学位论文答辩委员会、学位评定分委员会对学术水平和学术规范性的把关。

（十五）分类制订不同学科或交叉学科的学位论文规范、评阅规则和核查办法，真实体现研究生知识理论创新、综合解决实际问题的能力和水平，符合相应学科领域的学术规范和科学伦理要求。对以研究报告、规划设计、产品开发、案例分析、管理方案、发明专利、文学艺术创作等为主要内容的学位论文，细分写作规范，建立严格评审机制。

（十六）严格学位论文答辩管理，细化规范答辩流程，提高问答质量，力戒答辩流于形式。除依法律法规需要保密外，学位论文均要严格实行公开答辩，妥善安排旁听，答辩人员、时间、地点、程序安排及答辩委员会组成等信息要在学位授予单位网站向社会公开，接受社会监督。任何组织及个人不得以任何形式干扰学位论文评阅、答辩及学位评定工作，违者按相关法律法规严肃惩处。

（十七）建立和完善研究生招生、培养、学位授予等原始记录收集、整理、归档制度，严格规范培养档案管理，确保涉及研究生招生录取、课程考试、学术研究、学位论文开题、中期考核、学位论文评阅、答辩、学位授予等重要记录的档案留存全面及时、真实完整。探索建立学术论文、学位论文校际馆际共享机制，促进学术公开透明。

六、强化指导教师质量管控责任

（十八）导师要切实履行立德树人职责，积极投身教书育人，教育引导研究生坚定理想信念，增强中国特色社会主义道路自信、理论自信、制度自信、文化自信，自觉践行社会主义核心价值观。根据学科或行业领域发展动态和研究生的学术兴趣、知识结构等特点，制订研究生个性化培养计划。指导研究生潜心读书学习、了解学术前沿、掌握科研方法、强化实践训练，加强科研诚信引导和学术规范训练，掌握学生参与学术活动和撰写学位论文情况，增强研究生知识产权意识和原始创新意识，杜绝学术不端行为。综合开题、中期考核等关键节点考核情况，提出学生分流退出建议。严格遵守《新时代高校教师职业行为十项准则》、研究生导师指导行为准则，不安排研究生从事与学业、科研、社会服务无关的事务。关注研究生个体成长和思想状况，与研究生思政工作和管理人员密切协作，共同促进研究生身心健康。

（十九）学位授予单位建立科学公正的师德师风评议机制，把良好师德师风作为导师选聘的首要要求和第一标准。编发导师指导手册，明确导师职责和工作规范，加强研究生导师岗位动态管理，严格规范管理兼职导师。建立导师团队集体指导、集体把关的责任机制。

（二十）完善导师培训制度，各学位授予单位对不同类型研究生的导师实行常态化分类培训，切实提高导师指导研究生和严格学术管理的能力。首次上岗的导师实行全面培训，连续上岗的导师实行定期培训，确保政策、制度和措施及时在指导环节中落地见效。

（二十一）健全导师分类评价考核和激励约束机制，将研究生在学期间及毕业后反馈评价、同行评价、管理人员评价、培养和学位授予环节职责考核情况科学合理地纳入导师评价体系，综合评价结果作为招生指标分配、职称评审、岗位聘用、评奖评优等的重要依据。严格执行《教育部关于高校教师师德失范行为处理的指导意见》，对师德失范、履行职责不力的导师，视情况给予约谈、限招、停招、取消导师资格等处理；情节较重的，依法依规给予党纪政纪处分。

七、健全处置学术不端有效机制

（二十二）完善教育部、省级教育行政部门、学位授予单位三级监管体系，健全宣传、防范、预警、督查机制，完善学术不端行为预防与处置措施。将预防和处置学术不端工作纳入国家教育督导范畴，将学术诚信管理与督导常态化，提高及时处理和应对学术不端事件的能力。

（二十三）严格执行《学位论文作假行为处理办法》《高等学校预防与处理学术不端行为办法》等规定。对学术不端行为，坚持"零容忍"，一经发现坚决依法依规、从快从严进行彻查。对有学术不端行为的当事人以及相关责任人，根据情节轻重，依法依规给予党纪政纪校纪处分和学术惩戒；违反法律法规的，应及时移送有关部门查处。对学术不端查处不力的单位予以问责。将学位论文作假行为作为信用记录，纳入全国信用信息共享平台。

（二十四）学位授予单位要切实执行《普通高等学校学生管理规定》《高等学校预防与处理学术不端行为办法》的相关要求，完善导师和研究生申辩申诉处理机制与规则，畅通救济渠道，维护正当权益。当事人对处理或处分决定不服的，可以向学位授予单位提起申诉。当事人对经申诉复查后所作决定仍持异议的，可以向省级学位委员会申请复核。

八、加强教育行政部门督导监管

（二十五）省级高校招生委员会是监管本行政区域内所有招生单位研究生考试招生工作的责任主体。教育部将把规范和加强研究生考试招生工作纳入国家教育督导范畴，各省级高校招生委员会、教育行政部门要加强对本地区研究生考试招生工作的监督检查，对研究生考试招生工作中的问题，特别是多发性、趋势性的问题要及早发现、及早纠正。对考试招生工作中的违规违纪行为，一经发现，坚决按有关规定严肃处理。造成严重后果和恶劣影响的，将按规定对有关责任人员进行追责问责，构成违法犯罪的，由司法机关依法追究法律责任。

（二十六）国务院学位委员会、教育部加强运用学位授权点合格评估、质量专项检查抽查等监管手段，省级学位委员会和教育行政部门加大督查检查力度，加强招生、培养、学位授予等管理环节督查，强化问责。

（二十七）国务院教育督导委员会办公室、省级教育行政部门进一步加大学位论文抽检工作力度，适当扩大抽检比例。对连续或多次出现"存在问题学位论文"的学位授予单位，加大约谈力度，严控招生规模。国务院学位委员会、教育部在学位授权点合格评估中对"存在问题学位论文"较多的学位授权点进行重点抽评，根据评估结果责令研究生培养质量存在严重问题的学位授权点限期整改，经整改仍无法达到要求的，依法依规撤销有关学位授权。

（二十八）对在招生、培养、学位授予等管理环节问题较多，师德师风、校风学风存在突出问题的学位授予单位，视情况采取通报、限期整改、严控招生计划、限制新增学位授权申报等处理办法，情节严重的学科或专业学位类别，坚决依法依规撤销学位授权。对造成严重后果，触犯法律法规的，坚决依法依规追究学位授予单位及个人法律责任。

（二十九）省级教育行政部门和学位授予单位要加快推进研究生教育信息公开，定期发布学位授予单位研究生教育发展质量年度报告，公布学术不端行为调查处理情况，接受社会监督。

国务院学位委员会　教育部

2020 年 9 月 25 日

国务院学位委员会 教育部关于印发
《专业学位研究生教育发展方案(2020—2025)》的通知

学位〔2020〕20 号

各省、自治区、直辖市学位委员会,新疆生产建设兵团学位委员会,军队学位委员会,各研究生培养单位:

国务院学位委员会第三十六次会议已审议通过《专业学位研究生教育发展方案(2020—2025)》,现印发给你们,请结合实际认真贯彻执行。

附件:专业学位研究生教育发展方案(2020—2025)

国务院学位委员会 教育部
2020 年 9 月 25 日

附件：

专业学位研究生教育发展方案(2020—2025)

为深入学习贯彻党的十九大和十九届二中、三中、四中全会精神，全面贯彻落实全国教育大会和全国研究生教育会议精神，根据《中国教育现代化2035》和《加快推进教育现代化实施方案(2018—2022年)》，加快推进新时代专业学位研究生教育高质量发展，特制定本方案。

一、成就与挑战

专业学位研究生教育是培养高层次应用型专门人才的主渠道。自1991年开始实行专业学位教育制度以来，我国逐步构建了具有中国特色的高层次应用型专门人才培养体系，为经济社会发展作出重要贡献。一是完善了我国学位制度，开辟了高层次应用型专门人才的培养通道，实现了单一学术学位到学术学位与专业学位并重的历史性转变。二是探索建立了以实践能力培养为重点、以产教融合为途径的中国特色专业学位培养模式。三是培养输送了一大批人才。截至2019年，累计授予硕士专业学位321.8万人、博士专业学位4.8万人。四是有力支撑了行业产业发展，针对行业产业需求设置了47个专业学位类别，共有硕士专业学位授权点5996个，博士专业学位授权点278个，基本覆盖了我国主要行业产业，部分专业学位类别实现了与职业资格的紧密衔接。五是探索形成了国家主导、行业指导、社会参与、高校主体的专业学位研究生教育发展格局，积累了中国特色专业学位发展经验。

面对新时代的新要求，专业学位研究生教育还存在一些问题：一是对专业学位研究生教育的认识需要进一步深化，重学术学位、轻专业学位的观念仍需扭转，简单套用学术学位发展理念、思路、措施的现象仍不同程度存在。二是硕士专业学位研究生教育的结构与质量问题并存，类别设置仍不够丰富，设置机制不够灵活，个别类别发展缓慢，培养规模仍需扩大，培养模式仍需创新，培养质量亟待提高。三是博士专业学位发展滞后，类别设置单一，授权点数量过少，培养规模偏小，不能适应行业产业对博士层次应用型专门人才的需求。四是发展机制需要健全，在学科专业体系中的地位需要进一步凸显，人才需求与就业状况的动态反馈机制不够完善，与职业资格的衔接需要深化，多元投入机制需要加强，产教融合育人机制需要健全，学校内部管理机制仍需创新。

二、发展与目标

随着中国特色社会主义进入新时代，我国专业学位研究生教育进入了新的发展阶段。

发展专业学位研究生教育是经济社会进入高质量发展阶段的必然选择。新时代我国社会主要矛盾已发生深刻变化，经济进入了高质量发展阶段，经济和产业转型升级加快，人民对美好生活的需求不断增长，各行各业的知识含量显著提升，对从业人员的职业素养、知识能力、专业化程度提出了更高要求，从数量到质量的转变更加需要高层次专业化教育。专业学位是现代社会发展的产物，科技越发达、社会现代化程度越高，社会对专业学位人才的需求越大，越需要加快发展专业学位研究生教育。

发展专业学位研究生教育是主动服务创新型国家建设的重要路径。随着新一轮科技革命和产业变革蓬勃兴起，全球科技创新进入密集活跃期，新经济、新业态不断涌现，国际科技竞争日趋激烈，大国竞争越来越体现在科技和人才的竞争。目前，我国在很多领域都有尚待突破的关键技术，成为制约我国创新发展的瓶颈，这些技术相当程度集中在科技应用和转化方面，需要大量创新型、复合型、应用型人才。同时，2020年初，新冠疫情的暴发，也对我国公共卫生等领域高水平、高层次应用型人才培养提出挑战。专业学位以提高实践创新能力为目标，在适应社会分工日益精细化、专业化、对人才需求多样化方面具有独特优势，已成为高层次应用型人才培养的主阵地，需要大力发展专业学位研究生教育。

发展专业学位是学位与研究生教育改革发展的战略重点。长期以来，研究生教育把培养教学科研人员作为目标，高等学校和科研机构是研究生就业的主要渠道，但随着经济社会的发展，人才市场的需求结构发生了巨大变化，研究生在行业产业就业的比例逐年提高，各行各业对专业学位研究生的需求越来越大。从国际上看，美英法德日韩等发达国家高度重视专业学位发展，以职业导向或较强应用性的领域为重点，设置类型丰富、适应专门需求的专业学位，有力支撑其经济社会发展。专业学位具有相对独立的教育模式，以产教融合培养为鲜明特征，是职业性与学术性的高度统一。国内外的需求变化表明，专业学位研究生教育地位日益重要，必须加快发展。

专业学位研究生教育主要针对社会特定职业领域需要，培养具有较强专业能力和职业素养、能够创造性地从事实际工作的高层次应用型专门人才。专业学位一般在知识密集、需要较高专业技术或实践创新能力、具有鲜明职业特色、社会需求较大的领域设置。

专业学位研究生教育发展指导思想是，以习近平新时代中国特色社会主义思想为指导，全面贯彻落实全国教育大会和全国研究生教育会议精神，面向国家发展重大战略，面向行业产业当前及未来人才重大需求，面向教育现代化，进一步凸显专业学位研究生教育重要地位，以立德树人、服务需求、提高质量、追求卓越为主线，按照需求导向、尊重规律、协同育人、统筹推进的基本原则，加强顶层设计，完善发展机制，优化规模结构，夯实支撑条件，全面提高质量，为行业产业转型升级和创新发展提供强有力的人才支撑。

专业学位研究生教育发展目标是，到 2025 年，以国家重大战略、关键领域和社会重大需求为重点，增设一批硕士、博士专业学位类别，将硕士专业学位研究生招生规模扩大到硕士研究生招生总规模的三分之二左右，大幅增加博士专业学位研究生招生数量，进一步创新专业学位研究生培养模式，产教融合培养机制更加健全，专业学位与职业资格衔接更加紧密，发展机制和环境更加优化，教育质量水平显著提升，建成灵活规范、产教融合、优质高效、符合规律的专业学位研究生教育体系。

三、着力优化硕士专业学位研究生教育结构

1. 完善硕士专业学位类别设置和授予标准。硕士专业学位类别设置条件，应更加突出鲜明的职业背景和专业人才指向，增强对行业产业发展的快速响应能力和针对性，一般应要求具有广泛的社会需求，明确的职业指向，所对应职业领域的人才培养已形成相对完整、系统的知识体系。硕士专业学位授予基本要求，应更加突出研究生掌握相关行业产业或职业领域的扎实基础理论、系统专门知识的程度，以及通过研究解决实践问题的能力。

2. 健全更加灵活的硕士专业学位类别管理机制。根据社会发展需求，在现代制造业、现代交通、现代农业、现代信息、现代服务业和社会治理等领域，增设一批硕士专业学位类别。开展硕士专业学位类别自主设置试点，放权学位授权自主审核单位自主设置硕士专业学位类别，定期统计并向社会公布。改进硕士专业学位类别进入专业学位目录的机制，对于由高校自主设置的硕士专业学位类别，若已在高校形成一定规模，得到社会和行业产业认可，形成了完善的人才培养机制和知识体系，有长期稳定人才需求，招生就业良好，由行业产业、高校进行论证后提出申请，经国务院学位委员会审批通过后，即进入硕士专业学位目录。行业主管部门、行业产业协会等也可提出硕士专业学位类别设置申请，基本程序与博士专业学位类别设置程序一致。

3. 推动硕士专业学位研究生教育规模稳健增长。稳步扩大硕士专业学位授权布局，新增硕士学位授予单位原则上只开展专业学位研究生教育，新增硕士学位授权点以专业学位授权点为主，支持学位授予单位将主动撤销的学术学位授权点调整为专业学位授权点。将产教融合、联合培养基地建设作为硕士专业学位授权点申请基本条件的重要内容，不把已获得学术学位授权点作为前置条件。推动硕士专业学位授权紧密服务区域、行业产业发展，继续放权省级学位委员会承担本地区硕士专业学位授权点审核工作，并注重发挥专业学位研究生教育指导委员会的作用。支持学位授予单位优化人才培养结构，硕士研究生招生计划增量主要用于专业学位，可将学术学位硕士研究生招生计划调整为专业学位硕士研究生招生计划。

四、加快发展博士专业学位研究生教育

1. 明确博士专业学位研究生教育的定位。推动博士专业学位、博士学术学位的协调发展。博士专业学位研究生教育主要根据国家重大发展战略需求，培养某一专门领域的高层次应用型未来领军人才。博士专业学位研究生应掌握相关行业产业或职业领域的扎实基础理论、系统深入专门知识，具有独立运用科学方法、创造性地研究和系统解决实践中复杂问题的能力。

2. 完善博士专业学位类别设置标准。博士专业学位类别一般只在已形成相对独立专业技术标准的职业领域中设置，该职业领域应具有成熟的职业规范和特定的职业能力标准，需要创造性地开展工作，且具有较大的博士层次人才需求。博士专业学位类别设置的重点是工程师、医师、教师、律师、公共卫生、公共政策与管理等对知识、技术、能力都有较高要求的职业领域，也可根据经济社会发展需求，按照成熟一个、论证一个的原则，在其他行业产业或专门领域中设置，一般应具有较好的硕士专业学位发展基础。

3. 健全博士专业学位类别设置程序。专业学位类别设置的基本程序是：相关行业产业主管部门、行业产业协会和学位授予单位提出建议，并提交论证报告；相关学科评议组和专业学位研究生教育指导委员会进行必要性论证，并提交评议意见；国务院学位委员会办公室在广泛征求意见基础上，组织专家进行可行性评议；评议通过后，编制设置方案，提交国务院学位委员会审核。

4. 扩大博士专业学位研究生教育规模。在确保质量的基础上，以临床医学博士专业学位、工程类博士专业学位、教育博士专业学位为重点，增设一批博士专业学位授权点，快速提升培养能力。将产教融合和行业协同作为博士专业学位授权点增设的优先条件，不把已获得博士学术学位授权点作为博士专业学位授权点增设的前置条件。完善博士专业学位授权点区域布局，支撑区域经济社会发展。支持学位授权自主审核单位增设一批博士专业学位授权点。博士研究生招生计划向专业学位倾斜，每年常规增量专门安排一定比例用于博士专业学位发展。在科研经费博士专项计划中探索招收博士专业学位研究生并逐步扩大规模。

五、大力提升专业学位研究生教育质量

1. 加强专业学位研究生导师队伍建设。坚持正确育人导向，强化导师育人职责。大力推动地方领导干部、"两院"院士、国企骨干、劳动模范等上讲台，探索建立各级党政机关、科研院所、军队、企事业单位党员领导干部、专家学者等担任校外辅导员制度，提升专业学位研究生思想水平、政治觉悟和道德品质。推动培养单位和行业产业之间的人才交流与共享，各培养单位新聘专业学位研究生导师须有在行业产业锻炼实践半年以上或主持行业产业课题研究、项目研发的经历，在岗专业学位研究生导师每年应有一定时间带队到行业产业开展调研实践。鼓励各地各培养单位设立"行业产业导师"，健全行业产业导师选聘制度，构建专业学位研究生双导师制。

2. 深化产教融合专业学位研究生培养模式改革。坚持正确育人导向，加强专业学位研究生思想政治教育，加强学术道德和职业伦理教育，提升实践创新能力和未来职业发展能力，促进专业学位研究生德智体美劳全面发展。实施专业学位和学术学位研究生招生分类选拔，进一步完善博士专业学位研究生申请考核制选拔方式。推进培养单位与行业产业共同制定培养方案，共同开设实践课程，共同编写精品教材。鼓励有条件的行业产业制定专业技术能力标准，推进课程设置与专业技术能力考核的有机衔接。推进设立用人单位"定制化人才培养项目"，将人才培养与用人需求紧密对接。实施"国家产教融合研究生联合培养基地"建设计划，重点依托产教融合型企业和产教融合型城市，大力开展研究生联合培养基地建设。鼓励行业产业、培养单位探索建立产教融合育人联盟，制定标准，交流经验，分享资源。将创新创业教育融入产教融合育人体系，支持有条件的高校在具备较高创新创业潜质的应届本科毕业生中，推荐免试（初试）招收专业学位研究生。支持培养单位联合行业产业探索实施"专业学位＋能力拓展"育人模式，使专业学位研究生在获得学历学位的同时，取得相关行业产业从业资质或实践经验，提升职业胜任能力。

3. 完善专业学位研究生教育评价机制。强化专业学位论文应用导向，硕士专业学位论文可以调研报告、规划设计、产品开发、案例分析、项目管理、艺术作品等为主要内容，以论文形式呈现。博士专业学位论文应表明研究生独立担负专门技术工作的能力，并在专门技术上做出应用创新性的成果。完善专业学位论文评审和抽检办法，推动专业学位论文与学术学位论文分类评价。完善专业学位授权点合格评估制度，将产教融合培养研究生成效纳入评估指标体系，并与专业学位授权点建设等支持政策相挂钩。破除仅以论文发表评价教师的简单做法，将教学案例编写、行业产业服务等教学、实践、服务成果纳入教师考核、评聘体系。

六、组织实施

1. 编制专业学位类别目录。专业学位类别目录由国家统一编制，主要用于学位授权和学位授予，每五年集中修订一次。硕士专业学位类别在论证批准后，即在当年进入目录。专业学位类别一般下设专业领域。除临床医学等行业规范要求严格的类别外，专业领域由学位授予单位自主设置，其清单每年统计发布一次。

2. 推进与职业资格衔接。发挥行业产业协会、专家组织的重要作用，积极完善专业学位与职业资格准入及水平认证的有效衔接机制，在课程免考、缩短职业资格考试实践年限、任职条件等方面加强对接。推动专业学位与国际职业资格的衔接，促进我国专业学位人才的国际流动，宣传推广专业学位研究生教育的中国标准，提升我国专业学位的国际影响力和竞争力。

3. 强化行业产业协同。支持行业产业参与专业学位研究生教育办学，明显提高规模以上企业参与比例。鼓励行业产业通过设立冠名奖学金、研究生工作站、校企研发中心等措施，吸引专业学位研究生和导师参与企业研发项目。强化企业职工在岗教育培训，支持在职员工攻读硕士、博士专业学位。鼓励行业或大企业建立开放式联合培养基地，带动中小企业参与联合培养。

4. 建立需求与就业动态反馈机制。遵循"谁提出、谁负责"的原则，提出设置专业学位类别的行业产业部门应建立人才需求和就业状况动态监测机制，每年发布人才需求和就业状况报告。依托用人单位调查、毕业生追踪调查等，对各单位人才培养质量进行真实反映。对需求萎缩、培养质量低下的专业学位类别，实行强制退出。

5. 构建多元投入机制。健全以政府投入为主、受教育者合理分担、行业产业、培养单位多渠道筹集经费的投入机制。完善差异化专业学位研究生生均拨款机制，合理确定学费标准。探索实施企事业单位以专项经费承担培养成本的"订单式"研究生培养项目。引导支持行业产业以资本、师资、平台等多种形式投入参与专业学位研究生教育。完善政府主导、培养单位和社会广泛参与的专业学位研究生奖助体系。

6. 发挥专家组织作用。按专业学位类别组建专业学位研究生教育指导委员会，吸收更多实践部门有丰富经验的专业人士担任委员，充分发挥其在专业学位研究生教育改革发展、学位授权、招生培养、学位授予、质量保障、监督评估、国际合作和研究咨询等方面的重要作用。充分发挥行业产业协会、学会等第三方组织在专业学位教育中的积极作用。

7. 强化督导落实。国务院学位委员会、国务院教育督导委员会、教育部加强对专业学位研究生教育发展情况的监测分析，建立专业学位质量效益与授权审核、招生计划分配等方面的联动机制。强化各省级学位委员会、教育督导委员会对本地区专业学位研究生教育的管理，支持其采取多种形式开展质量指导和监督，办好本地区专业学位研究生教育。

8. 加强组织领导。国务院学位委员会、教育部应加强与有关部门的政策协调，强化专业学位对应行业产业部门的专业指导作用，形成工作合力，共同推进专业学位研究生教育发展。省级学位委员会应根据本方案，结合区域发展实际，研究制定专业学位研究生教育发展方案或计划，明确工作方向、思路和支持政策。学位授予单位应转变专业学位办学理念，落实主体责任，实施分类培养，出台本单位发展专业学位研究生教育具体措施，切实提升专业学位研究生培养质量。

国务院学位委员会办公室关于开展专业学位研究生在线示范课程建设工作的通知

学位办〔2022〕22 号

全国专业学位研究生教育指导委员会：

为深入贯彻习近平总书记对研究生教育工作的重要指示精神，落实《教育部　国家发展改革委　财政部关于加快新时代研究生教育改革发展的意见》（教研〔2020〕9 号）要求，加强专业学位研究生课程建设，加快教育数字化转型，推动优质资源共享，经研究，决定委托全国专业学位研究生教育指导委员会（以下简称"教指委"）建设各专业学位类别的研究生在线示范课程。有关事项通知如下：

一、目的意义

课程是落实立德树人根本任务，实现研究生价值塑造、能力培养、知识传授的基本载体，随着专业学位硕士研究生招生占比超过 60％，专业学位博士研究生招生规模迅速扩大，课程建设的重要性日益凸显。

建设在线示范课程，通过示范构建课程育人新模式，促进线上线下教学融合发展，推动高校加大课程建设投入，引导广大教师重视课程教学质量，切实发挥课程教学在研究生社会责任、创新意识、专业水平、实践能力、职业素养培养中的基础作用。在线示范课程将统一接入国家高等教育智慧教育平台，供学生课程学习、教师教学参考、学校学术交流。

二、建设要求

1. 在线示范课程应以习近平新时代中国特色社会主义思想为指引，落实立德树人根本任务，牢牢把握课程的政治方向和价值导向；不得包含危害国家安全、涉密及其他不适宜公开的内容；无侵犯他人知识产权的内容。

2. 在线示范课程建设可以采取新建、更新、遴选等方式；原则上按专业学位类别进行，专业学位类别各领域之间差异较大的，也可按领域建设。

3. 在线示范课程建设应与《研究生核心课程指南（试行）》做好衔接，可以是基础课、专业课、方法课、实践课等。

4. 在线示范课程应突出专业学位研究生教育特点，符合培养目标，内容规范完整，在教学团队、教学理念、教学内容、教学方法、教学资源、教学管理、教学效果等方面具有示范性、引领性和可推广性；应兼顾经典理论和研究前沿、理论创新和实践应用、学科基础和交叉融合。

5. 在线示范课程建设应依托具有坚定理想信念、良好师德师风、较高学术造诣、热心教书育人、勇于改革创新的课程团队。鼓励研究生培养单位、行业企业联合组建团队，共建在线示范课程。

6. 我办委托清华大学为在线示范课程建设提供技术支持，相关课程建设须符合技术要求(附件1)。

三、组织实施

1. 各教指委应高度重视在线示范课程建设工作，制定专门工作方案，拟定建设计划，确定各门课程的建设单位，加强协调，严格审核，把好课程建设政治关和质量关。

2. 各建设单位负责在线示范课程具体建设工作，做好课程团队建设及课程意识形态、知识产权、内容质量等相关审查工作。

3. 课程团队应科学设计在线示范课程内容，拥有合法知识产权，同意将课程提交至清华大学，并按要求接入国家高等教育智慧教育平台。

4. 清华大学应组建技术团队，建立完善的课程审核机制，确保课程合规，保障内容安全，做好技术保障、上线运行等工作；涉及知识产权的，应签署有关协议。

四、支持保障

在线示范课程建设是专业学位研究生教育教学改革的重要内容，各方面应做好支持保障工作：

1. 各教指委秘书处所在单位应给予大力支持。

2. 课程建设团队所在单位应给予必要的保障，并将教师参与在线示范课程建设情况作为绩效考核的重要因素。

3. 我办将对各教指委给予必要的经费支持，相关支出标准严格按照国家有关规定执行。

五、其他事项

1. 时间安排：请各教指委于 2023 年 2 月 28 日前将在线示范课程建设计划表(样表见附件2)发送至 pangxingxing@moe.edu.cn；于 2023 年 11 月 30

日前将在线示范课程信息表（样表见附件 3）发送至 yisjpkc@xuetangx.com，同时将课程内容提交至清华大学。

　　2. 联系方式：技术咨询，王娜，010-82152565；

　　　　　　　　政策咨询，庞星星，010-66096510。

　　附件：1. 专业学位研究生在线示范课程建设技术要求(2022 年版)

　　　　　2. 专业学位研究生在线示范课程建设计划表(样表)(略)

　　　　　3. 专业学位研究生在线示范课程信息表(样表)(略)

　　　　　　　　　　　　　　　　　　　　国务院学位委员会办公室

　　　　　　　　　　　　　　　　　　　　2022 年 11 月 16 日

附件1：

专业学位研究生在线示范课程建设技术要求
（2022年版）

专业学位研究生在线示范课程应深度融合现代化教育技术，充分运用信息化教学平台，使用智慧教学工具创新授课方式和教学方法，科学评价学习过程和学习效果。为保障在线示范课程规范、有效开发，发挥课程示范引领作用，提出以下技术要求，供参考。

一、课程资源

在线示范课程资源应包括课程全部教学内容、教学过程和教学活动涉及的教学资源。必须含有课程介绍、课程大纲、授课视频、考核方式，同时可结合教学需求提供案例、参考文献等辅助学习资源。以下标*为必含内容。

1. 课程介绍*

项目名称	用途及要求
课程推介语	简要介绍课程教学目标、课程特色、适用对象等，字数不超过500字。
课程宣传片	展示课程建设理念、内容特色、教学团队风貌等，时长不超过2分钟。
课程介绍	说明课程所属专业学位、教学内容、教学方法及内容组织形式、适用对象等。
课程封面图	体现本专业学位特点的图片；建议提供1125＊634像素高清版，jpg格式。
教学团队	教师简介：教师基本信息、教学经历、科研业绩等。 教师照片：一张彩色免冠照片。照片由数码相机拍摄，光线均匀，轮廓分明，神态自然，不超过30KB。

2. 课程大纲*

课程大纲是课程定位、课程性质、教学目标和教学任务以及由此规定的课程内容、范围和教学要求的纲要。教学大纲须以《研究生核心课程指南(试行)》为基础，符合专业学位人才培养要求。

3. 课程导学

课程导学主要用于帮助专业学位研究生了解课程内容、合理制定学习计划。课程导学建议涵盖先修课程、学习内容及重难点、学习目标、学习建议、考核要求、参考教材等。

4. 授课视频*

授课视频是主要教学资源，应覆盖课程大纲规定的大部分课程内容。

(1)视频时长：1个线上学分　般包括8讲课程内容及相应学习时间，每讲视频总时长不少于50分钟，单一视频时长在5～15分钟之间。

(2)视频形式：可采用教师出镜讲解、手写讲解、实景讲解、动画演示、专题短片、访谈式教学等多种表现形式。也建议结合课程的特点，设计有特色、传播效果好的视频授课形式。授课视频应着重用镜头语言呈现授课内容，极力营造"一对一"授课的感觉。视频画面清晰、图像稳定、构图合理、声画同步，语言规范标准，声音清晰，主讲人出镜形象和语言应符合教师职业规范。

(3)视频结构要求：单一视频应包括片头、标题页、正片、片尾四部分。视频制作技术要求：

项目	具体要求
视频格式	MP4
视频分辨率	不低于 1920 * 1080 像素
视频帧率	不低于 25fps(每秒帧数)
视频码率	不低于 8Mbps(每秒比特数)
文件大小	单个文件不超过 1GB
图像效果	图像不过亮、过暗；人、物移动时无拖影、耀光现象
音频采样率	不低于 48KHz
音频码率	不低于 1.4Mbps
音频信噪比	不低于 50dB
声音效果	声音和画面同步，无明显杂音、噪音、回声，无音量忽大忽小现象，伴音清晰、饱满、圆润，解说声与现场声、背景音乐无明显比例失调
剪辑	剪辑衔接自然，无空白帧

项目	具体要求
字幕要求	画面文字用字规范，无错别字、繁体字、异体字，字型字号适中，课程内使用的字型、字号、所处画面一致
字幕格式	应配备双语字幕，确保每行字幕的中英文表述内容完全对应。字幕文件应单独制作并上传，不能与视频合并，且为 SRT 文件格式
字幕编码	中文字幕必须采用 UTF-8 编码
字幕时间轴	字幕出现时间与视频声音一致
标识	可在画面适当位置添加课程建设单位标识，应明显且不影响正常视频内容，无其他商业性标识
片头片尾	片头、片尾建议不超过 10 秒

5. PPT 课件

PPT 课件可作为授课视频的配套资源，附在视频讲解的后面。课件要求画面简洁、重点突出、字迹清晰，字体为已获得授权的正版字体。

6. 参考资料

可提供案例、推荐教材、参考文献等辅助性学习资料。

(1)案例：案例选取应体现前沿性、研究性，注重创新意识、思维和能力培养，并设置思考问题。

(2)推荐教材：教材建议选取近三年出版或者再版教材，以确保教学内容的时效性。

(3)其他资料：推荐与课程内容相关的参考文献、相关网站等学习资源，以便学生扩展学习。

7. 考核方式

可采用作业、考试、论文、报告、作品设计、案例分析、专题研究等多种考核方式。

二、教学服务

课程团队可根据需要提供以下教学服务：

1. 按预先公告的教学进程，及时发布课程教学资源；

2. 周期性发布学习公告/通知提醒学生学习；

3. 组织引导学生学习讨论，并及时回复学生提出的问题；

4. 严格考核，及时处理学生成绩相关事宜；

5. 密切跟踪讨论区，防止有害信息通过课程传播。

教育部关于深入推进学术学位与专业学位研究生教育分类发展的意见

教研〔2023〕2 号

各省、自治区、直辖市教育厅(教委)，新疆生产建设兵团教育局，有关部门(单位)教育司(局)，部属各高等学校、部省合建各高等学校：

为深入贯彻落实党的二十大精神，落实习近平总书记关于教育的重要论述和研究生教育工作的重要指示精神，深入推进学术学位与专业学位研究生教育分类发展、融通创新，着力提升拔尖创新人才自主培养质量，建设高质量研究生教育体系，现提出如下意见。

一、总体思路

1. 指导思想。以习近平新时代中国特色社会主义思想为指导，全面贯彻党的二十大精神，深入贯彻落实全国教育大会和全国研究生教育会议精神，推进教育强国建设，落实立德树人根本任务，遵循学位与研究生教育规律，坚持学术学位与专业学位研究生教育两种类型同等地位、同等重要，以提高拔尖创新人才自主培养质量为目标，以深化科教融汇、产教融合为方向，以强化两类学位在定位、标准、招生、培养、评价、师资等环节的差异化要求为路径，以重点领域分类发展改革为突破，推动学术创新型人才和实践创新型人才分类培养，健全中国特色学位与研究生教育体系，为加快建设教育强国、科技强国、人才强国提供更有力支撑。

2. 基本原则。问题导向，聚焦制约两类学位研究生教育分类发展的关键问题，提出针对性政策举措，增强改革的实效性。尊重规律，坚持先立后破、稳中求进，注重对现有人才培养过程的改造升级，增强改革的可操作性。整体推进，加强人才培养的全链条、各环节改革措施的衔接配合，增强改革的系统性。机制创新，大力推动培养单位内部体制机制改革，提升人才培养链、工作管理链的匹配度，增强改革的长效性。

3. 总体目标。到 2027 年，培养单位内部有利于两类学位研究生教育分类发展、融通创新的长效机制更加完善，两类教育各具特色、齐头并进的格局全面形成，学术创新型人才和实践创新型人才的培养质量进一步提高，学位与研究生教育的治理体系持续完善、治理能力显著提升，推动教育强国建设取得重大进展。

二、始终坚持学术学位与专业学位研究生教育两种类型同等地位

4. 坚持两类学位同等重要。学术学位与专业学位研究生教育都是国家培养高层次创新型人才的重要途径，都应把研究生的坚实基础理论、系统专门知识、创新精神和创新能力作为重点。学术学位依托一级学科培养并按门类授予学位，重在面向知识创新发展需要，培养具备较高学术素养、较强原创精神、扎实科研能力的学术创新型人才。专业学位按专业学位类别培养并授予学位，重在面向行业产业发展需要，培养具备扎实系统专业基础、较强实践能力、较高职业素养的实践创新型人才。培养单位应提高认识，在招生、培养、就业等方面对两类学位予以同等重视，保证两类学位研究生的培养质量。

5. 分类规划两类学位发展。完善两类学位的设置、布局、规模和结构。一级学科设置主要依据知识体系划分，宜宽不宜窄，应相对稳定。专业学位类别设置主要依据行业产业人才需求，突出精准，应相对灵活。在研究生教育学科专业目录中实行"并表"，统筹一级学科、专业学位类别设置并归入相应学科门类下，新设学科专业以专业学位类别为主。学术学位坚持高起点布局，重点布局博士学位授权点，以大力支撑原始创新。专业学位坚持需求导向，新增硕士学位授予单位原则上只开展专业学位研究生教育，新增硕士学位授权点以专业学位授权点为主，同时具有学术学位与专业学位的领域侧重布局专业学位授权点，以全面支撑行业产业和区域发展。紧密对接国家高水平人才高地和吸引集聚人才平台建设规划，围绕京津冀协同发展、长江经济带发展、长三角一体化建设、粤港澳大湾区建设、成渝地区双城经济圈、东北振兴等国家发展战略，支持区域加大统筹力度，建设若干人才集聚平台，主动优化学科专业结构。以国家重大战略、关键领域和社会重大需求为重点，进一步提升专业学位研究生比例，到"十四五"末将硕士专业学位研究生招生规模扩大到硕士研究生招生总规模的三分之二左右，大幅增加博士专业学位研究生招生数量。

三、深入打造学术学位与专业学位研究生教育分类培养链条

6. 分类完善人才选拔机制。优化人才选拔标准，学术学位重点考核考生对学科知识的掌握与运用情况以及考生的学术创新潜力；专业学位重点考核考生的综合实践素质、运用专业知识分析解决实际问题能力以及职业发展潜

力。在保证质量前提下充分发挥非全日制专业学位在继续教育中的作用。支持有条件的培养单位进一步扩大推荐免试（初试）招收专业学位研究生的规模，选拔具备较高创新创业潜质的应届本科毕业生。在专业学位招生中，鼓励增加一定比例具有行业产业实践经验的专家参加复试（面试）专家组。探索完善学生在学术学位与专业学位间互通学习的"立交桥"。

7. 分类优化培养方案。学术学位的培养方案应突出教育教学的理论前沿性，厚植理论基础，拓宽学术视野，强化科学方法训练以及学术素养提升，鼓励学科交叉，在多种形式的学术研讨交流、科研任务中提升科学求真的原始创新能力，注重加强学术学位各学段教学内容纵向衔接和各门课程教学内容横向配合。专业学位应突出教育教学的职业实践性，强调基础课程和行业实践课程的有机结合，注重实务实操类课程建设，提倡采用案例教学、专业实习、真实情境实践等多种形式，提升解决行业产业实际问题的能力，并在实践中提炼科学问题。培养单位应参照全国专业学位研究生教育指导委员会（以下简称专业学位教指委）发布的指导性培养方案制定本单位的专业学位培养方案，支持与行业产业部门共同制定体现专业特色的培养方案，增加实践环节学分，明确实践课程比例，设置专业学位专属课程，加强专业学位研究生教育核心课程建设，推进课程设置与专业技术能力考核的有机衔接。完善课程体系改进机制，规范两类学位间的课程分类设置与审查，优化监督机制，加强教育教学质量评价。

8. 分类加强教材建设。学术学位教材应充分反映本学科领域的最新知识及科研进展，有利于实施研究性教学和启发学术创新思维，引导学生开展自主性学习和探究性学习。专业学位教材应充分反映本行业产业的最新发展趋势和实践创新成果，要将真实项目、典型工作任务、优秀教学案例等纳入专业核心教材，支持与行业产业部门共同编写核心教材，做好案例征集、开发及教学，加强案例库建设，将职业标准、执业资格、职业伦理等有关内容要求有机融入教材。学科评议组、专业学位教指委负责组织编写、修订、推荐本学科专业领域的核心教材。

9. 分类健全培养机制。学术学位应强化科教融汇协同育人，进一步发挥国家重大科研项目、重大科研平台在育人中的重要支撑作用，加强与国家实验室和行业产业一线的联合培养，鼓励以跨学科、交叉融合、知识整合方式开展高层次人才培养。专业学位应强化产教融合协同育人，将人才培养与用人需求紧密对接，深入建设专业学位联合培养基地，强化专业学位类别与相应职业资格认证的衔接机制，完善行业产业部门参与专业学位人才培养的准入标准及监测评价，确保协同育人基本条件与成效。完善研究生学业预警和分流退出机制，根据学生培养实际定期进行学业预警，对不适合继续攻读所在学科专业的研究生及时分流退出，保证研究生培养质量。

10. 分类推进学位论文评价改革。依据两类学位的知识理论创新、综合解决实际问题的能力水平要求和学术规范、科学伦理与职业伦理规范，分类制订学位论文基本要求和规范、评阅标准和规则及核查办法。优化交叉学科、专业学位论文评审和抽检评议要素（指标体系）。专业学位教指委研究编写各专业学位类别的《博士、硕士学位论文基本要求》，重点考核独立解决专业领域实际问题的能力。鼓励对专业学位实行多元学位论文或实践成果考核方式（专题研究类论文、调研报告、案例分析报告、产品设计/作品创作、方案设计等），明确写作规范，建立行业产业专家参与的评审机制。支持为交叉学科、专业学位单独设置学位评定分委员会，专业学位评定分委员会可邀请行业产业专家参加。

11. 分类建设导师队伍。强化导师分类管理，完善导师分类评聘与考核制度。符合条件的教师可以同时担任学术学位导师和专业学位导师。专业学位应健全校外导师参加的双导师或导师组制度，完善校外导师和行业产业专家库，制定校外导师评聘标准及政策，明确校外导师责权边界，开展校外导师培训。鼓励建立导师学术休假制度，学术学位导师应定期在国内外访学交流，专业学位校内导师每年应有一定时间到行业产业一线开展调研实践；专业学位合作培养单位应支持校外导师定期参与高校教育教学，促进校内外导师合作交流的双向互动。

四、大力推进重点领域的分类发展改革实现率先突破

12. 以基础学科博士生培养为重点推进学术学位研究生教育改革。立足培养未来学术领军人才，支持具备条件的高水平研究型大学开展基础学科人才培养改革试点，把基础学科主要定位于培养学术学位博士生，进一步提高直博生比例，对学习过程中不适合继续攻读博士学位且符合相应条件的，可只授予学术硕士学位或转为攻读专业硕士学位。支持培养单位加大资助力度，加强与强基计划、基础学科拔尖学生培养计划等的衔接，吸引具有推免资格的优秀本科毕业生攻读基础学科的硕士、博士。支持培养单位完善中央高校基本科研业务费使用机制，实现对基础学科优秀博士生的长周期稳定支持。试点建设基础学科高层次人才培养中心。

13. 以卓越工程师培养为牵引深化专业学位研究生教育改革。瞄准国家战略布局和急需领域，完善高校、科研机构工程专业学位硕士、博士学位授权点布局；创新高校与国家实验室、科研机构、科技企业、产业园区的联合培

养机制，纳入符合条件的企业、国家实验室、科研机构、科技园区课程并认定学分，探索开展全日制专业学位研究生订单式培养、项目制培养；打造实践能力导向型的工程专业学位硕士、博士培养"样板间"，大力推动工程专业学位硕博士培养改革试点，全面推进卓越工程师培养改革。布局部分高校和中央企业共建一批国家卓越工程师学院，探索人才培养体系重构、流程再造、能力重塑、评价重建；依托学院、校企联合建设配套的工程师技术中心，打造类企业级别的仿真环境和工程技术实践平台；完善校企导师选聘、考核和激励机制，重构校企双导师队伍；强化突出实践能力培养的核心课程建设，推进工学交替培养机制，实施有组织的科研和人才培养，全面推动各专业学位结合自身特点深化改革创新。

五、加强学术学位与专业学位研究生教育分类发展的组织保障

14. 落实培养单位责任。培养单位应加强对学术学位与专业学位研究生教育分类发展工作的研究部署，确保正确育人方向，完善推动两类学位分类发展的政策举措和质量保障体系。健全单位内部覆盖机构、人员、制度、经费等要素的治理体系和运行管理机制，强化分类管理、分类指导、分类保障。具备条件的培养单位可为专业学位独立设置院系或培养机构，提供经费支持，聘任具有丰富行业产业经验的人员担任负责人，为专业学位发展创造更好环境。支持培养单位探索完善将学术学位与专业学位课堂授课、实践教学情况作为专业技术职务评聘因素的机制办法。

15. 加强部门政策支持。强化学术学位与专业学位硕士、博士学位授权点的分类审核与评价，学术学位授权点突出高水平师资和科研的支撑，专业学位授权点把校外导师、联合培养基地等作为必要条件。完善政府投入为主、受教育者合理分担、其他多种渠道筹措经费的投入机制，加大财政对学术学位特别是基础学科的投入；完善差异化生均拨款机制，进一步完善专业学位培养成本分摊机制，健全学费标准动态调整机制，激励行业产业部门以多种形式投入专业学位研究生教育。充分发挥教育信息化的战略制高点作用，着力推进学位与研究生教育资源数字化建设。统筹"双一流"建设、学科评估和专业学位评估，充分发挥专家组织、学会、协会作用，完善多元主体参与的两类学位建设质量分类评价和认证机制。积极开展国际实质等效的教育质量认证，推进相关交流合作，促进中国学位标准走出去，不断提升国际影响力。

教育部

2023 年 11 月 24 日

中华人民共和国学位法

(2024 年 4 月 26 日第十四届全国人民代表大会
常务委员会第九次会议通过)

第一章 总则

第一条 为了规范学位授予工作，保护学位申请人的合法权益，保障学位质量，培养担当民族复兴大任的时代新人，建设教育强国、科技强国、人才强国，服务全面建设社会主义现代化国家，根据宪法，制定本法。

第二条 国家实行学位制度。学位分为学士、硕士、博士，包括学术学位、专业学位等类型，按照学科门类、专业学位类别等授予。

第三条 学位工作坚持中国共产党的领导，全面贯彻国家的教育方针，践行社会主义核心价值观，落实立德树人根本任务，遵循教育规律，坚持公平、公正、公开，坚持学术自由与学术规范相统一，促进创新发展，提高人才自主培养质量。

第四条 拥护中国共产党的领导、拥护社会主义制度的中国公民，在高等学校、科学研究机构学习或者通过国家规定的其他方式接受教育，达到相应学业要求、学术水平或者专业水平的，可以依照本法规定申请相应学位。

第五条 经审批取得相应学科、专业学位授予资格的高等学校、科学研究机构为学位授予单位，其授予学位的学科、专业为学位授予点。学位授予单位可以依照本法规定授予相应学位。

第二章 学位工作体制

第六条 国务院设立学位委员会，领导全国学位工作。

国务院学位委员会设主任委员一人，副主任委员和委员若干人。主任委员、副主任委员和委员由国务院任免，每届任期五年。

国务院学位委员会设立专家组，负责学位评审评估、质量监督、研究咨询等工作。

第七条 国务院学位委员会在国务院教育行政部门设立办事机构，承担国务院学位委员会日常工作。

国务院教育行政部门负责全国学位管理有关工作。

第八条 省、自治区、直辖市人民政府设立省级学位委员会，在国务院学位委员会的指导下，领导本行政区域学位工作。

省、自治区、直辖市人民政府教育行政部门负责本行政区域学位管理有关工作。

第九条 学位授予单位设立学位评定委员会，履行下列职责：

（一）审议本单位学位授予的实施办法和具体标准；

（二）审议学位授予点的增设、撤销等事项；

（三）作出授予、不授予、撤销相应学位的决议；

（四）研究处理学位授予争议；

（五）受理与学位相关的投诉或者举报；

（六）审议其他与学位相关的事项。

学位评定委员会可以设立若干分委员会协助开展工作，并可以委托分委员会履行相应职责。

第十条 学位评定委员会由学位授予单位具有高级专业技术职务的负责人、教学科研人员组成，其组成人员应当为不少于九人的单数。学位评定委员会主席由学位授予单位主要行政负责人担任。

学位评定委员会作出决议，应当以会议的方式进行。审议本法第九条第一款第一项至第四项所列事项或者其他重大事项的，会议应当有全体组成人员的三分之二以上出席。决议事项以投票方式表决，由全体组成人员的过半数通过。

第十一条 学位评定委员会及分委员会的组成人员、任期、职责分工、工作程序等由学位授予单位确定并公布。

第三章 学位授予资格

第十二条 高等学校、科学研究机构申请学位授予资格，应当具备下列条件：

（一）坚持社会主义办学方向，落实立德树人根本任务；

（二）符合国家和地方经济社会发展需要、高等教育发展规划；

（三）具有与所申请学位授予资格相适应的师资队伍、设施设备等教学科研资源及办学水平；

（四）法律、行政法规规定的其他条件。

国务院学位委员会、省级学位委员会可以根据前款规定，对申请相应学位授予资格的条件作出具体规定。

第十三条 依法实施本科教育且具备本法第十二条规定条件的高等学校，可以申请学士学位授予资格。依法实施本科教育、研究生教育且具备本法第十二条规定条件的高等学校、科学研究机构，可以申请硕士、博士学位授予资格。

第十四条 学士学位授予资格，由省级学位委员会审批，报国务院学位委员会备案。

硕士学位授予资格，由省级学位委员会组织审核，报国务院学位委员会审批。

博士学位授予资格，由国务院教育行政部门组织审核，报国务院学位委员会审批。

审核学位授予资格，应当组织专家评审。

第十五条 申请学位授予资格，应当在国务院学位委员会、省级学位委员会规定的期限内提出。

负责学位授予资格审批的单位应当自受理申请之日起九十日内作出决议，并向社会公示。公示期不少于十个工作日。公示期内有异议的，应当组织复核。

第十六条 符合条件的学位授予单位，经国务院学位委员会批准，可以自主开展增设硕士、博士学位授予点审核。自主增设的学位授予点，应当报国务院学位委员会审批。具体条件和办法由国务院学位委员会制定。

第十七条 国家立足经济社会发展对各类人才的需求，优化学科结构和学位授予点布局，加强基础学科、新兴学科、交叉学科建设。

国务院学位委员会可以根据国家重大需求和经济发展、科技创新、文化传承、维护人民群众生命健康的需要，对相关学位授予点的设置、布局和学位授予另行规定条件和程序。

第四章　学位授予条件

第十八条 学位申请人应当拥护中国共产党的领导，拥护社会主义制度，遵守宪法和法律，遵守学术道德和学术规范。

学位申请人在高等学校、科学研究机构学习或者通过国家规定的其他方式接受教育，达到相应学业要求、学术水平或者专业水平的，由学位授予单位分别依照本法第十九条至第二十一条规定的条件授予相应学位。

第十九条 接受本科教育，通过规定的课程考核或者修满相应学分，通过毕业论文或者毕业设计等毕业环节审查，表明学位申请人达到下列水平的，授予学士学位：

（一）在本学科或者专业领域较好地掌握基础理论、专门知识和基本技能；

（二）具有从事学术研究或者承担专业实践工作的初步能力。

第二十条　接受硕士研究生教育，通过规定的课程考核或者修满相应学分，完成学术研究训练或者专业实践训练，通过学位论文答辩或者规定的实践成果答辩，表明学位申请人达到下列水平的，授予硕士学位：

（一）在本学科或者专业领域掌握坚实的基础理论和系统的专门知识；

（二）学术学位申请人应当具有从事学术研究工作的能力，专业学位申请人应当具有承担专业实践工作的能力。

第二十一条　接受博士研究生教育，通过规定的课程考核或者修满相应学分，完成学术研究训练或者专业实践训练，通过学位论文答辩或者规定的实践成果答辩，表明学位申请人达到下列水平的，授予博士学位：

（一）在本学科或者专业领域掌握坚实全面的基础理论和系统深入的专门知识；

（二）学术学位申请人应当具有独立从事学术研究工作的能力，专业学位申请人应当具有独立承担专业实践工作的能力；

（三）学术学位申请人应当在学术研究领域做出创新性成果，专业学位申请人应当在专业实践领域做出创新性成果。

第二十二条　学位授予单位应当根据本法第十八条至第二十一条规定的条件，结合本单位学术评价标准，坚持科学的评价导向，在充分听取相关方面意见的基础上，制定各学科、专业的学位授予具体标准并予以公布。

第五章　学位授予程序

第二十三条　符合本法规定的受教育者，可以按照学位授予单位的要求提交申请材料，申请相应学位。非学位授予单位的应届毕业生，由毕业单位推荐，可以向相关学位授予单位申请学位。

学位授予单位应当自申请日期截止之日起六十日内审查决定是否受理申请，并通知申请人。

第二十四条　申请学士学位的，由学位评定委员会组织审查，作出是否授予学士学位的决议。

第二十五条　申请硕士、博士学位的，学位授予单位应当在组织答辩前，将学位申请人的学位论文或者实践成果送专家评阅。

经专家评阅，符合学位授予单位规定的，进入答辩程序。

第二十六条　学位授予单位应当按照学科、专业组织硕士、博士学位答辩委员会。硕士学位答辩委员会组成人员应当不少于三人。博士学位答辩委员会组成人员应当不少于五人，其中学位授予单位以外的专家应当不少于二人。

学位论文或者实践成果应当在答辩前送答辩委员会组成人员审阅，答辩委员会组成人员应当独立负责地履行职责。

答辩委员会应当按照规定的程序组织答辩，就学位申请人是否通过答辩形成决议并当场宣布。答辩以投票方式表决，由全体组成人员的三分之二以上通过。除内容涉及国家秘密的外，答辩应当公开举行。

第二十七条　学位论文答辩或者实践成果答辩未通过的，经答辩委员会同意，可以在规定期限内修改，重新申请答辩。

博士学位答辩委员会认为学位申请人虽未达到博士学位的水平，但已达到硕士学位的水平，且学位申请人尚未获得过本单位该学科、专业硕士学位的，经学位申请人同意，可以作出建议授予硕士学位的决议，报送学位评定委员会审定。

第二十八条　学位评定委员会应当根据答辩委员会的决议，在对学位申请进行审核的基础上，作出是否授予硕士、博士学位的决议。

第二十九条　学位授予单位应当根据学位评定委员会授予学士、硕士、博士学位的决议，公布授予学位的人员名单，颁发学位证书，并向省级学位委员会报送学位授予信息。省级学位委员会将本行政区域的学位授予信息报国务院学位委员会备案。

第三十条　学位授予单位应当保存学位申请人的申请材料和学位论文、实践成果等档案资料；博士学位论文应当同时交存国家图书馆和有关专业图书馆。

涉密学位论文、实践成果及学位授予过程应当依照保密法律、行政法规和国家有关保密规定，加强保密管理。

第六章　学位质量保障

第三十一条　学位授予单位应当建立本单位学位质量保障制度，加强招生、培养、学位授予等全过程质量管理，及时公开相关信息，接受社会监督，保证授予学位的质量。

第三十二条　学位授予单位应当为研究生配备品行良好、具有较高学术水平或者较强实践能力的教师、科研人员或者专业人员担任指导教师，建立遴选、考核、监督和动态调整机制。

研究生指导教师应当为人师表，履行立德树人职责，关心爱护学生，指导学生开展相关学术研究和专业实践、遵守学术道德和学术规范、提高学术水平或者专业水平。

第三十三条　博士学位授予单位应当立足培养高层次创新人才，加强博士学位授予点建设，加大对博士研究生的培养、管理和支持力度，提高授予博士学位的质量。

博士研究生指导教师应当认真履行博士研究生培养职责，在培养关键环节严格把关，全过程加强指导，提高培养质量。

博士研究生应当努力钻研和实践，认真准备学位论文或者实践成果，确保符合学术规范和创新要求。

第三十四条　国务院教育行政部门和省级学位委员会应当在各自职责范围内定期组织专家对已经批准的学位授予单位及学位授予点进行质量评估。对经质量评估确认不能保证所授学位质量的，责令限期整改；情节严重的，由原审批单位撤销相应学位授予资格。

自主开展增设硕士、博士学位授予点审核的学位授予单位，研究生培养质量达不到规定标准或者学位质量管理存在严重问题的，国务院学位委员会应当撤销其自主审核资格。

第三十五条　学位授予单位可以根据本单位学科、专业需要，向原审批单位申请撤销相应学位授予点。

第三十六条　国务院教育行政部门应当加强信息化建设，完善学位信息管理系统，依法向社会提供信息服务。

第三十七条　学位申请人、学位获得者在攻读该学位过程中有下列情形之一的，经学位评定委员会决议，学位授予单位不授予学位或者撤销学位：

（一）学位论文或者实践成果被认定为存在代写、剽窃、伪造等学术不端行为；

（二）盗用、冒用他人身份，顶替他人取得的入学资格，或者以其他非法手段取得入学资格、毕业证书；

（三）攻读期间存在依法不应当授予学位的其他严重违法行为。

第三十八条　违反本法规定授予学位、颁发学位证书的，由教育行政部门宣布证书无效，并依照《中华人民共和国教育法》的有关规定处理。

第三十九条　学位授予单位拟作出不授予学位或者撤销学位决定的，应当告知学位申请人或者学位获得者拟作出决定的内容及事实、理由、依据，听取其陈述和申辩。

第四十条　学位申请人对专家评阅、答辩、成果认定等过程中相关学术组织或者人员作出的学术评价结论有异议的，可以向学位授予单位申请学术复核。学位授予单位应当自受理学术复核申请之日起三十日内重新组织专家进行复核并作出复核决定，复核决定为最终决定。学术复核的办法由学位授予单位制定。

第四十一条　学位申请人或者学位获得者对不受理其学位申请、不授予其学位或者撤销其学位等行为不服的，可以向学位授予单位申请复核，或者请求有关机关依照法律规定处理。

学位申请人或者学位获得者申请复核的，学位授予单位应当自受理复核申请之日起三十日内进行复核并作出复核决定。

第七章　附则

第四十二条　军队设立学位委员会。军队学位委员会依据本法负责管理军队院校和科学研究机构的学位工作。

第四十三条　对在学术或者专门领域、在推进科学教育和文化交流合作方面做出突出贡献，或者对世界和平与人类发展有重大贡献的个人，可以授予名誉博士学位。

取得博士学位授予资格的学位授予单位，经学位评定委员会审议通过，报国务院学位委员会批准后，可以向符合前款规定条件的个人授予名誉博士学位。

名誉博士学位授予、撤销的具体办法由国务院学位委员会制定。

第四十四条　学位授予单位对申请学位的境外个人，依照本法规定的学业要求、学术水平或者专业水平等条件和相关程序授予相应学位。

学位授予单位在境外授予学位的，适用本法有关规定。

境外教育机构在境内授予学位的，应当遵守中国有关法律法规的规定。

对境外教育机构颁发的学位证书的承认，应当严格按照国家有关规定办理。

第四十五条　本法自 2025 年 1 月 1 日起施行。《中华人民共和国学位条例》同时废止。

二、教育专业学位研究生教育相关政策

国务院学位委员会办公室　国家教委研究生工作办公室关于开展教育硕士专业学位试点工作的通知

学位办〔1996〕25 号

北京师范大学、天津师范大学、辽宁师范大学、东北师范大学、哈尔滨师范大学、华东师范大学、南京师范大学、山东师范大学、福建师范大学、华中师范大学、湖南师范大学、华南师范大学、广西师范大学、西南师范大学、陕西师范大学、西北师范大学：

为贯彻落实《中国教育改革和发展纲要》，加快基础教育师资队伍和管理队伍建设，在专家、学者充分论证的基础上，经国务院学位委员会第十四次会议审议批准，在我国设置并试办教育硕士专业学位。经研究，批准你单位进行试点。现将会议通过的《关于设置和试办教育硕士专业学位的报告》转发给你们，并将有关试点工作的事项通知如下：

一、试点工作的指导思想和原则

试点工作必须在党的十一届三中全会以来的基本路线和邓小平同志建设有中国特色的社会主义理论指导下，贯彻落实《中国教育改革和发展纲要》的精神，紧密结合我国教育改革和发展，特别是结合基础教育和管理改革的实践，根据基础教育事业对高层次教育人才的需要开展工作。

试点工作应贯彻以下几项原则：

（一）试点工作要遵循高层次人才的培养规律。在总结现有教育学科研究生教育经验的基础上，根据基础教育教学、管理岗位的需要确定培养目标，注意改变现行教育学科研究生教育尚存在的偏重学术研究、培养规格单一的状况，加强能力培养，探索一个适合国情的、规范的、能成批培养合格的应用型高层次教育基础人才的新型教育学研究生教育模式。

（二）试点工作应在充实现有教育学科研究生教育的同时，开辟新的培养途径，拓展培养渠道，并根据师范院校自身的特点和培养任务，在招生中加大结构调整的力度，逐步实现师范院校的研究生教育以培养教育硕士专业学位为主的目标，以满足我国基础教育补充高层次教学、管理人才和提高现有队伍水平的需要。

（三）试点工作既要立足于我国的实际情况，又要借鉴世界各国开展教育硕士专业学位研究生教育方面的有益经验，注意使我国的教育硕士专业具有一定的国际可比性和通用性。

（四）试点工作应正确处理质量与数量、速度的关系。质量是学位工作的生命线，因此，教育硕士的试点工作要有一个较高的起点，要办出特色水平，要创出牌子。同时也要对教育硕士的质量标准有一个恰当的界定，既不能简单按现在学术型、科研型人才的标准来衡量，也不能理解为对实际工作职位（岗位）的一般要求。试点工作既应本着改革的精神积极探索、稳步前进，形成一定的规模效益，又应实事求是、精心组织，保证健康发展。

二、教育硕士专业学位的基本要求

（一）教育硕士专业学位的性质和培养目标。

教育硕士专业学位是具有特定教育职业背景的专业性学位，主要培养面向基础教育教学和管理工作需要的高层次人才。教育硕士与现行的教育学硕士在学位上处于同一层次，但规格不同，各有侧重。该学位获得者应具有良好的职业道德，既要掌握某门学科坚实的基础理论和系统的专业知识，又要懂得现代教育基本理论和学科教育或教育管理的理论及方法，具有运用所学理论和方法解决学科教学或教育管理实践中存在的实际问题的能力，能比较熟练地阅读本专业的外文资料。

按照《中国教育改革和发展纲要》提出的实行学历文凭和职业资格两种证书制度的要求，根据教育硕士专业学位的培养目标，并结合国家经济、科技和教育事业发展的需要，以及本专业学位工作的进展情况，与有关部门协商，逐步使教育硕士专业学位成为普通中学专任教师或中、小学管理人员的任职和担任较高职务的资格条件之一。

（二）招生与考试。

教育硕士专业学位的招收对象主要为具有大学本科学历、具有三年以上第一线教学经历的在职人员，主要是普通中学的专任教师或中、小学教育管理人员。招生采取计划内委托、定向培养与单位自筹经费培养相结合的办法。

入学考试按国家的有关规定，采取参加全国研究生统一入学考试或单位单独考试的方式进行。专业课考试科目由各试点单位根据培养目标、培养方向等方面的情况，参照本通知所附的参考性培养方案（见附件三、四、五）自行确定。

（三）培养方式及学习年限。

采取脱产、半脱产和在职兼读等各种培养方式。学习年限可根据培养方式的不同从二年到四年不等。

（四）课程设置和教学方式。

课程设置根据培养目标和特定培养方向的要求，参照参考性培养方案来确定。既要开设学科教学或教育管理基础理论课程，又要开设现代教育基本理论和学科教学或教育管理的方法论等方面的课程，以及外语、计算机等必修课程。教学安排既有培养规格的统一要求，又应体现不同培养方向的特点，重在加强学科教学或教育管理基础理论和专门知识的学习，提高解决实际问题的能力。

教学方式以课程学习为主，重视案例教学。应加强教学、科研和社会实践三个方面的联系，要聘请教育实际工作部门中具有高级专业技术职务的专家参与研究生的培养工作。加强实践环节，建立稳定的实践基地。已有一定教育实践经验的在职学生，则应加强理论方面的学习和改善知识结构。

（五）学位论文和学位授予。

学位论文选题要密切联系实际，结合本职工作，对学科教学或教育管理中存在的问题进行分析、研究并提出解决方法。对论文的评价着重于考查学生综合运用所学理论和知识解决学科教学或教育管理实际问题的能力。

学位论文的指导教师和答辩委员会成员中，应至少有一名基础教育学科教学或教育管理方面的具有高级专业技术职务的专家。课程考试合格和论文答辩通过者，可授予教育硕士专业学位。

三、试点工作的组织与实施

（一）教育硕士专业学位试点工作的领导与协调由国务院学位委员会办公室、国家教育委员会研究生工作办公室负责进行。同时成立由专家、学者组成的专家指导小组。专家指导小组的主要任务是在调查研究的基础上，提出教育硕士专业学位的具体规格、标准、课程设置、教材及案例库建设、师资培养、联合考试的办法、评估方式及国外高层次基础教育人才的培养经验等方面的意见。同时成立由国家教委有关司局组成的试点工作协调小组，以便更好地组织、协调、推动试点工作。

（二）各试点单位及其主管部门应重视此项工作的组织领导，并在人力、物力、财力等方面给予必要的支持。试点单位可根据需要成立研究生院（处）、教育学院（系）及有关系组成的专门工作组织，要有专人负责，保证有较高的工作效率。

试点单位应根据本通知的精神，结合本单位实际情况，拟定培养方案和实施措施，于一九九六年七月三十日前报到我办，经审核同意后试行。

（三）各试点单位开设的学科教学培养方向以及教育管理方向，应具备相应学科、专业的硕士学位授予权。

（四）建立教育硕士专业学位教育评估与督导制度。在每个教学周期或必要时，国家学位主管部门将组织或委托有关机构对试点单位试办的教育硕士专业学位教育进行评估与督导。对于违反有关规定，疏于管理，不能保证质量的单位，国家学位主管部门将暂停直至取消其试点权。

附件：一、《关于设置和试办教育硕士专业学位的报告》
二、教育硕士专业学位专家指导小组成员名单（略）
三、教育硕士专业学位（学科教学·数学）参考性培养方案（略）
四、教育硕士专业学位（学科教学·语文）参考性培养方案（略）
五、教育硕士专业学位（教育管理）参考性培养方案（略）

国务院学位委员会办公室　国家教委研究生工作办公室
一九九六年六月十日

附件一：

关于设置和试办教育硕士专业学位的报告

（国务院学位委员会第十四次会议审议通过）

（1996 年 4 月 30 日）

一、为贯彻落实《中国教育改革和发展纲要》，加快基础教育师资和管理队伍的建设，提高基础教育教师和管理人员的素质，促进我国基础教育教学及其管理水平的提高，特设置教育硕士专业学位。

二、教育硕士专业学位是具有特定教育职业背景的专业性学位，主要培养面向基础教育教学及其管理工作需要的高层次人才。它与现行的教育学硕士在学位上处于同一层次，但规格不同，各有侧重。

该学位获得者应具有良好的职业道德，要掌握某门学科坚实的基础理论和系统的专门知识，同时还要懂得现代教育的基本理论和学科教学或教育管理的理论及方法；具有运用所学理论和方法解决学科教学或管理实践中实际问题的能力；能比较熟练地阅读本专业的外文资料。

教育硕士专业学位分设学科教学和教育管理两个培养方向。

三、教育硕士专业学位招收对象为大学本科毕业，具有三年以上第一线教学经历的基础教育的专任教师和管理人员。

四、教育硕士专业学位以课程学习为主。教学安排上既有培养规格的统一要求，又应针对不同学科人员的特点，加强分类指导，重在加强基础理论和专业知识的学习，提高解决实际问题的能力。

教育硕士专业学位论文选题要密切联系实际，结合本职工作，对学科教学或教育管理中存在的问题进行分析、研究和提出解决办法。对论文的评价着重于考查学生综合运用所学理论和知识解决学科教学或教育管理实际问题的能力。

五、根据国家经济、科技和教育事业发展的需要，以及本专业学位工作的进展情况，逐步使教育硕士专业学位成为基础教育的专任教师和管理人员担任较高职务的资格条件之一。

六、教育硕士专业学位，由具备条件的高等师范院校授予。

此项工作授权学位办公室依据《专业学位设置审批暂行办法》组织实施。

国务院学位委员会　国家教育委员会
关于开展在职攻读教育硕士专业学位工作的通知

学位〔1997〕55 号

各省、自治区、直辖市教委、教育厅、学位委员会，有关高等学校：

1996 年 4 月，国务院学位委员会第十四次会议审议批准在我国设置并试办教育硕士专业学位，为基础教育教师进一步学习和提高开辟了一条重要渠道，受到基础教育战线广大教职员工的欢迎。为进一步贯彻全国师范教育工作会议精神，加强基础教育教师队伍建设，加强高等师范院校为基础教育服务的功能，有计划地对从事基础教育工作的教师进行培训和培养，提高基础教育教师教学水平，适应素质教育的要求，国务院学位委员会、国家教育委员会研究决定，从 1998 年起，开展基础教育教学和管理人员在职攻读教育硕士专业学位的工作。现将有关事项通知如下：

一、开展此项工作的目的

教育硕士专业学位是具有特定教育职业背景的专业性学位，主要培养面向基础教育教学和管理工作需要的高层次专门人才。开展在职攻读教育硕士专业学位工作是对基础教育教学和管理人员实施正规、系统、高水平的学位教育，目的是加强基础教育骨干教师队伍的建设，培养和造就一批政治、业务水平较高的基础教育骨干教师。

二、组织工作

此项工作由国务院学位委员会办公室和国家教委基础教育司、人事司、师范教育司统一组织和部署。通过组织推荐和联考，选拔合格培养对象。培养工作依托具有教育硕士专业学位授予权的高等师范学校，培养方式和教学安排在保证教育质量的前提下，兼顾在职人员工作、学习的特点，以半脱产和在职兼读为主，各试点单位具体招生学科方向及招生人数由试点单位根据自身培养能力和社会需求，与所在省市教育主管部门协商落实，并报国家教委师范教育司批准。

三、招生对象、报名及入学考试

1. 对象主要为具有大学本科学历和学士学位，年龄在 45 岁以下，具有三年以上第一线教学经历，热爱本职工作，思想政治素质好，业务较强的在职普通中学的专任教师或教育管理人员。

只有大学本科学历，未获得学士学位者，除满足上述其他条件外，还需取得中学一级教师任职资格。

具有大学本科学历和学士学位，年龄在 45 岁以下，具有三年以上第一线教学经历的在职中等师范学校的专任教师(不包括教育管理人员)。

2. 符合上述条件的人员经所在学校推荐，并经所在地(市)教委(教育局)批准，方可到开展授予教育硕士专业学位试点单位研究生院(处、部)报名。

3. 考试科目为外语、教育学、心理学和专业课四门，外语、教育学和心理学三门课程实行教育硕士专业学位试点单位统一(联合)考试。学科教学和教育管理方向的一门专业课考核由各个试点单位单独组织。报考教育管理方向的人员可在教育管理方向或学科教学方向专业课考核中任选一门。入学考试成绩合格者，方可在职攻读教育硕士专业学位。

外语、教育学和教育心理学三门课程统一(联合)考试的考务工作由教育硕士专业学位专家指导小组秘书处(设在北京师范大学研究生院)负责。

四、课程学习及学位授予

在职攻读教育硕士专业学位的学员纳入试点单位的正规研究生培养，教学标准按《教育硕士专业学位教学大纲》掌握，课程学习内容和学分要求按教育硕士各学科方向参考性培养方案与在校正规攻读教育硕士专业学位的研究生一致。课程学习实行学分制，学习年限二年至四年，在校累积学习时间不得少于一年。

此类人员学位授予参照国务院学位委员会关于在职人员以研究生毕业同等学力申请硕士学位有关规定的精神，对课程考试合格取得规定的学分和学位论文答辩通过者，可授予教育硕士专业学位。

五、工作要求

面向基础教育教学和管理人员，开展在职攻读教育硕士专业学位是我国学位工作改革的方向，也是推动高等师范学校学位工作进行结构调整，加大为基础教育服务力度的重要举措；对培养基础教育教学和管理骨干教师，提高教师社会地位具有重要意义。各地教委，特别是地(市)教委(教育局)要高度重视此项工作，把它作为骨干教师培养的主要形式之一，并根据国家教委《关于"九五"期间加强中小学教师队伍建设的意见》（教人〔1996〕89号）的精神，结合本地区实际情况，着眼于21世纪，做好培养规划和组织、推荐工作，切实保证立志从事基础教育工作，业绩比较突出的骨干教师和骨干教师的后备人员能够报考，并为他们下一步的学习提供必要的条件和支持。各试点单位要在《教育硕士专业学位教学大纲》基础上，不断规范教学管理工作，特别是要加强教学、科研和社会实践的联系，要聘请教育实际部门的专家参与教学、培养工作，建立稳定的实践基地，办出特色和水平，保证培养质量。

附件：一、关于1998年开展在职攻读教育硕士专业学位工作的安排（略）
　　　二、在职攻读教育硕士专业学位报考登记表（略）

国务院学位委员会　国家教育委员会
一九九七年十月十五日

国务院学位委员会　教育部关于成立
"全国教育硕士专业学位教育指导委员会"的通知

学位〔1999〕30 号

有关单位：

为适应教育硕士专业学位教育发展需要，进一步加强对试点院校教育硕士专业学位试点工作的指导，经研究决定，成立全国教育硕士专业学位教育指导委员会(以下简称指导委员会)。

指导委员会是国务院学位委员会、教育部领导下的专家组织，其主要职责是指导、协调全国教育硕士专业学位教育工作，监督教育硕士专业学位教育质量，推进基础教育师资队伍和管理干部队伍的建设，加强教育硕士专业学位教育的国际交流与合作，促进我国教育硕士专业学位教育制度不断完善和发展，以不断提高我国基础教育及管理队伍整体素质和教学及管理水平，促进我国基础教育事业的发展。

指导委员会成员由国务院学位委员会、教育部选聘。

附件：全国教育硕士专业学位教育指导委员会委员名单(略)

国务院学位委员会　教育部
一九九九年七月十九日

国务院学位委员会关于印发《教育硕士专业学位设置方案(2015年修订)》的通知

学位〔2015〕4号

各省、自治区、直辖市学位委员会、教育厅(教委)，新疆生产建设兵团教育局，有关部门(单位)教育司(局)，中国人民解放军学位委员会，有关学位授予单位：

1996年4月，国务院学位委员会第14次会议审议通过《关于设置和试办教育硕士专业学位的报告》(后统称为设置方案)，批准在我国设置教育硕士专业学位，培养面向基础教育教学及管理工作需要的高层次人才。为加快中等职业教育师资队伍建设，2015年4月经国务院学位委员会审核批准，决定将教育硕士的培养目标扩展到中等职业技术教育教学及管理人员，并对设置方案进行修订。现将修订后的《教育硕士专业学位设置方案(2015年修订)》(见附件)印发给你们，请遵照执行。1996年发布的原设置方案同时废止。有关教育硕士(职业技术教育领域)专业学位研究生教育试点工作事宜另行通知。

附件：《教育硕士专业学位设置方案(2015年修订)》

国务院学位委员会
2015年4月27日

附件：

教育硕士专业学位设置方案(2015 年修订)

一、为贯彻落实《中国教育改革和发展纲要》，加快基础教育和中等职业技术教育师资及管理队伍建设，提高基础教育和中等职业技术教育教师及管理人员素质，促进我国基础教育和中等职业技术教育教学及其管理水平的提高，特设置教育硕士专业学位。

二、教育硕士专业学位是具有特定教育职业背景的专业性学位，主要培养面向基础教育和中等职业技术教育教学及其管理工作需要的高层次人才。

学位获得者应具有良好的职业道德，要掌握某门学科坚实的基础理论和系统的专门知识，同时还要懂得现代教育的基本理论和学科教学或教育管理的理论及方法；具有运用所学理论和方法解决学科教学或管理实践中实际问题的能力；能比较熟练地阅读本专业的外文资料。

三、教育硕士专业学位招收对象一般为大学本科毕业生，具有三年以上第一线教学经历的基础教育和中等职业技术教育的专任教师和管理人员也可报考。

四、教育硕士专业学位以课程学习为主。教学安排上既有培养规格的统一要求，又应针对不同学科人员的特点，加强分类指导，重在加强基础理论和专业知识的学习，提高解决实际问题的能力。

教育硕士专业学位论文选题要密切联系实际，对学科教学或教育管理中存在的问题进行分析、研究和提出解决办法。对论文的评价着重于考查学生综合运用所学理论和知识解决学科教学或教育管理实际问题的能力。

五、根据国家经济、科技和教育事业发展的需要，以及本专业学位工作进展情况，逐步使教育硕士专业学位成为基础教育和中等职业技术教育专任教师和管理人员担任较高职务的资格条件之一。

六、教育硕士专业学位，由具备条件的高等院校授予。

（国务院学位委员会第 14 次会议于 1996 年 4 月通过，2015 年 4 月修订）

国务院学位委员会关于下达《教育博士专业学位设置方案》的通知

学位〔2009〕8 号

各省、自治区、直辖市学位委员会、教育厅(教委),新疆生产建设兵团教育局,有关部门(单位)教育司(局),中国人民解放军学位委员会,教育部直属高等学校:

国务院学位委员会第 26 次会议审议通过了《教育博士专业学位设置方案》,决定在我国设置和试办教育博士专业学位,现将《教育博士专业学位设置方案》及其说明印发给你们。

有关试点工作的具体事项另行通知。

附件一:教育博士专业学位设置方案
附件二:关于《教育博士专业学位设置方案》的说明

国务院学位委员会
二○○九年二月二十日

附件一：

教育博士专业学位设置方案

（2008 年 12 月 30 日国务院学位委员会第 26 次会议审议通过）

一、为深入贯彻落实科学发展观，适应我国经济社会和教育事业发展需要，实现建设人力资源强国和创新型国家的战略目标，进一步调整和优化教育学科类型、结构和层次，培养教育实践领域高层次专门人才，设置教育博士专业学位。

二、教育博士专业学位的英文名称为"Doctor of Education"，英文缩写为 Ed. D。

三、教育博士专业学位教育的培养目标是造就教育、教学和教育管理领域的复合型、职业型的高级专门人才。

四、教育博士专业学位获得者应具有良好的人文科学素养、扎实宽广的教育专业知识，能够创造性地运用科学方法研究和解决教育实践中的复杂问题，胜任教育教学和教育管理等领域的高层次实际工作。

五、教育博士专业学位招收对象是具有硕士学位、有 5 年以上教育及相关领域全职工作经历、具有相当成就的中小学教师和各级各类学校管理人员。

六、教育博士专业学位课程体系应符合教育发展对专业化管理者和决策者、专家型教师及教育家培养的总体要求，课程内容要反映当代教育理论与实践的前沿水平；课程结构应体现综合性、专业性和实用性；课程学习采用模块课程和学分制；课程教学要重视运用团队学习、专题研讨、现场研究、案例分析及教育调查等方法。

七、教育博士专业学位论文选题应来源于教育、教学和教育管理实践中具有重要现实意义和应用价值的关键问题，学位论文应具有较高的难度和创新性，反映学位申请人综合运用理论和科学方法探索与解决教育实践问题的能力。

八、教育博士专业学位研究生的培养实行导师负责制，导师小组集体指导。教育博士专业学位论文评阅人和答辩委员会成员中，应包括相关实践领域具有高级专业技术职务的专家。

九、教育博士专业学位由具有教育学科博士学位授予权并经国务院学位委员会办公室批准的高等学校授予。

十、教育博士专业学位证书由国务院学位委员会办公室统一印制。

附件二：

关于《教育博士专业学位设置方案》的说明

党的十七大提出，要优先发展教育，建设人力资源强国，到 2020 年，现代国民教育体系更加完善，终身教育体系基本形成，全民受教育程度和创新人才培养水平明显提高。为实现这个目标，必须不断提高我国教育的现代化水平。中小学教育教学和各级各类学校管理等教育实际工作领域的从业人员，对全面贯彻党的教育方针，坚持育人为本、德育为先，实施素质教育，提高教育现代化水平，培养德智体美全面发展的社会主义建设者和接班人，办好人民满意的教育，肩负着重要的责任。设置教育博士专业学位，培养和造就教育战线从事中小学教育教学和各级各类学校教育管理工作的高层次、职业化的专门人才，是适应国家经济社会和教育事业发展需要的重要举措。

根据国务院学位委员会《专业学位设置审批暂行办法》和国务院学位委员会、教育部《关于加强和改进专业学位教育工作的若干意见》，借鉴国外的有益经验，设置教育博士专业学位。

一、设置教育博士专业学位的必要性

(一)教育博士专业学位不同于教育学博士，具有鲜明的实践特性和职业导向。

作为一种学术性学位，教育学博士学位要求学生进行原创性研究，为人类知识创新做出贡献，毕业生大都选择高校和教育科研机构从事专业教学科研工作；作为一种专业学位，教育博士专业学位则主要面向中小学优秀教师和各级各类学校管理人员，要求学生综合掌握各种知识和方法，创造性地解决教育实践领域中的关键问题。

从培养目标看，教育学博士注重培养"专业的研究人员"，主要为高校和教育科研机构培养师资和科研人员，"学术性"是它的基本价值取向。教育博士专业学位则旨在培养"研究型的专业人员"，其目的是通过博士阶段的专业训练，使已取得较丰富实践经验和一定成就的中小学优秀教师和各级各类学校管理人员掌握相应的专业理论知识，发展从事教育教学或教育管理的专业能力，深化对教育专业特性的理解，养成通过科学研究解决教育实际问题的意识和方法，"实践性"是其基本价值取向。

从培养对象看，教育学博士学位教育一般不强调培养对象必须具有一定的实际工作经验，而教育博士专业学位教育则要求学员必须具有较为丰富的实践经验和优良的工作业绩。

从课程设置看，教育学博士学位的课程更为注重基本理论的专题研讨和文献研究，教育博士专业学位的课程则要求更强的结构性和规定性，要求学习更多的课程，课程结构要求体现综合性、广泛性和实践性。

从教学方式看，教育学博士学位更为注重个人研究和师生之间的交流，教育博士专业学位教育则重视采用团队学习以及各种探究式教学方式（例如，专题研讨、现场研究、案例分析及社会调查等），以促进学员的经验共享与合作反思。

从论文要求看，教育学博士学位论文通常要求具有原创性，对人类知识体系做出新的贡献，注重研究的理论意义。教育博士专业学位论文则要求以教育实践中的关键问题为中心，强调运用所学理论和方法分析问题、解决问题，注重研究的实践意义，并通过实践探索创生知识。

（二）设置教育博士专业学位，是教育事业贯彻落实科学发展观、主动适应经济社会发展的客观需要。

学习实践科学发展观，要求教育事业积极适应经济社会发展的客观需要，不断改革教育的体制和机制，大力推进人才培养模式的创新。伴随着我国经济社会的快速发展，经济结构、产业结构和职业结构不断调整优化，劳动力市场的需求日益多样化，要求在人才培养的层次、类型和规格等方面进行相应的改革。工作在教育战线一线的广大中小学教师和各级各类学校的管理干部，是支撑我国教育事业发展的基本力量，他们对教育规律的认识程度，把握教育政策的水平，教育教学与管理的能力，直接影响着我国教育现代化事业的进程。党的十七大把建设人力资源强国和创新型国家作为重要的战略目标，要求"注重培养一线的创新人才"。教育博士专业学位以培养和造就教育战线实际从事教育教学和管理工作的高级职业型人才为目标，充分适应了经济社会和教育事业发展对一线创新人才的需要。

教育博士同教育硕士一样，都是培养面向教育实践工作一线的高水平专业人员，但二者培养的水平层次明显不同。教育硕士培养是为了让教育实践一线的工作人员具备研究意识和初步的研究技能，教育博士则是重点培养他们的研究素养和专业能力，包括良好的反思意识、系统规范的研究方法及运用理论解决实际问题的能力等等。因此，从某种意义上说，教育博士是教育硕士的延伸与提升。

（三）设置教育博士专业学位，是推进教师教育创新和教育管理者职业持续发展的需要。

随着我国教育事业的发展，广大人民群众对优质教育的需求不断增长。

在构成优质教育的所有要素中，高素质、专业化的教师和教育管理人员是核心要素。如何不断提高在职教师和教育管理人员的综合素质，提高其运用科学理论和方法解决、探索实际工作中复杂问题的能力，是不断优化和拓展教育资源、提高教育质量和效能的关键。设置教育博士专业学位，将为大批在教育实践中已经积累了丰富经验和取得一定成就的中小学优秀教师和各级各类学校管理人员提供高水平的职业发展平台，使其通过更高层次的系统训练，开阔视野、丰富思想，不断提高教育教学和管理工作的成效，为办好人民满意的教育做出更大贡献。

我国是教育人口大国，教育人口为3.35亿，占总人口的25.6%。全国现有63万多所各级各类学校，有1600多万教师和教育管理人员，100多万中小学校长和数以万计的中小学特级教师以及大批高校管理干部。进一步提高广大教师和教育管理干部的素质，是今后一个历史时期我国教育改革与发展所面临的最为关键的问题。

温家宝总理指出，中国需要建设一支规模宏大、素质优良的教师队伍，造就一大批教育家。多年来，我国教育战线的教师和管理人员大多是在教育教学实践和基层工作中成长起来的。这种基于"做中学"和经验活动获得发展的方式，尽管曾经造就了一些优秀教师和管理者，但无法满足在日益复杂和多元的社会环境中造就大批教育家的要求。设置教育博士专业学位，将创新优秀教师和教育管理者职业持续发展的模式，为教育战线造就规模宏大的高层次的、具有实践研究和实践反思能力的名师和优秀教育管理者，并从中产生一大批人民教育家。

（四）设置教育博士专业学位，是深化学位与研究生教育改革的需要。

我国已经成为世界研究生教育大国。如何在数量增长的同时，保证研究生教育的质量，使我国从研究生教育大国向研究生教育强国转变，是我国学位与研究生教育当前面临的首要任务。调整研究生教育的结构，丰富研究生教育的类型，改变长期形成的单一的学术型人才培养模式，满足经济社会发展对人才的多样化需求，是实现这种战略转变的重要策略。教育博士专业学位的设置，不仅有利于进一步提高现行教育学博士学位教育质量，也将进一步丰富和完善我国学位制度，促进我国学位与研究生教育事业又好又快地发展。

长期以来，教育学博士学位获得者大都在高等院校和教育科研机构，从事教育学科的教学和科研工作。由于现有学位类型的单一性，教育实际工作领域所需要的各种类型的高级职业人才难以受到更高层次的教育和训练。近年来，北京大学、北京师范大学和华中科技大学等高校尝试在现行教育学博士学位体系下开展高级教育职业人才的培养，取得了良好的效果。但因规模和培养机制的局限，难以满足教育事业发展的广泛需要。教育博士专业学位的设置，不仅填补了我国学位体系的空白，也将使教育领域学术型人才和高级职业型人才的培养各得其所，各司其职，不断提高学位与研究生教育的质量，更好地适应教育事业发展对不同类型高端人才的需要。

二、设置教育博士专业学位的可行性

在我国设置教育博士专业学位不仅有着广泛的需求，具有重大的战略意义，而且也具备了实施的可行性。

（一）丰富的培养经验

从 1978 年至今，教育学硕士和教育学博士的培养已有 20 余年的历史，先后培养了数万名教育学硕士和教育学博士，为高等院校和教育科研机构输送了大批高素质的学术型人才，为我国教育科学事业的发展做出了重要贡献。

自 1996 年国务院学位委员会审议通过了《关于设置和试办教育硕士专业学位的报告》以来，教育硕士专业学位教育经历了十多年的发展，现已成为规模较大的专业学位类型之一。教育硕士专业学位教育累计招收 7 万多名学员，并有 4 万余人获得学位，其中涌现出了大批特级教师、学科带头人和中小学校长、地方教育行政部门负责人，为我国基础教育的改革和发展做出了重要贡献。

经过多年的努力，我国高校不仅形成了具有中国特色的教育领域学术型人才培养的体制和机制，而且积累了丰富的培养职业型人才的经验。多年来，承担教育硕士培养工作的高校不断进取，积极探索职业型人才培养的客观规律，创新人才培养模式，改革教育教学内容，建立实验实践基地，已初步具备职业型人才培养所需的各种基础条件，为进一步提升教育职业型人才培养规格和开展教育博士专业学位教育，提供了多方面充分的保障。

从 2000 年以来，北京大学、北京师范大学、华中科技大学等国内知名高校先后通过各种方式，探索在现行学位制度范围内为教育战线培养研究型和专家型的教育管理人才的机制和模式。经过数年努力，先后为高等院校和中小学培养了数十位高素质、研究型的管理人员。在实践过程中，这些院校通过制定和修订培养计划、革新课程内容、改革教学方式、加强实践研究和实践反思环节、吸收相关领域的专家合作指导等改革举措，成功地探索出了一整套完整的培养研究型职业人才的成功经验。

在探索高层次职业人才培养模式的过程中，上述院校先后与哥伦比亚大学、宾夕法尼亚大学、香港大学等境外著名高校开展合作，吸收境外优质教育资源共同参与整个培养过程（包括招生对象的确定、报考条件的规定、入学考试科目和内容的设计、课程计划的制定、论文标准的研制等）。在这个过程中，这些国内知名高校直接学习到了境外相对成熟的教育博士专业学位教育经验，为开展教育博士专业学位教育的国际交流与合作奠定了良好的基础。

此外，我国已经开设的兽医、临床医学和口腔医学等领域的博士专业学位教育取得的成功经验，也为开设教育博士专业学位提供了有益的借鉴。

（二）良好的培养条件

经过 20 多年的学科基础建设和教师队伍建设，我国高等院校已经形成了良好的教育博士专业学位教育的条件和基础。

第一，随着我国学位与研究生教育事业的发展，近年来，高等院校教师获得博士学位的比例显著提高，教师的学位结构不断改善；与此同时，随着高等教育国际化进程的加速，高校教师的国际化程度不断提高，为开办教育博士专业学位教育提供了良好的师资。

第二，随着我国教育改革的推进和教育科学事业的发展，高校教育学科的建设和发展呈现出显著的变化。关注教育现实问题、强调与教育实践的结合、重视理论与实际的联系、注重科学方法的创新，已经成为教育学科建设的主要趋势，为教育博士专业学位教育提供了有效的知识基础。

第三，近年来，高校教育学科非常重视实验、实践和实习基地的建设和发展。在教育硕士专业学位教育的实践中，许多高校与教育行政部门、中小学共建了较为完整和系统的实验和实践基地，为教育博士专业学位教育提供了丰富的"知识实验"的基础。

同时，高等院校在各种硬件和软件建设（包括图书资料、信息网络系统、教学资源等等）上所取得的巨大成绩，也为开设教育博士专业学位教育提供了必要的支撑条件。

（三）充分的生源保证

教育博士专业学位主要面向教育战线具有丰富实践经验和取得一定成就的中小学优秀教师和各级各类学校管理人员。

在全国教育战线工作的广大教师和教育管理干部中，有数以万计已经获得硕士学位的特级教师、师德标兵、优秀教师和学科带头人以及在学校管理岗位上做出突出成绩的教育管理干部。根据教育部师范教育司统计，全国高中教师中已经获得硕士学位的比例为 1.5% 以上。因此，包括中小学优秀教师、优秀管理干部及各类高校教育管理干部，以及教育战线每年新增的教师和教育管理干部，具备攻读教育博士专业学位基本条件的生源非常充足。

（四）国际经验的借鉴

从 1921 年哈佛大学开始设置教育博士专业学位以来，教育博士专业学位教育先后在美国、澳大利亚、英国、爱尔兰等发达国家和我国香港地区开设。经过多年的探索，教育博士专业学位教育已经积累了丰富的经验，形成了较为成熟的办学模式，为我国有效吸取和借鉴境外的先进经验提供了有利的条件。

三、开展教育博士专业学位教育试点工作思路

(一)教育博士专业学位的设置，是我国学位与研究生教育发展中的一件大事。因此，必须系统构建教育博士专业学位的一系列教育标准，在科学研究的基础上设计培养过程和课程体系以及严格的质量评价和监控机制。

(二)开展教育博士专业学位教育的培养院校，必须具备很好的教育基础、培养条件、师资力量，必须具有很强的教学能力和管理能力；要严格控制培养院校数量，严格控制培养院校招生规模。

(三)要树立品牌意识，把教育博士作为从事教育教学实践和教育管理工作高层次、应用型，具有专业领导力的高级职业型专门人才的新型培养模式，严格标准，加强管理，高质量完成培养目标。

(四)为便于工作，拟将全国教育硕士专业学位教育指导委员会改组为全国教育专业学位教育指导委员会，统一指导、协调全国教育专业学位教育工作，监督教育专业学位教育质量。

国务院学位委员会办公室关于开展教育博士专业学位教育试点工作的通知

学位办〔2009〕47 号

有关单位：

为适应教育事业发展需要，培养教育实践领域高层次专门人才，国务院学位委员会第 26 次会议决定在我国设置教育博士专业学位，开展教育博士专业学位教育工作。

根据国务院学位委员会《关于下达〈教育博士专业学位设置方案〉的通知》（学位〔2009〕8 号）精神，以及《关于申报开展教育博士专业学位教育试点工作的通知》（学位办〔2009〕27 号）要求，在申报单位答辩、专家评审的基础上，经研究，决定批准北京大学等 15 所研究生培养单位开展教育博士专业学位教育试点工作（见附件）。现就有关事项通知如下：

一、试点工作组织与实施

1. 教育博士专业学位教育试点工作的领导与协调由国务院学位委员会办公室、教育部学位管理与研究生教育司负责。

2. 试点单位及主管部门应加强领导，高度重视，统筹教育博士专业学位教育资源，保证试点工作健康、有序进行。

3. 试点单位应按照《教育博士专业学位设置方案》及有关办学要求，结合本单位实际情况，制定切实可行的实施工作方案，确保教育博士专业学位研究生培养质量。

二、试点工作具体安排

1. 在教育硕士专业学位教育指导委员会的基础上，组建全国教育专业学位教育指导委员会，统筹指导、协调教育硕士和教育博士专业学位教育工作。

2. 教育博士招生工作列入全国研究生招生管理，实施学历教育；试点初期拟严格控制招生规模，招生计划在本校博士生招生计划中统筹安排；为保证培养质量，建议每校每年招收教育博士不超过 20 人。

3. 教育博士招收对象是具有硕士学位、有 5 年以上教育及相关领域全职工作经历、具有相当成就的中小学教师和各级各类学校管理人员。暂不招收教育行政机关工作人员。

4. 教育博士招生专业领域暂定为学校课程与教学、学生发展与教育、教育领导与管理三个领域，试点阶段每校招生专业领域不超过 2 个。

5. 有关培养和学位授予工作，另行制定并下发《教育博士专业学位研究生指导性培养方案》。

三、其它事宜

1. 教育博士招生、考试事宜和工作安排由教育部有关部门另行通知。

2. 教育博士专业学位证书由国务院学位委员会办公室统一印制。

附件：教育博士专业学位教育试点单位名单（略）

国务院学位委员会办公室

二〇〇九年七月二十一日

国务院学位委员会关于开展新增
博士硕士学位授权审核工作的通知

学位〔2024〕2 号

各省、自治区、直辖市学位委员会，新疆生产建设兵团学位委员会，军队学位委员会：

经第九届国务院学位委员会第一次全体会议审议通过，根据《国务院学位委员会关于修订印发〈博士硕士学位授权审核办法〉的通知》（学位〔2024〕1 号）和工作方案，决定开展新增博士硕士学位授权审核工作。现将有关事项通知如下：

一、指导思想和基本原则

学位授权审核工作以习近平新时代中国特色社会主义思想为指导，深入贯彻落实党的二十大精神，贯彻习近平总书记对研究生教育工作的重要指示，紧密围绕国家战略和经济社会发展，统筹规划，科学布局，深入推进学科专业调整，有的放矢提升研究生教育对社会发展、经济建设的贡献率，为教育强国、科技强国、人才强国建设提供更有力的支撑。

坚持服务需求，把服务经济社会发展需求作为新增学位授权审核工作的战略导向。坚持保障质量，把好研究生教育的"入口关"。坚持前瞻布局，优先新增国家发展重点领域、空白领域和急需领域的一级学科和专业学位类别，对基础学科、新兴学科、交叉学科以及专业学位授权点给予倾斜支持。坚持协同联动，进一步推进省级统筹，加强现有投入建设情况与新增学位授权的联动。

二、申请范围和总体要求

本次新增博士硕士学位授权审核分为新增博士硕士学位授予单位审核、学位授予单位新增博士硕士一级学科与专业学位类别授权点审核、自主审核单位资格确定。各类审核工作的具体要求和程序按照《新增学位授权审核工作总体要求》（附件 1）执行。

各省（区、市）学位委员会负责本地区学位授予单位授权审核相关工作；新疆生产建设兵团学位委员会负责兵团所属学位授予单位授权审核相关工作；军队学位委员会负责军队院校及科研机构、军事学门类下一级学科和专业学位类别授权审核相关工作。

各省级学位委员会应根据《博士硕士学位授权审核办法》和本通知要求，制定本地区（系统）审核工作方案，细化审核程序，按照坚持标准、保障质量、程序规范、公开透明、平稳有序的要求，组织开展审核工作。具体程序应向社会公开并严格执行。

学位授予单位应根据本单位办学基础，紧密围绕经济社会发展需求，精准凝练办学定位目标，有针对性地开展学科专业建设，实现高质量发展。中央部门所属学位授予单位向属地省级学位委员会提出学位授权申请前，须经主管部门同意。

三、纪律要求

各有关单位、评审专家和工作人员应严格执行中央八项规定精神，严守工作纪律，保守工作秘密，公平公正地组织或参与审核工作。学位授予单位应确保申请材料真实可信，不得以任何形式干扰审核工作，影响专家评审。对在评审过程中存在材料弄虚作假、违反评审纪律和影响专家评审的学位授予单位，将取消申请资格，并予以通报批评。

对于学位授权审核工作中出现的异议、举报，各有关单位应依法依规、认真核实，一旦查实任何影响审核工作公平公正的行为，相关学位授权申请一律不予通过，相关人员依据规定予以严肃处理。

四、其他

各省级学位委员会应于2024年3月29日前将本地区（系统）审核结果及相关申请材料、审核工作总结报告（应含申报指南、审核工作方案）、研究生教育财政支持和落实研究生奖助经费的文件等材料报送至国务院学位委员会办公室，具体报送要求另行通知。所有申请材料须进行脱密处理，不得有涉密内容。国务院学位委员会办公室将适时对各省级学位委员会的审核工作进行督查。

联系电话：010-66096787　66097274

附件：1. 新增博士硕士学位授权审核工作总体要求（略）
　　　2. 新增博士硕士学位授权审核申请基本条件（节选）

国务院学位委员会
2024年1月10日

附件 2：

新增博士硕士学位授权审核申请基本条件(节选)

专业学位类别名称(代码)：教育(0451)

第一部分　本专业学位类别博士学位授权点申请基本条件

一、专业特色

1. 专业特色。教育博士专业学位研究生教育的培养目标是造就教育、教学和教育管理领域的复合型、专家型的高级专门人才。培养工作的重点是进一步丰富学生的教育理论素养，提升学生的人文素养与科学精神，深化学生对教育问题的理解，提高学生运用科学方法创造性地研究和解决教育实践中复杂问题的能力，发展学生在实际工作中的领导力。学位授权点申请单位应具有扎实的教师教育办学基础和良好的社会声誉，具有深厚的教育研究的学术积淀，能深入理解和把握教育博士专业学位研究生教育的基本特性。学校办学定位、发展目标和教师队伍符合教育博士专业学位研究生培养的基本要求。

二、师资队伍

2. 人员规模。从事教育学、心理学学科的教学与研究、具有高级职称的专任教师不少于 20 人，其中正教授不少于 10 人，博士生导师不少于 5 人。各申请招生专业领域具有高级职称的专任教师不少于 5 人，其中正教授不少于 3 人，博士生导师不少于 2 人。行业教师占专任教师的比例不低于 20%。

3. 人员结构。专任教师中，45 岁以下教师所占比例不低于 30%且均具有博士学位。有行业经历的教师所占比例不低于 50%。

4. 骨干教师。各申请招生专业领域骨干教师均不少于 3 人，应具有较高的教育理论水平和研究能力，熟悉教育改革发展实际。近 5 年，每名骨干教师在本领域有重要影响的代表性研究成果不少于 5 项，主持国家级教育科研项目不少于 1 项。骨干教师在全国性学术团体兼任常务理事及以上职务或其他重要学术兼职的不少于 3 人。骨干教师在教育博士专业学位授权点或教育学、心理学、公共事业管理一级学科博士授权点担任博士生导师的不少于 2人，均完整指导过 1 届博士研究生，且正在指导博士研究生。

三、人才培养

5. 课程与教学。学位授权点申请单位制定的培养方案应符合教育博士专业学位研究生的培养目标，课程结构应符合全国教育专业学位研究生教育指导委员会制定的教育博士专业学位研究生指导性培养方案的基本要求。课程教学应注重理论与实践相结合，突出综合性、专业性、创造性和实践性，注重提升学生的教育理论素养、人文素养与科学精神，深化学生对教育问题的理解，发展学生运用科学方法解决教育实践中复杂问题的能力。

6. 培养质量。相关专业毕业研究生就业率高，就业质量高。教育硕士专业学位研究生就业针对性强。学生任职单位评价良好，有一批综合素质高、已成为相关工作岗位业务骨干的优秀毕业生。近 5 年，获得省部级及以上相关教学成果奖不少于 2 项。

四、培养环境与条件

7. 科研水平。近 5 年，批准立项的国家级教育科研项目总数不少于 5 项，专任教师主持省部级及以上教育科研项目师均不少于 2 项，行业教师主持地市级及以上（不含校级）教育科研项目人均不少于 1 项。专任教师科研纵向到账项目经费师均不少于 10 万元，发表高水平学术成果总数不少于 8 项。被省部级及以上党政部门采纳的研究报告或咨询报告、主持制定教育类技术规范或行业标准、入选"中国专业学位教学案例中心案例库"的教学案例等应用性成果总计不少于 5 项。专任教师近 5 年获省部级及以上教育科研成果奖总数不少于 5 项。

8. 实践教学。具有与行业长期合作的有效机制。有满足开展案例教学需要的空间和条件。行业兼职教师和兼职导师能有效参与培养工作。相关院系专任教师有公开出版的教育专业案例教材。

9. 支撑条件。具有教育硕士专业学位授权点，有不少于 5 届教育硕士专业学位毕业研究生，在教育硕士专业学位研究生培养中取得突出业绩。有丰富的图书资料，其中，教育类专业期刊不少于 50 种，专业图书不少于 5 万册。有满足教育科研需要的数字化资源。重视师德师风建设，有完善的学风建设规章制度，近 5 年内无严重师德师风失范和学术不端问题。有系统的教育学科发展规划。有专门的管理机构、专职的管理人员、完备的奖助体系和管理制度与办法。

第二部分　本专业学位类别硕士学位授权点申请基本条件

一、专业特色

1. 专业特色。教育硕士专业学位研究生教育的培养目标是造就具有现代教育理念、较高理论素养和较强实践能力的基础教育学校和中等职业技术学校的专任教师和教育管理人员。培养工作的重点是发展学生的教育教学和管理实践能力、理论指导实践的能力和自主专业发展的能力。

学位授权点申请单位应具有扎实的教师教育办学基础和良好的社会声誉，能准确理解和把握教育硕士专业学位研究生教育的基本特性，与基础教育和中等职业技术教育具有密切联系。学校办学定位、发展目标和教师队伍结构符合教育硕士专业学位研究生培养的基本要求。

二、师资队伍

2. 人员规模。从事教育学、心理学学科的教学与研究的专任教师不少于10人，其中正教授不少于3人；各申请招生专业领域的专任教师不少于5人，其中具有高级职称的教师不少于3人；各申请招生专业方向的专任教师不少于3人，其中具有高级职称的教师不少于2人。不同招生专业领域或专业方向的教师不得重复计算。行业教师占专任教师的比例不低于20％。

3. 人员结构。专任教师中，45岁以下教师所占比例不低于30％，在外单位获硕士及以上学位的比例不低于30％，具有高级职称教师所占比例不低于60％，具有博士学位教师所占比例不低于30％，有行业经历教师所占比例不低于50％。

4. 骨干教师。近5年，每名骨干教师发表高水平学术成果不少于5项，主持省部级及以上基础教育或中等职业技术教育研究的课题不少于1项，出版本专业学术著作不少于1部。骨干教师在省级及以上相关学术团体或行业协会兼任常务理事及以上职务者不少于1人。骨干教师在教育硕士专业学位或教育学、心理学一级学科硕士授权点担任导师并招收培养硕士研究生所占比例不低于20％。

三、人才培养

5. 课程与教学。制定的培养方案应符合教育硕士培养目标的要求，开设课程及其结构应符合全国教育专业学位研究生教育指导委员会制定的指导性培养方案的基本要求。课程教学应注重理论与实践的结合，突出综合性和实践性，注重培养学生的教育教学和管理实践能力、通过理论学习进行实践反思的能力以及自主专业发展的能力。

6. 培养质量。相关师范专业本科毕业生就业率高，就业质量高。有一批综合素质高、已成为相关工作岗位业务骨干的优秀毕业生。近5年，获得省部级及以上相关教学成果奖不少于1项。

四、培养环境与条件

7. 科研水平。近5年，批准立项的基础教育、中等职业技术教育研究项目师均不少于2项，其中专任教师主持省部级及以上基础教育、中等职业技术教育科研项目师均不少于1项，行业教师主持地、市级及以上（不含校级）

教育科研项目人均不少于 1 项。专任教师基础教育、中等职业技术教育科研项目到账经费师均不少于 5 万元；发表基础教育、中等职业技术教育的高水平学术论文或出版教育类著作师均不少于 3 篇（部）；获得的专利授权，被地市级及以上党政部门采纳的研究报告或咨询报告，主持制定基础教育、中等职业技术教育的技术规范或行业标准等应用性成果不少于 2 项。近 5 年获省部级及以上教育科研奖不少于 3 项。

8. 实践教学。有数量充足、稳定的本科生和研究生专业实践基地，有较为完备的实践教学规章制度和分工明确的管理机制。有一定数量适合教育硕士专业学位研究生开展实践教学或专业实践的基地，或校—企—校实践教学基地，与行业具有长期合作的有效机制。有满足开展案例教学需要的空间和条件。行业兼职教师和兼职导师能实际参与教学工作。

9. 支撑条件。设有教育学或心理学等相关专业院系；有 5 届及以上师范专业本科毕业生且年均毕业人数不少于 50 人。有不少于 3 个联合培养基地，每个基地每年可接收开展实践活动的学生人数不少于 5 人。有不少于 5 个微格教室，有专用案例讨论室。有足够数量的图书资料，其中，教育类专业期刊不少于 30 种，专业图书不少于 2 万册。有满足教育科研需要的数字化资源。有创新创业激励制度和管理办法。重视师德师风建设，有完善的学风建设规章制度，近 5 年内无严重师德师风失范和学术不端问题。有专门的管理机构、专职的管理人员、完备的奖助体系和管理制度与办法。

教育专业学位类别简介

一、专业学位类别概况

教育专业学位分为教育硕士和教育博士两个层次。教育硕士专业学位设置于 1996 年，教育博士专业学位设置于 2008 年。到 2022 年 12 月底，教育硕士培养院校达到 191 所，教育博士培养院校达到 31 所；教育硕士专业学位累计招生 545092 人，获学位人数累计为 353775 人；教育博士专业学位累计招生人数 6491 人，获学位人数累计为 1016 人。

教育硕士研究生的培养目标是培养具有良好的思想政治素养，造就高素质、专业化的基础教育、中等职业学校专任教师和教育管理人员。教育博士研究生的培养目标是培养思想政治素养过硬，造就教育、教学和教育管理领域的复合型、职业型的高级专门人才。

教育专业学位的设置极大满足了教育事业发展对高层次专门人才的广泛需要。今后，教育专业学位教育将以高质量发展为目标，以立德树人为关键，以深化产教融合和联合培养基地建设为重点，不断深化人才培养模式改革，规范培养过程，为教育事业输送大批高素质、专业化和创新型的教师和教育管理人员，为加快建设教育强国、科技强国和人才强国，为基础教育和中等职业技术教育高质量发展做出新的贡献。

二、专业学位类别内涵

1. 教育硕士

教育硕士专业学位教育旨在培养具有良好的思想政治素养，造就高素质的基础教育学校、中等职业技术学校专任教师和管理人员。

依据基础教育学校和中等职业技术学校工作岗位的划分，教育硕士专业学位下设教育管理、学科教学、学前教育、小学教育、特殊教育、科学与技术教育、心理健康教育、职业技术教育和现代教育技术 9 个专业领域。其中，学科教学领域分设 12 个专业方向。

（1）教育管理（Education Management）：旨在造就基础教育学校或中等职业技术学校从事教育教学管理工作的复合型、职业型专门人才。

（2）学科教学（Subject Teaching，思想政治、语文、数学、物理、化学、生物、英语、历史、地理、音乐、体育、美术）：旨在造就普通中学从事相关课程教学的复合型、职业型专任教师。

（3）学前教育（Preschool Education）：旨在造就幼儿园从事保教工作的复合型、职业型专任教师。

（4）小学教育（Primary School Education）：旨在造就从事小学相关课程教学的复合型、职业型专任教师。

（5）特殊教育（Special Education）：旨在造就特殊教育学校等机构从事特殊教育与融合教育工作的复合型、职业型专任教师与康复师。

（6）心理健康教育（Science and Technology Education）：旨在造就基础教育学校或中等职业技术学校从事相关课程教学和心理健康教育与辅导工作的复合型、职业型专任教师。

（7）科学与技术教育（Mental Health Education）：旨在造就普通中学和小学从事相关课程教学工作的复合型、职业型专任教师。

（8）职业技术教育（Vocational and Technical Education）：旨在造就中等职业技术学校从事相关课程教学的复合型、职业型专任教师。

（9）现代教育技术（Modern Educational Technology）：旨在造就基础教育学校或中等职业技术学校从事相关课程教学和教育信息化工作的复合型、职业型专任教师。

教育硕士培养院校应有一定年限的师范专业本科毕业生，拥有数量充足、结构合理的教育学以及心理学等相关学科的教师队伍。建立与基础教育、中等职业技术学校融合互动的有效机制。有数量充足、稳定的实践基地，重视发挥实践基地联合培养教育硕士的作用。

2. 教育博士

教育博士专业学位教育旨在培养思想政治素养过硬，造就教育、教学和教育管理领域的复合型、职业型的高级专门人才。

教育博士专业学位下设教育领导与管理（Education Management and Leadership）、学校课程与教学（School Curriculum and Instruction）、学生发展与教育（Student Development and Education）、职业技术教育（Vocational and Technical Education）四个专业领域。教育领导与管理专业领域的培养目标是造就各级各类学校复合型、职业型的领导与管理的高级专门人才。学校课程与教学专业领域的培养目标是造就基础教育复合型、职业型的学校课程与教学领域的高级专门人才。学生发展与教育专业领域的培养目标是造就适应各级各类学校从事思想品德教育、心理健康教育和学生管理工作的复合型、职业型的高级专门人才。职业技术教育领域的培养目标是造就职业教育复合型、职业型、"双师型"的高级专门人才。

教育博士培养院校应具有扎实的教师教育办学基础和良好的社会声誉，具有深厚的教育研究的学术积淀，能准确理解和把握教育博士专业学位教育的基本特性。学校办学定位、发展目标和教师队伍符合教育博士专业学位研究生培养的基本要求。

三、培养目标

教育硕士研究生的培养目标是培养具有良好思想政治素养，造就具有现代教育观念，具备较高理论素养和实践能力的基础教育学校、中等职业技术学校专任教师和教育管理人员。教育硕士研究生培养的重点是提高学生的教育教学和管理的实践创新能力，提高学生通过教育理论学习进行实践反思的能力，提高学生自主专业发展的能力。

教育博士研究生的培养目标是培养思想政治素养过硬，造就教育、教学和教育管理领域的复合型、职业型的高级专门人才。教育博士研究生培养的重点是进一步提升学生的人文与科学技术素养，深化学生对教育问题的理解，能够有效运用教育理论、科学方法创造性地研究和解决教育实践中复杂问题的能力，发展学生在教育教学和教育管理领域高层次实际工作中的领导力，成为具有很强实践反思能力和教育家潜质的专家型优秀教师和教育管理者。

来源：《研究生教育学科专业简介及其学位基本要求（试行版）》，国务院学位委员会第八届学科评议组、全国专业学位研究生教育指导委员会根据《授予博士硕士学位和培养研究生的学科专业简介》《学位授予和人才培养一级学科简介》《一级学科博士、硕士学位基本要求》《专业学位类别（领域）博士、硕士学位基本要求》编修，中国学位与研究生教育学会网站 2024 年 1 月 22 日发布。

教育硕士专业学位基本要求

一、获本专业硕士学位应具备的基本素质

1. 学术道德

严格遵守学术道德，恪守学术规范，保护知识产权，端正学术杰度，切忌学术浮躁；严谨求实，自觉维护学术声誉，坚决反对任何学术不端行为，形成遵守学术规范的良好习惯，以实际行动维护学术尊严和国家学位的严肃性。学生在学期间应树立良好的学风，正直诚信、严谨自律，杜绝以下各种舞弊行为：(1)在学习过程中通过不正当手段获取成绩；(2)在学位论文或在学期间发表的学术论文中存在抄袭或伪造数据等学术不端行为；(3)购买或由他人代写学位论文；(4)其他舞弊行为。

2. 专业素养

具有先进的教育理念和宽广的教育专业视野，具有较高的人文素质、科学素养和良好的身体及心理素质；熟悉国家教育方针政策，遵守教育法律法规；掌握基础教育或中等职业技术教育改革的最新进展，了解相关学科及专业的前沿动态和发展趋势。通过硕士研究生阶段的专业学习，切实提高专业素养，具备扎实的教育专业基础和较强的教育研究能力，掌握教育领域的基本理论和丰富的专业知识，具有从事教育、教学和管理工作的能力，胜任基础教育学校或中等职业技术学校的教学和管理工作，熟悉一门外语并能够比较熟练地阅读本专业的外文资料。

3. 职业精神

具有对教师职业的深刻认识，具有乐于从教和终身从教的职业情感，热爱教育事业，热爱教师职业和教学工作；具有为人师表、诲人不倦、教书育人的职业信念，自觉践行师德规范，乐于奉献；具有积极探索、精益求精的进取精神，树立以学生为本、以教育为本的基本教育理念，积极承担教师的责任与义务，具有使命感、责任感和爱岗敬业、坚持创新的职业精神。坚持"四个相统一"，争做"四有"好老师，当好"四个引路人"。

二、获本专业硕士学位应掌握的基本知识

1. 基础知识

通过学习相关课程，掌握教育专业的基本知识、基本理论和基本方法，并取得相应的学分（基础知识方面的课程及学分应占总课程、总学分的三分之一左右）。教育硕士研究生须熟练掌握教育原理、课程与教学论、教育科学研究方法、中外教育史和心理发展与教育等课程相关的基本知识。应通过选修、自修和听取讲座等方式，密切关注当代教育思潮、基础教育或中等职业技术教育的课程改革新进展、学科教育以及相关学科新前沿、学习科学新进展和人文与科技发展动态，与时俱进，努力拓展和更新自己的基础知识，优化知识结构，提高综合素养。

2. 专业知识

主要包括与各专业领域教学、教育管理直接相关的专业知识，按专业知识谱系可分四类：一般教学法知识、学科（专业）知识、学科（专业）教学知识和教育情境类知识，其中学科（专业）教学知识为最重要的部分。教育硕士研究生应努力通过完整的课程学习和实践训练，充实、强化这四类知识，以完善自己的专业知识结构，持续提升自己的专业素养。教育硕士培养单位应拟定规范的培养方案。教育硕士研究生应努力系统掌握本专业领域的专业知识，认真学好每一门课程，在兼顾通识、理论和方法等知识模块的同时，强化专业知识学习，不断丰富和完善专业知识体系。要通过学习相关课程、听取相关讲座、现场学习、案例学习、校内实训、见习、实习和研习等多种途径，主动关注基础教育或中等职业技术教育改革动向和教育研究的最新成果，不断提高学科（专业）教学知识水平，形成知识转化的意识和能力。

三、获本专业硕士学位应接受的实践训练

从切实提高教育实践能力出发，教育硕士研究生应在熟悉基础教育或中等职业技术教育历史及现状的前提下，接受与专业发展需求相适应的实践训练及案例教学。实践教学时间总时长不少于1学年，其中校外集中实践不少于1学期；要把实践教学贯穿整个培养过程，系统设计、前后衔接、依次开展，校内实训应在第一学年内完成，教育见习应在第一学期完成，教育实习在第二学年完成（3年制的培养院校可以适当延后安排）；教育研习要贯穿实践教学整个过程，让学生持续反思在实训实践过程中获得的经验，全面提升研究意识，掌握研究方法，提高研究能力。非全日制教育硕士研究生的教育实践研究环节可在任教学校进行，同时应积极参加培养院校组织的各种形式的

教育教学实践活动，应积极参加培养院校为非全日制教育硕士开展的实践类型专题讲座或组织的各类实践活动。在攻读教育硕士专业学位过程中，教育硕士研究生应积极参与、配合案例教学及培养院校组织的教学实践活动，加强实践训练，丰富教学经验；通过实践活动，切实提高发现、提出、分析和解决实践问题的能力和专业水平。

四、获本专业硕士学位应具备的基本能力

1. 具有较强的自主获得知识的能力

了解先进的学习方法，善于学习，对教师职业所需要的知识要有深刻的理解和全面的把握，特别是能及时获得专业新知识，不断提高自主学习和实践反思能力，能通过持续的自主学习适应立德树人本职工作需要。

2. 具有突出的教育实践能力

教育实践能力包括教学实践能力和管理实践能力。教育硕士研究生应有较强的口头表达和书写能力，熟练掌握教学知识、教学技巧和信息技术，能胜任基础教育或中等职业技术教育教学工作，教学实践效果良好；应具备作为教师或教育管理者所需要的较强沟通合作能力及组织管理能力，能胜任学生管理或学校管理工作。

3. 具有较强的教育实践创新能力

教育硕士研究生既要注重教育实践，也要注重对教育实践的研究，能够根据教育实践需要，从教育实践的经验与教训中及时发现问题、提出问题，运用教育理论以及恰当的方法解决问题，在导师指导下完成具有较高质量的专业学位论文。

4. 具有较强的企业实践能力

就读职业技术教育领域的教育硕士研究生要深刻认识产教融合、校企合作的重要意义，能够通过企业实践提高将相关行业企业的新技术、新工艺、新材料、新设备、新产品以及先进生产案例等转化为教学资源的能力。

五、学位论文基本要求

1. 选题要求

论文选题应密切结合基础教育或中等职业教育实践，直接指向教育实践改善，关注学校教育教学和管理实践中具有现实意义和应用价值的重要问题，具有改进实践的应用价值和可操作性。论文选题须与所学专业领域（方向）培养目标相一致。

2. 学位论文形式和规范要求

教育硕士专业学位论文类型主要包括专题研究论文、调查研究报告、行动研究报告、案例研究报告、课程开发方案等。论文写作应该符合教育部、国家语言文字工作委员会组织制定的《通用规范汉字表》。专用名词、术语可采用国际通用的代号，量及其单位所使用的符号应符合国家标准《国际单位制及其应用》（GB 3100—1993）、《有关量、单位和符号的一般原则》（GB/T 3101—1993）的规定。图、表中的图题、坐标轴、图例、表头等描述性的词组或语句须使用汉语，专用名词术语及其单位可使用符合规范要求的符号。写作格式由培养单位参照教指委的指导原则而定，正文字数不少于 2 万字，各部分之间应当保持紧密的逻辑关系和合理的篇幅比例。

3. 学位论文水平要求

教育硕士专业学位论文是教育硕士专业学位研究生在导师（导师组）指导下独立完成的、系统完整且有助于解决基础教育或中等职业技术教育实际问题的应用性研究成果。论文指导小组由校内指导教师与校外合作指导教师共同组成，对学位论文的选题、开题、中期检查、论文答辩等进行全程指导和把关，确保学位论文质量。培养院校应建立严格的学位论文评审制度，应按一定比例抽取当年申请论文答辩的研究生论文进行校外双盲评审。学位论文通过评审，方可进行答辩。学位论文评阅人和答辩委员会成员中，应包括具有高级职称的基础教育或中等职业技术教育领域的教学、研究及管理人员参加。

来源：《研究生教育学科专业简介及其学位基本要求（试行版）》，国务院学位委员会第八届学科评议组、全国专业学位研究生教育指导委员会根据《授予博士硕士学位和培养研究生的学科专业简介》《学位授予和人才培养一级学科简介》《一级学科博士、硕士学位基本要求》《专业学位类别（领域）博士、硕士学位基本要求》编修，中国学位与研究生教育学会网站 2024 年 1 月 22 日发布。

教育博士专业学位基本要求

一、获本专业博士学位应具备的基本素质

1. 学术道德

要有自觉的治学意识和高尚的学术风范，严格遵守学术道德，恪守学术规范，保护知识产权，端正学术态度，切忌学术浮躁；坚守严谨求实的学术精神，自觉维护学术声誉，坚决反对学术不端行为，形成遵守学术规范的良好习惯，以实际行动维护学术尊严和国家学位的严肃性。学生在读期间应树立良好的学风，正直诚信、严谨自律，杜绝以下各种舞弊行为：（1）在学习过程中通过不正当手段获取成绩；（2）在学位论文或在学期间发表的学术论文中存在抄袭或伪造数据等学术不端行为；（3）购买或由他人代写学位论文；（4）其他舞弊行为。

2. 专业素养

专业素养应充分反映综合性、专业性、创造性和实践性的特点。教育博士研究生应坚持不懈以习近平新时代中国特色社会主义思想凝心铸魂，不断深刻领会"两个确立"的决定性意义，不断增强"四个意识"、坚定"四个自信"、筑牢"两个维护"；应具备更高的人文素质、科学素养和综合化的知识结构，具有先进的现代教育理念和宽广的教育专业（职业）视野，具有正确的教育观和教育行为，具有深厚的教育专业功底和突出的教育实践创新能力，并能够注重教育实践研究，将理论密切联系实际，善于发现和解决来自教育实践的重大现实问题；同时能够胜任教育领域较高层次的教学和管理工作，并能熟练阅读和运用教育学科专业外文资料。

3. 职业精神

应具有献身教育事业的职业精神，具有以学生为本、以教育为本的基本理念，能高度自觉地不断提高自己的人文和科学技术素养，扩大学科、专业视野，对教育事业具有很强的责任感和使命感。要对教师职业和教育管理有深切的认识，具有乐于从事教育和管理工作的职业理想，热爱教育事业，热爱教师职业，具有为人师表、诲人不倦、教书育人的职业理想和师范精神；能自觉学习和践行师德规范，不怕困苦，乐于奉献，具有团结奋斗、积极探索的进取精神；熟悉国家的教育政策法规及教师的权利与责任，具有爱岗敬

业、科学管理和坚持创新的职业精神。做到"四个相统一",争当"四有"好老师,成为"四个引路人"。

二、获本专业博士学位应掌握的基本知识

教育博士研究生在读期间要按照培养方案要求勤奋学习,刻苦钻研,努力掌握丰富的相关知识,为未来的专业发展奠定坚实基础。

1. 基础知识

通过模块课程学习、听取讲座和独立自修等方式,涉猎与教育学、心理学、学科教学论及人文学科相关的基础知识,洞察科技发展动态,巩固和拓展相关专业的知识体系,博览精思,厚积薄发,拥有扎实的学识,为面向实践的专业学位论文及相关研究奠定坚实的基础,为专业发展奠定厚实的学识基础。

2. 专业知识

要通过模块化课程体系不断完善专业知识结构。应注重对实务课程、案例的学习,将教育理论专业知识与教育实践相结合,不断深化专业知识的理解和运用能力;要通过专业教育模块(公共课模块、教育理论模块、教育研究方法模块和教育实践研究模块等四大模块)的学习,建构更为完善的专业知识体系,同时进一步洞悉教育科学研究的基本过程,进一步深化理解教育研究的基本规范和主要方法,进一步发展严谨的治学态度;应进一步提升应用教育理论分析和解决教育实践问题的能力,形成批判性思考教育问题的意识以及灵活运用教育理论研究和解决教育实际问题的能力。针对教育领导与管理专业、学校课程与教学专业和学生发展与教育专业方向等不同领域,对专业知识的学习和积累应各自有所侧重,形成带有专业底蕴的知识体系和特色。就读职业技术教育领域的教育博士研究生须进一步提升开展职业教育教学研究、专业和课程建设、教材及教学资源开发、技能传承、技术攻关、工艺创新和产品研发等能力。

三、获本专业博士学位应接受的实践训练

应加强具有创新特征和改革性质的教育实践训练,在公开授课、参与管理及实践反思等方面有明显进展,切实提升专业知识和实践水平,并积极进行教育实践考察,撰写并提交高质量的教育实践报告。通过积极参与教育实践训练,提高学生综合运用教育理论和研究方法,总结和提升实践经验、研究和解决实际问题的能力及反思批判能力,增强引领教育教学改革的领导力和通过实践研究促进自身专业发展的意识和能力。职业技术教育领域的教育

博士研究生须将与本领域相关的行业企业的新技术、新工艺、新规范以及典型生产案例等纳入实践考察内容。

四、获本专业博士学位应具备的基本能力

应进一步增强获取知识能力、教学实践能力和组织协调能力，尤其要大幅度提高洞察力、创造力和实践创新能力，成为高素质、专业化和创新型教育工作者；教育博士研究生应自觉加强教育理论和研究方法的学习，注重理论联系实际，加强对教育实践经验的反思，提高研究和解决现实复杂问题的能力。主要包括：

1. 要具有灵活应用教育理论指导教育教学或管理实践的能力，较强的教育政策、文件的诠释能力以及制订教育规章的能力。

2. 要具有敏锐的问题反思意识，具备过硬的教育实践方面的创新能力，能够承担教育研究项目、公开发表论文、研制教学案例或撰写咨政建议等。

3. 要具备从事教育管理工作所要求的专业核心素养，如信息搜集、数字素养、沟通合作、组织协调、科学决策和学校领导等能力。

4. 教育博士研究生应根据各自专业方向的具体培养要求，不断提高理论运用、文献述评、实践研究的水平。

5. 就读职业技术教育领域的教育博士研究生还要具备将相关行业企业的新技术、新工艺、新材料、新设备、新产品以及先进生产案例等转化为教学资源的能力。

五、学位论文基本要求

1. 选题要求

教育博士专业学位论文应贯彻理论联系实际的原则，选题来源于教育、教学和管理实践中具有重要现实意义和应用价值的关键问题，或是具体教育情境中的紧迫问题，应密切结合教育博士专业学位研究生的本职工作和已有的研究基础，论文选题须与所学专业领域（方向）相一致。

2. 学位论文形式和规范要求

论文写作应符合教育部、国家语言文字工作委员会组织制定的《通用规范汉字表》。专用名词、术语可采用国际通用的代号，量及其单位所使用的符号应符合国家标准《国际单位制及其应用》（GB 3100—1993）、《有关量、单位和符号的一般原则》（GB/T 3101—1993）的规定。图、表中的图题、坐标轴、图例、表头等描述性的词组或语句须使用汉语，专用名词术语及其单位可使用符合规范要求的符号。论文写作格式由各培养单位参照教指委的指导原则制定，正文字数不少于 10 万字，各部分之间应当保持紧密的逻辑关系和合理的篇幅比例。论文应系统完整、结构合理、写作工作量饱满。

论文正文结构一般包括：

(1)导论(包含历史视角或背景、实践问题的描述、研究选择的意义、研究问题陈述或研究假设、研究目的、相关术语的界定)；

(2)文献综述(包含国内外研究现状及发展趋势综述)；

(3)理论框架、研究设计与研究方法(包含研究范围、可行性分析、具体方法的运用、数据收集及分析)；

(4)研究结果与讨论(包含研究结果、解决方案的应用效果分析、研究结果的讨论)；

(5)研究结论、反思与建议(包含研究结论、理论和实践影响、反思研究的局限与未来发展方向、在此基础上进一步完善的建议、论文的贡献)。

3. 学位论文整体水平要求

教育博士专业学位论文应反映扎实的专业理论基础、明确的研究假设、系统的研究方法和周密的逻辑论证，其结构应包括问题提出、文献综述、理论框架、研究方法、研究发现与讨论、研究结论与反思等部分，以表现论文作者系统运用相关理论与方法研究并解决复杂的实践问题的能力。

教育博士专业学位论文应在研究取向、研究主题、理论视角、研究方法、研究数据和研究结果等某些方面具有较强的实践创新性。教育博士专业学位论文的研究结论应揭示教育实践中蕴藏的规律，或发现解决具体问题的新方法、新策略和新技术，对完善专业实践和改进教育政策作出重要的应用贡献。

来源：《研究生教育学科专业简介及其学位基本要求(试行版)》，国务院学位委员会第八届学科评议组、全国专业学位研究生教育指导委员会根据《授予博士硕士学位和培养研究生的学科专业简介》《学位授予和人才培养一级学科简介》《一级学科博士、硕士学位基本要求》《专业学位类别(领域)博士、硕士学位基本要求》编修，中国学位与研究生教育学会网站 2024 年 1 月 22 日发布。

教育硕士专业学位研究生核心课程指南

01 教育原理

一、课程概述

本课程通过对教育理论与实践的基本问题的专题研讨，旨在引导学生研究教育的基本理论问题，关注教育实践，提高对教育理论和实践重要问题的认识，形成科学的教育观念，增强运用现代教育理论观察、分析和解决实际问题的能力。本课程为教育硕士专业学位研究生必修的学位基础课。

本课程开设一学期，每周 2 课时，计 2 学分。

二、先修课程

学习本课程需具备本科阶段的教育学、教育心理学、中外教育史等方面的基础知识和基本理论。

三、课程目标

本课程旨在引导学生深入研究教育理论，关注教育实践，提高对教育理论和实践的认识，形成科学的教育观念和教育信念，提升运用现代教育理论观察、分析和解决教育实践问题的能力。

四、适用对象

本课程适用于教育硕士专业学位研究生。

五、授课方式

本课程教学可采用集体讲授、小组讨论和个人研读等多种形式。教学方式可包括系统讲授、文本精读、主题研讨、案例分析等。学习方式可包括主动接受(听课)、经典研读、读书报告、小组讨论等。

六、课程内容

本课程内容应当突出教育硕士专业学位研究生教育的特点，既避免与本科"教育学"和学术型研究生"教育学原理"等课程的简单重复，又避免与"课程与教学论"课程的交叉重叠。主要内容包括三个部分：

1. 变革时代的教育、教师和学生

教育的不同认识方式：实在论认识方式与现象学认识方式；不同的认识方式形成不同的教育观；不同的教育观会对教师的教育认识和实践产生不同的影响；实在论的教育观有其积极意义，现象学的教育观值得高度重视。教育的质的规定性：教育是有目的地培养人的活动；教育是使人向善的活动；教育是教育者引导受教育者学习、传承、践行人类经验的活动；教育是激励与教导受教育者自觉学习和自我教育的活动。教育的时代特征：教育全球化；教育信息化；教育终身化；教育个性化。

教师是教育活动的主体，是教育的社会代言者，是学生学习和发展的促进者。当代教师面临的挑战。教师要成为专业的教育者：专业发展阶段；教师专业素养；教师专业发展的路径。

学生是教育活动的对象，也是学习和发展的主体。教育要关注当代学生的特点，重视学生的地位，满足学生的需要，遵循学生发展的规律，促进学生健康、全面、主动地发展。

2. 教育活动及其过程

教育目的关涉教育到底培养什么人的问题。历史上和现实中的不同教育目的观。我国教育目的的基本精神：培养社会主义建设者和接班人。培养一代又一代拥护中国共产党领导和我国社会主义制度、立志为中国特色社会主义奋斗终身的有用人才，这是现阶段我国教育工作的根本任务，也是教育现代化的方向目标。要在坚定理想信念、厚植爱国主义情怀、加强品德修养、增长知识见识、培养奋斗精神、增强综合素质等方面下功夫。教育目的的具体化：教育目标分类的相关研究；新课程的三维目标；核心素养问题。

教育内容涉及教什么的问题。从教育的组成部分来看，要实施全面发展的教育，努力构建德智体美劳全面培养的教育体系。要树立健康第一的教育理念，开齐开足体育课，帮助学生在体育锻炼中享受乐趣、增强体质、健全人格、锤炼意志。要全面加强和改进学校美育，坚持以美育人、以文化人，提高学生审美和人文素养。要在学生中弘扬劳动精神，教育引导学生崇尚劳动、尊重劳动，懂得劳动最光荣、劳动最崇高、劳动最伟大、劳动最美丽的道理，长大后能够辛勤劳动、诚实劳动、创造性劳动。

教育活动过程涉及怎么教、怎么学的问题。教育活动是由学的活动与教的活动共同构成的，是学与教两类活动的结合。在长期的教育实践过程中，逐步形成了不同的教育活动模式。科学地组织和开展教育活动，既有一定的模式，又不能模式化，还要积极探索教育的艺术。

3. 教育事业及其发展

教育事业的发展首先要办好学校教育。学校的历史发展；学校面临的挑战；学校的转型性变革；学校的新形态。

教育事业的发展需要重视家庭教育与社会教育。家庭教育的特点和功能；社会教育的特点和价值；提升社会教育力。

教育事业的发展重在提高教育质量。公平而有质量的教育质量观；优质教育(课堂教学、学生综合素质)的评价标准和评价方法。

教育事业的发展需要加强教育管理。教育事业发展的现状；《中国教育现代化 2035》；教育行政与学校管理。

七、考核要求

本课程考核方式以撰写课程论文为主，也可采取提交读书报告、调研报告或案例分析等多种形式，同时考查课堂教学和课外阅读情况。课程论文应不少于 5000 字。课程成绩可参照考勤(20％)、课外阅读和课堂研讨(30％)、课程论文(50％)综合评定。

八、编写成员名单

涂艳国(华中师范大学)、田友谊(华中师范大学)、罗祖兵(华中师范大学)、王帅(华中师范大学)。

02 课程与教学论

一、课程概述

本课程立足当代中国基础教育课程与教学改革与发展实践，分析、吸收、借鉴国内外相关研究的最新成果，努力体现课程内容的时代性、理论性与实践性，旨在提升教育硕士专业学位研究生的课程与教学的基本理论修养，具备相应的课程与教学的实践智慧与管理素养，促进自身的专业发展。本课程为教育硕士专业学位研究生必修的学位基础课。

本课程开设一个学期，每周 2 学时，计 2 学分。

二、先修课程

学习本课程需要具备以下四方面的基础知识，即：教育学原理、中外教育史、教育心理学、教育研究方法。

三、课程目标

本课程旨在使教育硕士专业学位研究生系统掌握并能较好地运用课程、教学与管理等相关基本理论与技术；提高学校课程开发、教学设计及教学实施的能力，提升参与课程与教学改革实践的自觉意识和水平；提高自主开展课程与教学理论及实践的研究能力，持续促进自身的专业发展。

四、适用对象

本课程适用于教育硕士专业学位研究生。

五、授课方式

本课程的授课方式采取以讲授法为主，辅以案例分析、读书报告、主题研讨、实地调研等方法。

六、课程内容

本课程内容包括以下几个方面：

1. 课程与教学概述

掌握课程与教学的基本概念、研究对象及历史发展是学习与研究课程与教学论的前提。通过这部分内容的学习，学会辨析课程与教学概念，理解教与学、教师与学生、课程论与教学论的关系，理解课程论与教学论的研究对象和学科性质，理解课程与教学实践和思想的发展史。

2. 课程与教学的理论基础

了解课程与教学的哲学、心理学、社会学等相关学科的历史渊源及其主要学术流派的思想观点；理解现代哲学、心理学和社会学思想在课程与教学论发展中的地位和作用；能够运用哲学、心理学和社会学的观点分析课程与教学问题。

3. 课程与教学目标

掌握课程与教学目标的含义及不同的取向；了解国内外著名的教育目标分类理论；学会课程与教学目标设计的方法、依据及具体表述，能熟练设计单元或课时教学目标。

4. 课程与教学内容

理解课程与教学内容的取向与涵义；掌握课程与教学内容选择的依据与原则；了解课程与教学内容载体的表现形式及其相互关系，掌握课程方案、课程标准和教科书的概念；能够运用相关理论，根据实际分析与选择不同的课程与教学内容。

5.课程实施与教学设计、教学过程

掌握课程实施的概念；理解影响课程实施的外部因素与内部因素，能够结合实际举例说明影响课程实施的因素；理解课程实施的基本取向；了解课程实施的基本模式，并能结合实际对我国采取的课程实施策略进行解释说明；理解课程在实施各阶段的特点。

掌握教学设计的含义与特征；了解教学设计的模式；理解教学设计的各环节，尤其重点理解教学设计的四个基本要素；能够结合各学科对教学设计进行分析与说明。

理解教学方法、教学组织形式的概念与性质；了解我国教学方法的改革历程；掌握教学组织形式的概念与班级授课制的基本特点。理解教学媒体及课堂管理的概念；了解教学媒体的分类、功能以及互联网时代课程与教学的新变化；理解课堂管理的主要内容。

6.课程与教学评价

了解课程与教学评价的含义、功能和基本类型；分析传统课程与教学评价的误区及弊端，把握现代课程与教学评价的最新取向；区分量化评价和质性评价方法，学会将表现性评价、成长记录袋和综合素质评价等方法应用于评价实践。

7.课程领导与管理

理解"课程管理"与"课程领导"的概念及其区别；掌握三级课程管理各自的职责范围；明确学校课程领导是课程管理中的重要组成部分，理解学校课程领导的运行原则。

8.课程与教学研究

理解教师研究与教师专业成长的关系；了解教师研究与专业人员研究的异同点；理解自我反思、同伴互助和专业引领的本质内涵和实践路径；学会做"教学型""科研型""学习型"三种类型的教师研究；了解教学主张的意义，养成提炼和研究教学主张的意识。

9.课程与教学改革

了解美国、英国和日本等发达国家的基础教育课程与教学改革的历程与特点；认识新中国成立以来我国基础教育课程与教学改革的历程和特点、新世纪我国基础教育课程与教学改革的基本理念及实施状况；掌握 21 世纪国际基础教育课程与教学改革的主要内容与发展趋势。

七、考核要求

本课程采取综合评定的考核方式，建议可参照出勤 20％、课堂研讨 30％、课程论文 50％的比例进行成绩评定。课程论文以学术论文为主，也可采取设计课程与教学改革方案或提交实地考察报告等多种形式，应不少于 5000 字。

八、编写成员名单

石鸥（首都师范大学）、陈佑清（华中师范大学）、陈晓端（陕西师范大学）、刘学利（沈阳师范大学）。

03 青少年心理发展与教育

一、课程概述

本课程从青少年心理发展与教育结合的视角，运用发展心理学、教育心理学等学科的理论和方法，结合青少年发育、发展的实际和教育要求，主要阐述青少年心理发展及其教育促进的规律、特征和策略方法等专业知识体系。对教育硕士专业学位研究生的专业发展具有基础性、理论性、综合性和指导性作用，对于提高教育硕士专业学位研究生的教育心理理论素养和专业能力，为其将来所从事教育教学工作提供理论基础和实践指导具有重要价值。本课程为教育硕士专业学位研究生必修的学位基础课。

本课程开设一学期，每周 2 学时，计 2 学分。

二、先修课程

学习本门课程需以如下课程的知识为基础：以基础心理学理论和方法为主的心理学基础知识，以发展与教育心理学为主的专业知识，以及以心理与教育研究方法为主的工具性知识。此外还应具备教育原理、课程教学等方面的相关学科知识。

三、课程目标

通过本门课程的学习，引导学生形成科学的儿童青少年发展观和教育观，使学生掌握青少年心理发展的基本规律、年龄特征、学与教的心理学理论和方法，理解青少年心理发展与教育之间的密切关系，提高教育能力和专业素养，为其提高教育教学活动的科学性和实效性提供发展与教育心理学理论；

培养学生运用发展与教育心理学的观点和方法解决教育教学实践问题，提高其教育教学的能力；同时为学生开展教育实践问题的课题研究提供理论和方法指导。

四、适用对象

本课程适用于教育硕士专业学位研究生。

五、授课方式

本课程采用课堂专题讲授、文献阅读报告、小组讨论、案例研讨等多种授课方式。专题讲授主要是对核心内容和最新发展趋势进行重点讲解，案例分析和小组讨论主要是引导学生结合青少年发展与教育实际，思考、探讨如何遵循教育对象特点有效提高教育教学效益，促进青少年健康发展，从而提高其解决教育实践问题的能力。

六、课程内容

本课程主要内容分为三大知识组块：

1. 青少年心理发展

主要内容：（1）青少年心理发展的基本特征及其规律，涵盖青少年心理发展的内涵、青少年期心理发展的一般规律与年龄特征、影响青少年心理发展的因素、青少年心理发展与教育的关系等。（2）青少年的认知发展，包括青少年认知发展的基本理论、青少年认知发展的规律和特点、青少年认知发展的具体内容、青少年认知发展与教育等。（3）青少年的情感发展，包含情绪情感发展的理论、青少年情感发展的基本特征、青少年情感发展与教育等。（4）青少年的社会性发展，包含社会性发展的理论、青少年社会性发展的基本特征、青少年社会性发展与教育等。（5）青少年的人格发展，包括人格发展的理论、青少年人格发展的基本特征、青少年人格发展与教育等。（6）青少年心理发展的差异性，包括心理差异及其表现、青少年的认知差异与教育、青少年的人格差异与教育等。

2. 学习心理

主要内容：（1）学习理论，含学习的内涵及其基本特征、行为主义学习理论、认知建构主义理论、人本主义学习理论等。（2）学习动机及其培养，含学习动机的内涵及其种类、学习动机的理论、学习动机的激发与培养等。（3）知识学习与问题解决能力培养，含知识学习与问题解决的内涵、不同知识的获得机制和学习迁移的理论、不同知识学习的基本过程和促进陈述性知识和程序性知识迁移的主要方法、问题解决的一般心理过程以及影响因素、问题解决的通用训练策略及问题解决能力的培养等。(4)规范学习与品德培养，含规范学习的内涵、规范学习的心理过程及其影响因素、良好纪律和态度形成和培养的策略、品德发展的基本阶段和影响品德发展的内外因素及良好品德培育的基本途径和方法等。(5)心理健康与心理素质培养，含心理健康与心理素质的内涵及其关系、儿童青少年常见的心理问题与成因、心理健康维护与心理素质培养等。

3. 教学心理

主要内容：(1)教学设计，含教学设计的内涵、教学设计的含义及类型、教学目标设计、教学内容设计和教学手段设计等。(2)教与学的策略，含教与学的策略内涵及其种类、制订教学策略的基本依据以及有效教的策略和有效学的策略等。(3)教师心理，包括教师职业的特点、教师职业发展的阶段和专家型教师的基本特征、促进教师专业成长的基本途径、教师心理问题的主要表现和维护教师心理健康的基本途径和方法等。(4)教与学的评价，含教与学评价的内涵、教与学的评价的要求与实施条件、有效评价教与学效果的基本方法等。

七、考核要求

本课程考核采取平时考核与期末课程考核相结合的综合评价方式。平时考核内容包括集中学习出席情况、平时学习表现、课程论文成绩等，占总成绩的 30%；期末课程考核可选取闭卷考试、开卷考试等形式，占总成绩的 70%。

八、编写成员名单

张婷(西南大学)、朱政光(西南大学)、何华(西南大学)、郭成(西南大学)、张大均(西南大学)。

04 教育研究方法

一、课程概述

本课程旨在通过多元互动的教学，引导教育硕士专业学位研究生明晰教育研究的性质和问题类型，形成研究意识，掌握文献梳理与评议的方法，熟悉不同情境的教育研究方案设计，了解在不同情况下使用定量研究和质性研究方法的规范与程序，学会评估不同研究方法的有效性和局限性，反思教育研究意义，探求可靠而有效的教育研究路径，藉此理解、揭示甚至解决复杂多样的教育现实问题。本课程为教育硕士专业学位研究生必修的学位基础课。

本课程开设一学期，每周2课时，计2学分。

二、先修课程

学习本课程需要具备三个方面的基础知识，即：教育统计学基础知识、教育原理基础知识，教育跨学科基础知识。

三、课程目标

本课程旨在使教育硕士专业学位研究生了解教育研究的问题类型和研究范式，形成明确的方法意识，熟悉定量研究、质性研究及行动研究方法的类型、程序和规范，培养其依据研究目的，在不同情况下合理选择和正确使用相关研究方法的能力，学会呈现可靠的研究成果。

四、适用对象

本课程适用于教育硕士专业学位研究生。

五、授课方式

本课程可在系统设计与集体备课基础上采取分专题联合授课方式，在教学过程中，可采取案例教学、研究方案分析、研究成果批判等多元方式；互动式学习则可包括读书报告、主题研讨、实地调研、学生研究展示等。

六、课程内容

本课程的内容主要包括六个方面：教育研究的性质、教育研究的设计、教育的定量研究、教育的质性研究、混合研究与行动研究、教育数据分析技术。

1. 教育研究的性质

了解教育研究的目的、特征；重点理解教育研究的不同取向，讨论与此相关的定量研究和质性研究的取向差异；懂得研究意识的形成、研究问题的构成和研究选题的拟定；懂得教育问题及教育文献的梳理、分析与评议。

2. 教育研究的设计

重点掌握教育研究的方案设计，包括学会确定研究课题、分析研究现状、明确研究目标和内容、定义核心概念、选择研究方法、确定研究假设和创新点、制定研究技术路线和措施、明确预期成果形式、课题可行性分析等；掌握教育研究方案的撰写技能。

特别重要的是，要掌握撰写开题报告的格式要求，包括说明研究目的、梳理与评论研究文献、确定研究问题与假设并提出数据收集和分析的方法与程序等。

3. 教育的定量研究

重点掌握抽样的要素与逻辑、概率抽样、非概率抽样；了解抽样对研究结果的影响方式；掌握数据采集与研究策略，包括观察调查的要求和实施、访谈调查和问卷调查，其中重点掌握问卷结构的设计、问卷编码和问卷调查的实施。掌握实验研究的步骤和种类、实验研究的变量和种类；掌握真实验设计，了解实验研究的效度；掌握准实验设计，包括单组准实验设计、多组准实验设计、交叉滞后设计等。

4. 教育的质性研究

重点掌握案例研究的样式，包括经典式案例研究、观察式案例研究、项目式案例研究，掌握案例研究的步骤；掌握叙事研究的基本特征、叙事研究的内在结构与类型、叙事研究的步骤与评价标准；掌握扎根理论建构的原则、扎根理论研究的步骤；了解人种志研究的特征和步骤。

5. 混合研究与行动研究

了解质性研究和定量研究相结合的混合研究方法，了解混合方法在研究设计、抽样和测量计划、资料收集技术、资料分析策略以及成果表达等方面的具体要求；掌握行动研究方法，明晰行动研究的含义、行动研究的特点、行动研究的优势和局限，懂得行动研究的分类及步骤，理解行动研究的适用范围及原则，懂得行动研究的评估。

6. 教育数据分析技术

了解教育研究的数据整理；懂得描述统计；掌握推论统计，包括参数估计、统计检验、非参数检验；掌握个别访谈数据的分析处理技术，包括访谈数据的转写、访谈数据的管理、访谈数据的编码、访谈数据的效度验证等；掌握观察数据的分析处理技术；掌握实验数据的分析处理技术；掌握路径分析数据的分析处理技术，特别是路径分析数据的分析步骤，包括模型构想、模型指定、模型识别、模型拟合、模型评价与修正等；掌握问卷编制操纵技术，尤其是其核心步骤。

七、考核要求

本课程考核方式采取综合评定的考核方式，建议可参照出勤20%、课堂研讨30%、期末课程论文50%的比例进行成绩评定。课程论文可采取教育研究方案设计、实验或准实验研究设计、定量或质性研究报告等多种形式，字数应不少于 5000 字。

八、编写成员名单

吴刚（华东师范大学）、周润智（沈阳师范大学）、唐卫民（沈阳师范大学）。

来源：《专业学位研究生核心课程指南（一）》（试行），全国专业学位研究生教育指导委员会编，高等教育出版社 2020 年 9 月出版。

教育博士专业学位研究生核心课程指南

01 教育改革发展基本问题研究

一、课程概述

本课程旨在通过启发式教学与互动式学习相结合的方式，引导教育博士专业学位研究生从多学科视角认识教育改革发展的基本架构，审视教育改革发展的历史演进及其主要影响因素，把握教育改革发展的现状与课题，思考教育改革发展的改进方略，形成反思我国教育改革发展的问题意识与独立见解，学会分析与解决我国教育改革发展实际问题的方法论与具体方法。本课程为教育博士专业学位研究生必修的核心课程。

本课程开设一学期，每周 3 课时，计 3 学分。

二、先修课程

学习本课程需要具备以下四方面基础知识，即：教育原理基础知识、中外教育史基础知识、教育研究方法论与具体方法基础知识、教育政策分析基础知识。

三、课程目标

本课程旨在使教育博士专业学位研究生清晰了解中外教育改革发展的基本脉络、重要事件与最新动态，正确把握我国教育改革发展的基本问题与主要成因，努力形成深入推进我国教育改革发展的独立见解，切实增强分析和解决教育改革发展实际问题的能力。

四、适用对象

本课程适用于教育博士专业学位研究生。

五、授课方式

本课程可在系统设计与集体备课基础上采取分专题联合授课方式，启发式教学与互动式学习相结合。启发式教学可包括问题导向、案例分析、角色扮演、演示等。互动式学习可包括读书报告、主题研讨、实地调研、学生展示等。

六、课程内容

本课程内容主要包括五个方面：

1. 教育改革发展的基本架构

可将教育改革发展的基本架构区分为思想的动员与反思、方案的设计与修订、政策的制定与调整、行动的组织与协调、效果的检查与评估等环节。着重理解思想的动员与反思关系到教育改革发展的必要性，方案的设计与修订关系到教育改革发展的科学性，政策的制定与调整关系到教育改革发展的合理性，行动的组织与协调关系到教育改革发展的可行性，效果的检查与评估有助于保证教育改革发展的顺利进行。

2. 教育改革发展的社会支持

可将教育改革发展的社会支持自身视为一个系统。从"总体格局"上分析教育改革发展社会支持系统的基本子系统，诸如政府支持系统、民间支持系统、政府—民间支持系统等及其相互作用。从"具体构成"上分析教育改革发展社会支持系统的若干要素，包括"政府职能方面的支持"（诸如体制支持、政策支持、财政投入支持等），"经济与非政府组织方面的支持"（诸如社会投入支持、人才市场支持、专家支持、社区支持等），"公众与社会影响方面的支持"（诸如家庭支持、社会舆论支持、文化支持等）。分析不同基本子系统之间以及不同具体要素之间的相互作用。

3. 教育改革发展的历史演进

了解我国教育改革发展的历史进程，熟悉重大事件，理清基本脉络，知晓正反两方面经验。把中国教育改革发展的历史进程放在国际比较的视野中进行审视，把握我国教育改革发展的特点，借鉴国外教育改革发展的经验与教训。

4. 教育改革发展的现实状况

了解当下我国教育改革发展的总体态势，把握其价值理念、战略目标、基本任务、重要政策、主要问题及其产生原因等。可从多学科、跨学科角度特别关注当下教育改革发展的重点问题、热点问题、难点问题，对我国教育改革发展的现实状况进行总体判断。

5. 教育改革发展的改进方略

基于教育的自身规律，思考如何提高教育改革发展顶层设计的科学性问题；基于教育的社会制约性，思考如何增强教育改革发展的社会合力问题；

基于国家战略，思考如何提升教育改革发展在整个社会改革发展中的作用问题。基于国际视野，思考如何把握我国教育改革发展在世界教育改革发展中的定位问题。

七、考核要求

本课程考核方式以撰写课程论文为主，也可采取设计教育改革方案或提交实地考察报告等多种形式。课程论文应不少于8000字。课程成绩可根据课堂研讨和课程论文情况综合评定。

八、编写成员名单

王海英（南京师范大学）、张新平（南京师范大学）、程天君（南京师范大学）、吴康宁（南京师范大学）。

02 中外教育名著研读

一、课程概述

本课程旨在通过文本研读、小班研讨等教学方式，引导教育博士专业学位研究生深入学习古今中外教育名著，了解经典作者的问题意识、思想方式和思想特质，认识以名著为核心的教育观念演变的基本历史过程，分析不同时期教育思想的异同，把握教育的核心问题、基本矛盾和发展规律，从而与历史上伟大的思想家对话与交流，以达到开阔眼界、增长见识、提升素质、涵养品格的目的，并以此作为思考现实教育问题的基础。本课程为教育博士专业学位研究生必修核心课程。

本课程开设一学期，每周3课时，计3学分。

二、先修课程

学习本课程需系统掌握教育原理、中国教育史、外国教育史等领域的基本知识、基本理论和基本方法。

三、课程目标

本课程旨在培养教育博士学位研究生深入阅读和理解经典的良好习惯和方式，加深对教育家思想精义、教育核心概念和教育研究核心问题的理解，形成解决教育现实问题的历史意识和思想方法，增进追寻教育问题的敏锐和关心教育事业的热情，从而确立一种相对全面的教育视野，以更好地发展分析现实教育问题的能力。

四、适用对象

本课程适合于教育博士专业学位研究生。

五、授课方式

本课程可在系统设计与集体备课基础上，根据课程内容，采取分模块联合授课方式，并结合集体讲授、小班讨论和个人研读等其他形式。教学方式可包括文本精读、主题研讨、个别指导等。学习方式可包括经典研读、读书报告、文献综述、小组讨论、学生展示、戏剧演示等。

六、课程内容

本课程的内容可主要包括以下三个方面，其中，中国教育名著和外国教育名著可各选择 3～6 种，管理学、课程与教学论、心理学或其他相关学科的名著各选择 1～2 种。

1. 中国古代教育名著研读

教育博士学位研究生应研读的中国古代教育名著，包括但不限于《论语》《孟子》《荀子》《学记》《中庸》《大学》《朱子语类》《近思录》《传习录》《颜氏学记》。

2. 外国古代教育名著研读

教育博士学位研究生应研读的外国古代教育名著，包括但不限于柏拉图《理想国》《法律篇》、亚里士多德《政治学》《尼各马可伦理学》、西塞罗《论演说家》、昆体良《雄辩术原理》。

3. 中国近现代教育名著研读

教育博士学位研究生应研读的中国近现代教育名著，包括但不限于冯桂芬的《校邠庐抗议》、郑观应的《盛世危言》、梁启超的《变法通义》、张之洞的《劝学篇》、陶行知的《中国教育改造》以及《蔡元培教育论著选》《黄炎培教育论著选》《陈独秀教育论著选》《胡适教育论著选》。

4. 外国近现代教育名著

教育博士学位研究生应研读的外国近现代教育名著，包括但不限于夸美纽斯《大教学论》、洛克《教育漫话》、卢梭《爱弥儿》、裴斯泰洛齐《林哈德与葛笃德》、赫尔巴特《普通教育学》、纽曼《大学的理想》、斯宾塞《教育论》、赫胥黎《科学与教育》、沛·西能《教育原理》、拉伊《实验教育学》、杜威《民主主义与教育》、弗莱雷《被压迫者的教育学》、皮亚杰《儿童的道德判断》、维果茨基《思维与语言》、克伯屈《教学方法原理》、布鲁纳《教育的文化》。

5. 管理学、课程与教学论、心理学或其他相关学科的名著

根据不同专业领域，可选定部分中外管理学、课程与教学论、心理学或其他相关学科的名著(各领域1~2种)研读，从而在通识教育的基础上加强专业领域经典著作的研读和学习。另外也可以根据学情和教学目的的需要，选读与教育相关的其他学科的名著1~2种。

研读的主要目的是对名著以及名著作者教育思想中所包含的精义进行阐释和分析。内容包括了解作者生平、问题意识和整体思想；理解著作的成书背景和历史地位；把握著作的主旨和结构；依据著作的概念及其逻辑体系，对其主要概念和内容进行结构化的内涵分析或注释解读，并结合作者在其他著作中所体现的整体思想或思想的其他内容进行联系性探讨，以加深理解的深度和广度；重点阅读重要章节，理解名著中所包含的核心问题、内涵和精神；拓展阅读与名著相关的研究性、评论性或分析性材料，引导学习者深入学习。

七、考核要求

本课程考核方式以撰写课程论文为主，也可采取考试或提交系列读书报告等多种形式。课程论文应不少于8000字。课程成绩可按照上课出勤10%，课堂研讨20%，个人展示20%，课程论文、系列读书报告或考试50%的比例进行评定。

八、编写成员名单

王晨(北京师范大学)、徐勇(北京师范大学)、张斌贤(北京师范大学)。

03 教育研究方法

一、课程概述

本课程旨在通过多元、互动及情境化的教学，引导教育博士专业学位研究生理解教育研究的基本性质和不同取向，把握教育研究的问题类型，熟悉不同情境的教育研究方案设计，合理选择并规范运用教育研究的基本方法与程序，学会收集和分析相关研究资料，反思教育的显性和隐性意义，审视研究对象之间的张力和矛盾，探求可靠而有效的教育研究路径，藉此理解、揭示甚至解决复杂多样的教育现实问题。本课程为教育博士专业学位研究生必修的核心课程。

本课程开设一学期，每周3课时，计3学分。

二、先修课程

学习本课程需要具备四方面基础知识，即：教育原理基础知识、中外教育史基础知识、相关学科基础知识、教育统计学基础知识。

三、课程目标

本课程旨在使教育博士专业学位研究生了解教育研究中经验的、诠释的和批判的不同认识论取向，熟悉定量研究和质性研究的规范要求及程序，并根据研究目的，恰当且规范地应用有关方法对资料进行系统收集和分析，形成可靠的研究成果，培养其通过研究对教育的诸方面进行有效的、概括的描述、解释、预测和干预的能力。

四、适用对象

本课程适用于教育博士专业学位研究生。

五、授课方式

本课程可在系统设计与集体备课基础上采取分专题联合授课方式，情境化教学与多元互动式学习相结合。情境化教学可包括研究方案设计、案例分析、研究成果批判等。互动式学习可包括读书报告、主题研讨、实地调研、学生研究展示等。

六、课程内容

本课程的内容主要包括五个方面：

1. 教育研究的性质

了解教育研究的目的、特征；重点理解不同社会实在观带来的不同研究取向，了解经验主义、解释主义及批判理论三种研究取向的理论假设、特点和差异，讨论与此相关的两种主要研究方法——定量研究和质性研究。

2. 教育研究的设计

重点掌握研究设计的框架和研究类型的要素；掌握抽样的基本要求，包括样本容量、可用的抽样策略、概率性抽样和非概率抽样；熟悉各种定量研究和质性研究的信度和效度；掌握三角互证法；把握教育研究的伦理和对研究共同体的责任。

3. 教育研究的类型

掌握教育研究方法的主要类型。在定量研究方面，重点掌握实验研究、准实验研究和元分析；掌握调查研究方法，包括抽样调查、邮寄调查、访谈调查和网络调查等方法；了解历时研究、横断研究和趋势研究。在质性研究方面，重点掌握人种志研究、叙事研究、案例研究、扎根理论；了解现象学研究、历史与文献研究；社会网络研究、追溯研究等；另外，须了解将定量与质性研究相结合的混合研究，掌握学校变革的行动研究方法。

4. 资料收集的方法

重点掌握问卷的编制及问卷施测、参数测验和非参数测验、访谈的类型和基本程序、结构式观察和参与性观察、话语分析；了解叙事分析和社会事件分析、个人构念及其结构。

5. 资料分析与报告

包括定量资料分析和质性资料分析。在定量资料分析方面，掌握描述性统计和推断性统计，因素分析、聚类分析，了解多层次模型建构，熟悉 SPSS 软件使用。在质性资料方面，了解资料组织和呈现的多种方法，掌握内容分析、扎根理论的编码等。

特别重要的是，要掌握撰写开题报告的格式要求，包括说明研究目的、梳理与评论研究文献、确定研究问题与假设并提出数据收集和分析的方法与程序等。

七、考核要求

本课程考核方式采取综合考核的形式，即平时课堂研讨 40%，期末课程论文 60%。课程论文可采取设计教育研究方案、提交定量或质性研究报告等多种形式，字数应不少于 8000 字。

八、编写成员名单

吴刚（华东师范大学）、周润智（沈阳师范大学）、唐卫民（沈阳师范大学）。

来源：《专业学位研究生核心课程指南（一）》（试行），全国专业学位研究生教育指导委员会编，高等教育出版社 2020 年 9 月出版。

第二编

教育硕士专业学位教育标准

全国教育专业学位教育指导委员会关于
教育硕士专业学位研究生培养工作的指导意见

教指委发〔2011〕04 号

各教育硕士专业学位研究生培养院校：

为进一步规范教育硕士专业学位研究生培养工作，保证人才培养质量，根据国务院学位委员会颁布的《教育硕士专业学位设置方案》和教育部有关文件精神，参照全国教育专业学位教育指导委员会制定的教育硕士专业学位研究生指导性培养方案，提出本指导意见。

一、教师队伍

教育硕士专业学位研究生指导教师应具有硕士研究生及以上学历或学位，具有较高学术水平，熟悉基础教育改革发展实际，积极参加基础教育教学改革研究，承担与基础教育相关的课题研究，发表相应成果。具有教育学科背景的教师占全部教育硕士专业学位研究生指导教师的比例应不低于30％。

兼职指导教师一般为具有中学高级教师职称的中小学幼儿园教师和教育管理人员，原则上应具有硕士研究生及以上学历或学位，能实际承担课程讲授和专题讲座，参与学位论文指导工作。兼职指导教师占全部指导教师的比例应不低于10％。

教育硕士研究生专业学位课程的授课教师原则上应具有高级专业技术职务，具有硕士研究生学历或学位。部分课程及专题讲座应有实践领域的专家参与讲授。

教育硕士专业学位研究生培养院校应大力加强教师队伍建设，采取切实措施，鼓励教师积极探索教育硕士专业学位研究生培养工作的特点和规律，促进教师的专业发展。

二、课程设置

教育硕士专业学位课程包括公共学位课、学位基础课、专业必修课、专业选修课、专题讲座和教育实践研究。课程设置应符合全国教育专业学位教育指导委员会关于教育硕士专业学位研究生指导性培养方案的要求。

三、教学过程

教育硕士专业学位课程教学应有完整的教学大纲，内容包括教学目的与要求、教学内容、教学进度安排、教学方式、考核方式和参考文献等。

教育硕士专业学位课程教学可采用集中授课与平时自学和研究相结合的培养方式。培养院校应根据不同类型教育硕士专业学位研究生的特点，采用灵活多样和有效的教学方式。

教育硕士专业学位课程教学应注重综合运用团队学习、专题研讨、现场教学、案例分析、教育调查等教学方法，加强对课前自学、课后作业和网上辅导等教学环节的管理与指导，努力将新理论、新成果、新案例及时充实到教学中，以取得更好的教学效果。

各教育硕士专业学位培养单位应加强教学改革研究，注重教学形式与方法的创新，努力形成特色，提高教学质量。

教育硕士专业学位研究生培养应加强教育教学实践环节的组织、管理和指导。

全日制教育硕士专业学位研究实践教学时间应不少于半年，可采用教学观摩、辅助教学、试讲、说课、参与教学管理和教学科研活动等多种方式开展实践教学活动。非全日制教育硕士专业学位研究的教育实践研究环节可在任教学校进行，同时应积极参加培养院校组织的各种形式的教育教学实践活动。

培养院校应结合自身特色与优势，积极探索与地方教育行政部门、中小学幼儿园合作的新机制，在有条件的中小学幼儿园建立教育硕士专业学位研究生培养基地，合作培养研究生。

教育硕士专业学位课程学习评价应注重过程性评价与终结性评价相结合。过程性评价应加强对学生的作业评定，应注重对学生解决实际问题能力和科研能力等的评价。终结性评价可根据课程特点，采用考试、考核等多种方式进行。

四、中期考核

中期考核分为两个环节。第一环节应对教育硕士专业学位研究生课程学习和实践能力进行全面考察。对学习期间不能按要求进行正常学业的研究生，应有相应的处理措施。

第二环节应对开题报告及论文准备情况进行考查。开题报告应就选题的意义和价值、研究现状和所要解决的问题、研究方法和研究进度及主要参考文献等做出充分说明，并进行可行性论证。开题报告经审核通过后，方可进入论文撰写阶段。

五、学位论文

教育硕士专业学位研究生的学位论文应在论文指导小组的指导下独立完成。论文指导小组应由指导教师与兼职指导教师共同组成，对学位论文的选题、开题、中期检查、论文答辩等进行全程指导和把关，确保学位论文质量。

教育硕士专业学位论文要立足基础教育实践，注重学以致用，运用科学理论和方法，分析解决基础教育教学和管理工作中存在的实际问题，具有一定的创新性和应用价值。论文形式可以是研究报告、调研报告、实验报告或教育教学管理案例分析报告等。论文须符合学术规范，论文字数不少于15000字。

培养院校应建立严格的学位论文评审制度，应按不低于当年申请论文答辩研究生总数的20％进行校外双盲评审。学位论文通过评审，方可进行答辩。

学位论文评阅人和答辩委员会成员中，应至少有一名具有中学高级教师职称的中小学幼儿园教师或教学研究人员。

六、学位授予

教育硕士专业学位研究生完成规定课程学习、修满学分，按规定完成学位论文并通过学位论文答辩，授予教育硕士专业学位。

七、教学管理

教育硕士专业学位研究生培养院校应建立相应的教学管理机构，配备教学秘书，明确职责。教育硕士专业学位研究生的日常管理与服务应与学术型硕士研究生同等对待。

教育硕士专业学位研究生培养院校应建立健全教育硕士专业学位研究生教学管理制度，在任课教师、学生考勤、课程考试、中期考核、论文选题、论文开题、论文指导、论文答辩、教学质量评估等方面进行规范化管理，保证教学工作顺利进行。

教育硕士专业学位研究生培养院校应完整保存教育硕士专业学位研究生的学籍档案、培养方案、教学大纲、成绩登记表、试卷或作业、论文开题报告、论文答辩记录等文档，加强数字化管理。

八、条件保障

教育硕士专业学位研究生培养院校应提供充足的专项经费，以满足教育硕士专业学位研究生培养工作的需要。应投入足够的经费用于教育硕士专业学位研究生学习资源的开发与建设，资助教师编写教育硕士专业学位研究生教育教学参考资料和建设案例库。

教育硕士专业学位研究生培养院校应有较丰富的专业图书资料和数字化资源，实现校、院(系)资源共建、共享。图书馆(资料室)的开放时间应兼顾教育硕士研究生培养方式与教学安排特点。

教育硕士专业学位研究生培养院校应保证教育硕士专业学位研究生按培养方案要求便捷使用校园网，倡导教育硕士专业学位研究生与教师共建网络交流平台，促进网络学习资源共享，形成教育硕士专业学位研究生的学习共同体。

附件：教育硕士专业学位论文参考标准

全国教育专业学位教育指导委员会

(全国教育硕士专业学位教育指导委员会代章)

2011 年 9 月 13 日

附件：

教育硕士专业学位论文参考标准

学位论文是综合反映教育硕士专业学位研究生科研水平和专业素养的重要方面，是衡量教育硕士专业学位研究生培养工作质量的重要指标。教育硕士专业学位研究生培养单位应高度重视教育硕士专业学位研究生学位论文工作，确保人才培养质量。

教育硕士专业学位论文应为教育硕士专业学位研究生在教师指导下独立完成的科学、规范而具有应用价值的学术研究成果。论文应注重综合运用相关理论和科学方法分析、解决教育实际问题，注重研究成果的实践意义，注重通过实践探索促进专业发展。

1. 论文选题

教育硕士专业学位论文选题应立足基础教育实践，密切结合教育硕士专业学位研究生的本职工作，研究教育教学和管理实践中具有重要现实意义和应用价值的问题。选题应明确研究问题的内涵和研究的可行性。论文题目要以清晰、准确和规范的文字恰当表达研究主题。

2. 文献综述

教育硕士专业学位论文的文献综述应紧密围绕论文主题，在深入研读大量文献资料的基础上，综合分析国内外学术界最新研究进展、研究成果和存在问题，以推进研究工作的不断深入。应注意所使用文献的权威性、可靠性和科学性。

3. 研究设计

教育硕士专业学位论文应有详尽的研究设计，充分阐明所研究问题提出的根据，说明所使用研究方法的依据，具体描述研究过程，明确数据和资料的来源；调查研究应具体说明选择样本、收集与分析数据的具体方法。数据分析应科学合理，数据分析的结果应真实可信。实验或准实验研究的学位论文，研究设计应说明变量间的关系及变量的控制方法与程序。质性研究的学位论文，应介绍管理、编码及分析资料的过程。

4. 论文结构

教育硕士专业学位论文结构一般包括问题提出、文献综述、研究方法、研究结果、研究结果的讨论与反思等部分。论文应清晰地呈现研究结果，说明研究结果的实践意义和对后续研究的价值，解释研究的局限性，包括推广和实践转换的局限性等。

5. 写作规范

教育硕士专业学位论文撰写格式应符合专业文献撰写标准；应注重使用原始文献和第一手资料；凡引用他人观点、方案、资料、数据等，均应详加注释，且引文和注释规范。论文语句通顺，无语法、拼写和排版错误。

教育硕士专业学位论文篇幅不少于 15000 字。

全国教育专业学位研究生教育指导委员会
关于公布《教育硕士专业学位研究生
指导性培养方案(2023年修订)》的通知

教指委发〔2023〕06 号

各教育硕士研究生培养院校:

为更好地适应教育硕士专业学位研究生教育实际,切实提高人才培养质量,全国教育专业学位研究生教育指导委员会(以下简称为教指委)于 2022 年3 月起组织有关专家对 2017 年颁布的《全日制教育硕士专业学位研究生指导性培养方案》《非全日制教育硕士专业学位研究生指导性培养方案》进行修订。在专家组多次讨论和广泛征求培养院校意见的基础上,经 2023 年 7 月教指委全体委员会议审议通过,现予公布。

原《全日制教育硕士专业学位研究生指导性培养方案》《非全日制教育硕士专业学位研究生指导性培养方案》及小学教育、职业技术教育领域指导性培养方案自行废止。

请各教育硕士研究生培养院校根据《全日制教育硕士专业学位研究生指导性培养方案(2023 年修订)》《非全日制教育硕士专业学位研究生指导性培养方案(2023 年修订)》的基本要求,制定本校全日制、非全日制教育硕士专业学位研究生各招生专业领域和专业方向培养方案,并于 2023 年 11 月 30 日之前报送秘书处(edm@bnu.edu.cn)。教指委将组织有关专家对各培养院校提交的培养方案进行审议,并反馈审议意见。

附件一:《全日制教育硕士专业学位研究生指导性培养方案(2023 年
　　　　修订)》
附件二:《非全日制教育硕士专业学位研究生指导性培养方案(2023 年
　　　　修订)》

全国教育专业学位研究生教育指导委员会
2023 年 8 月 8 日

附件一：

全日制教育硕士专业学位研究生指导性培养方案

（2023 年 8 月修订）

一、培养目标

培养基础教育学校和中等职业学校高素质专任教师和管理人员，其中，职业技术教育领域培养中等职业学校高素质专业课教师。具体培养目标为：

1. 热爱祖国，拥护中国共产党领导。热爱教育事业，关爱学生。立德树人，为人师表，恪守教师职业道德规范。

2. 系统掌握现代教育理论，具有扎实的教育专业和学科专业基础，了解教育专业和学科专业前沿和发展趋势。了解党和国家的教育方针政策和教育法律法规。

3. 具有较强的教育教学实践能力和管理能力，胜任并能创造性地开展教育教学和管理工作。

4. 具有较强的教育教学研究能力，善于发现、分析和解决教育教学实践问题。

5. 具有较强的数字化教育教学能力，能有效运用数字化技术手段和资源开展教育教学工作。

6. 具备终身学习与发展的意识与能力。

7. 能较为熟练地阅读本专业的外文文献。

二、招生对象

具有国民教育序列大学本科学历（或本科同等学力）人员，其中报考教育管理专业领域者需有 3 年以上相关工作经验。报考人员前置专业应与所报考专业领域（方向）密切相关。

三、学习年限

学习年限一般为 2 至 3 年。

四、课程设置

课程分为公共必修课、学位基础课、专业必修课、专业选修课和实践教学。总学分不少于 38 学分，最多不超过 45 学分。

（一）公共必修课（6学分）

1. 外语（2学分）

2. 政治（4学分，按国家相关文件要求开设课程）

（二）学位基础课（8学分）

1. 教育原理（2学分）

2. 课程与教学论（2学分）

3. 教育研究方法（2学分）

4. 青少年心理发展与教育（2学分）

（三）专业必修课（8学分）

1. 学科课程与教材研究（2学分）

2. 学科教学设计与实施研究（2学分）

3. 学科专业课程（4学分）

（四）专业选修课（8学分）

1. 学科素养类课程

2. 教育专业类课程

3. 专业特色类课程

每一类专业选修课至少开设2门课程，每门课程1—2学分。

（五）实践教学（8学分）

1. 校内实训（2学分）：培养院校应在人才培养方案中明确校内实训课程或项目的名称、设置的学期、学时和学分。

2. 校外实践（6学分）：培养院校应精心组织学生在基础教育学校现场开展"三习"工作，即教育见习（1学分）、教育实习（4学分）、教育研习（1学分）。职业技术教育领域的"三习"在学校和企业现场分别进行，包括教育见习（1学分）、教育实习（4学分，含企业实践2学分）、教育研习（1学分）。"三习"工作应注重培养学生的实践反思意识和能力。

（六）考核方式

采取课程考试、课程论文、调查报告、教学设计、实践（实验）报告等多种评价方式，加强过程性评价，注重课程目标达成度评价，建立基于评价的课程与教学质量持续改进机制。

五、培养过程与方式

有序组织开展课程教学、实践教学和学位论文撰写等培养环节，重视理论与实践相结合，注重协同育人。实行双导师制，校内外导师共同指导学生的学习、实践和研究工作。根据培养目标、课程性质和教学内容，选择案例教学、项目式教学、小组合作等适切的教学方式方法。充分利用互联网等现代教学技术手段，开展线上线下、课内课外相结合的混合式教学，在教学中注重实践与反思。

实践教学总学时累计不少于 1 学年，其中校外集中实践不少于 1 学期。校内实训、教育见习原则上应在第一学年内完成，教育实习在第二学年完成（实行 3 年学制的培养院校可适当延后安排）。教育研习应贯穿于实践教学全过程。

六、学位论文与学位授予

1. 导师要切实做好学位论文开题与撰写各环节的指导工作。学位论文开题应在教育实习前完成。

2. 学位论文选题应与专业领域（方向）的培养目标相一致，来源于基础教育学校和中等职业学校的教育、教学和管理的实践问题。

3. 学位论文可采用多种形式，如专题研究论文、调查研究报告、行动研究报告、案例研究报告、课程开发方案等。论文正文部分字数不少于 2 万字。

4. 论文评阅人和答辩委员会成员中，应至少有一名具有高级职称的基础教育学校或中等职业学校的教师或教育教学研究人员。

5. 修满规定学分、通过论文答辩者，经学位授予单位学位评定委员会审核通过，可授予教育硕士专业学位，同时颁发硕士研究生毕业证书。

七、其他

培养院校应结合所在地区经济社会、教育发展的实际需要和本校的学科特色，依据本指导性培养方案，分别制定各专业领域和专业方向的培养方案。

本培养方案由全国教育专业学位研究生教育指导委员会负责解释，自发布之日起执行。

附件二：

非全日制教育硕士专业学位研究生指导性培养方案
（2023 年 8 月修订）

一、培养目标

培养基础教育学校和中等职业学校高素质专任教师和管理人员，其中，职业技术教育领域培养中等职业学校高素质专业课教师。具体培养目标为：

1. 热爱祖国，拥护中国共产党领导。热爱教育事业，关爱学生。立德树人，为人师表，恪守教师职业道德规范。

2. 系统掌握现代教育理论，具有扎实的教育专业和学科专业基础，了解教育专业和学科专业前沿和发展趋势。了解党和国家的教育方针政策和教育法律法规。

3. 具有较强的教育教学实践能力和管理能力，胜任并能创造性地开展教育教学和管理工作。

4. 具有较强的教育教学研究能力，善于发现、分析和解决教育教学实践问题。

5. 具有较强的数字化教育教学能力，能有效运用数字化技术手段和资源开展教育教学工作。

6. 具备终身学习与发展的意识与能力。

7. 能较为熟练地阅读本专业的外文文献。

二、招生对象

具有国民教育序列大学本科学历（或本科同等学力）人员，其中报考教育管理专业领域者需有 3 年以上相关工作经验。报考人员前置专业应与所报考专业领域（方向）密切相关。

三、学习年限

学习年限一般为 3 至 4 年，在校学习时间累计不少于 1 学年。

四、课程设置

课程分为公共必修课、学位基础课、专业必修课、专业选修课和教育教学实践研究。总学分不少于 38 学分，最多不超过 45 学分。

（一）公共必修课（6 学分）

1. 外语（2 学分）

2. 政治（4 学分，按国家相关文件要求开设课程）

（二）学位基础课（8 学分）

1. 教育原理（2 学分）

2. 课程与教学论（2 学分）

3. 教育研究方法（2 学分）

4. 青少年心理发展与教育（2 学分）

（三）专业必修课（8 学分）

1. 学科课程与教材研究（2 学分）

2. 学科教学设计与实施研究（2 学分）

3. 学科专业课程（4 学分）

（四）专业选修课（8 学分）

1. 学科素养类课程

2. 教育专业类课程

3. 专业特色类课程

每一类专业选修课至少开设 2 门课程，每门课程 1—2 学分。

（五）教育教学实践研究（8 学分）

教育教学实践研究应注重结合基础教育学校或中等职业学校的教育教学和教育管理实践开展实践反思。教育教学实践研究包括课程与教材开发研究、教学设计与优化研究、课堂教学实践研究、班级与课堂管理研究、学校教育管理研究等。撰写不少于 4 份高质量实践研究报告或研究案例。

1. 课程与教材开发研究：对课程与教材的二次开发或校本化处理等实践活动进行研究，撰写课程与教材开发研究报告。职业技术教育领域可结合学科专业新技术、新方法、新手段的发展，开展新教材开发实践研究。

2. 教学设计与优化研究：对教学设计方案的改进、优化等方面的实践进行研究，撰写教学设计案例。

3. 课堂教学实践研究：优化课堂教学环节、流程、方法、手段等，提升课堂教学质量的实践研究，撰写课堂教学案例。

4. 班级与课堂管理研究：对班级与课堂的组织管理实践进行研究，撰写相关的教学管理案例报告。

5. 学校教育管理研究（教育管理领域）：针对学校教育管理各方面的实践工作进行研究，撰写教育管理案例。

(六)考核方式

采取课程考试、课程论文、调查报告、教学设计、实践(实验)报告等多种评价方式,加强过程性评价,注重课程目标达成度评价,建立基于评价的课程与教学质量持续改进机制。

五、培养过程与方式

有序组织开展课程教学、教育教学实践研究和学位论文撰写等培养环节,重视理论与实践相结合,注重协同育人。实行双导师制,校内外导师共同指导学生的学习、实践和研究工作。根据培养目标、课程性质和教学内容,选择案例教学、项目式教学、小组合作等适切的教学方式方法。充分利用互联网等现代教学技术手段,开展线上线下、课内课外相结合的混合式教学,在教学中注重实践与反思。

六、学位论文与学位授予

1. 导师要切实做好学位论文开题与撰写各环节的指导工作。

2. 学位论文选题应与专业领域(方向)的培养目标相一致,来源于基础教育学校和中等职业学校的教育、教学和管理的实践问题。

3. 学位论文可采用多种形式,如专题研究论文、调查研究报告、行动研究报告、案例研究报告、课程开发方案等。论文正文部分字数不少于2万字。

4. 论文评阅人和答辩委员会成员中,应至少有一名具有高级职称的基础教育学校或中等职业学校的教师或教育教学研究人员。

5. 修满规定学分、通过论文答辩者,经学位授予单位学位评定委员会审核通过,可授予教育硕士专业学位,同时颁发硕士研究生毕业证书。

七、其他

培养院校应结合所在地区经济社会、教育发展的实际需要和本校的学科特色,依据本指导性培养方案,分别制定各专业领域和专业方向的培养方案。

本培养方案由全国教育专业学位研究生教育指导委员会负责解释,自发布之日起执行。

全国教育专业学位研究生教育指导委员会
关于公布《全日制教育硕士专业学位研究生
实践教学基本要求》(2023 年 8 月修订)的通知

教指委发〔2023〕07 号

各教育硕士研究生培养院校：

为进一步规范全日制教育硕士专业学位研究生实践教学工作，切实提高学生教育教学实践能力，全国教育专业学位研究生教育指导委员会(以下简称教指委)于 2022 年 3 月委托相关专家对 2017 年版《全日制教育硕士专业学位研究生实践教学基本要求》进行修订。经广泛征求意见，多次修改，教指委 2023 年 7 月底全体委员会议审议通过，现予公布。请各教育硕士专业学位研究生培养院校参照执行。

自本《基本要求》公布之日起，2017 年版《全日制教育硕士专业学位研究生实践教学基本要求》自行废止。

附件：《全日制教育硕士专业学位研究生实践教学基本要求》

全国教育专业学位研究生教育指导委员会
2023 年 8 月 6 日

附件：

全日制教育硕士专业学位研究生实践教学基本要求

（2023 年 8 月修订）

为贯彻落实《关于加快新时代研究生教育改革发展的意见》（教研〔2020〕9号）文件精神，进一步规范全日制教育硕士专业学位研究生实践教学工作，根据《全日制教育硕士专业学位研究生指导性培养方案》（2023 年 8 月修订）的相关规定，特制定本要求。

一、教学目标

实践教学是培养全日制教育硕士专业学位研究生教育教学实践能力和教育实践研究能力的重要环节。培养院校要落实立德树人根本任务，按照"四有"好老师的要求，通过系统设计和有效指导，使学生在实践中充分了解中小学校（含幼儿园、中小学、特殊教育学校、中等职业学校等）教育教学过程、企业生产过程，探究教育改革的前沿问题；使学生逐步养成良好的师德修养，形成扎实的教育教学实践能力，树立在实践中反思与研究的意识，提升教育研究和创新能力，为从事学校教育教学工作和持续的专业发展奠定基础。

二、基本原则

1. 协同育人。强化培养院校、地方教育行政部门、实践基地三位一体协同育人机制，构建多方参与、协同开放的实践教学体系。

2. 明晰职责。创新培养院校校院两级实践教学管理机制，加强学校和院系之间的联动，明晰各方管理职责，汇聚校内资源，保障实践教学规范化、制度化。

3. 强化指导。有效实施双导师制，健全指导教师选拔和激励机制，明晰指导职责，强化合作指导，系统制定实践教学指导方案，将有组织的指导贯穿于实践教学全过程。

三、教学时间

实践教学累计时间为 1 学年，包括校内实训、教育见习、教育实习、教育研习等内容，在中小学校开展实践教学时间不少于 1 学期。教育见习一般在第一学年进行，教育实习在第二学年进行。实行 3 年学制的培养院校可适当延后安排。教育研习贯穿实践教学整个过程。职业技术教育领域的教育实习包含学校实习与企业实践，分别在中等职业学校和企业进行，学校实习时间原则上不少于 1 学期。

四、教学内容

（一）校内实训

校内实训是培养院校通过创设模拟的实践环境，使学生了解中小学校教育教学工作，训练教育教学行为，塑造优良教师文化的过程。校内实训不少于 32 学时，主要任务包括教材分析、教学设计、教学实施、教学评价以及教学语言运用、板书、新媒体使用等模拟练习。可采取课例分析、说课、微格教学、虚拟仿真实训以及教育教学技能比赛等形式实施校内实训。其中课例分析、说课、微格教学、虚拟仿真实训可依托专业必修课开展；教育教学技能比赛可采取三笔字（钢笔字、粉笔字、毛笔字）比赛、普通话比赛、课件制作比赛、教学设计比赛、说课及试讲比赛和案例评析比赛等多种形式，通过第二课堂等途径开展。

（二）教育见习

教育见习的目的在于通过理论导师和行业导师的协同指导，促进学生了解优秀学校的教育教学过程或企业生产过程，学习优秀教师或技术人员的师德风范、教育教学方法或技术技能，反思教育理论与教学原则，激发教育教学工作和教育实践研究的兴趣，提升发现和分析教育实践问题的能力。主要任务包括：

1. 教学观摩。本科为师范类专业的学生听课不少于 8 节，本科为非师范类专业或跨专业学生听课不少于 12 节，其中公开课听课次数不少于 2 次；观摩主题班会或幼儿园半日活动和游戏活动不少于 1 次。

2. 教研观摩。观摩学校教研活动不少于 3 次；观摩县区级以上教研活动不少于 1 次。参加教育管理专家或教学一线名师的专题报告会不少于 2 次。

3. 文化体验。体验和分析教师的工作和学校文化，职业技术教育领域的学生需观摩企业生产管理过程，体验企业生产和管理文化。

（三）教育实习

教育实习的目的在于通过双导师指导，帮助学生直接体验和参与学校教育教学工作，学习优秀教师的师德风范，提升教育教学能力、教育实践研究能力和教育实践创新能力。培养院校应统一组织教育实习，原则上采取集中实习的方式，并与所学专业相符。教育实习主要任务包括：

1. 教育实习准备。培养院校应与实践基地共同开展入驻前的动员工作，向学生介绍实践基地状况、了解基地导师情况，帮助学生了解基地学校教学进度，指导学生熟悉教材，开展备课、撰写教案和试讲等。

2. 学科教学实践。学生在理论导师和行业导师的共同指导下，加强理论与实践的结合，开展学科教学实践工作，主要包括：进行课堂观摩，本科为师范类专业的学生每周听课不少于 4 节，本科为非师范类专业或跨专业学生不少于 6 节；运用教育教学理论开展教学设计、课堂教学和教学评价，实习期间独立撰写教案并讲授新课不少于 6 节；参与辅导、作业批改、考试及阅卷等工作。理论导师可采用驻校指导、巡回指导和远程指导等多种方式和行业导师联合开展讲评，讲评次数不少于 2 次。

3. 班级管理实践。参加班级集体活动，了解学生和班级文化，熟悉班主任工作内容和流程，参与集体教育、个别教育以及家校社协同育人活动等；关注学生心理健康教育；认真搜集和分析相关教育案例；独立组织班级集体活动，如主题班会、报告会、团会、中队会、半日活动和游戏活动等，活动次数不少于 2 次。

4. 教学研究实践。学生应积极参加实践基地的教研活动。参加教研活动不少于 6 次。围绕教育实践研究的主题，结合教育实践中的教育教学问题，开展教育反思。每月撰写教育实践反思报告不少于 1 篇。围绕学位论文的研究问题，收集相关实践案例、调研材料和参考素材等，为撰写教育研习报告和学位论文做好充分准备。

（四）教育研习

教育研习的目的是通过对教育教学实践进行系统总结和反思，形成研究意识，掌握研究方法，提高研究能力。教育研习应贯穿于实践教学全过程，应与课程学习和论文撰写有机结合。教育研习的主要任务是围绕教育教学实践中的问题或教育实践研究的主题，开展教育调查研究、课堂观察研究等，并通过课堂实录、教育日志、教育教学案例等记录自己的反思与收获。学生在教育见习和教育实习期间，至少各撰写 1 份不少于 3000 字的教育研习报告。报告的形式可为调查研究报告、教学反思报告或案例分析报告，报告内容一般应包括现状与问题、成因分析和改进建议等。

（五）企业实践

职业技术教育领域的企业实践可采取企业调查、跟岗实践、技术培训等实践形式，使学生全面了解企业生产过程和岗位能力需求，注重培养学生主动参与企业实践的意识和能力，并具备将企业生产资源和企业文化转化为课程与教学资源的意识和初步能力。企业实践的主要内容包括了解企业的生产组织方式、工艺流程、产业发展趋势等基本情况，熟悉企业相关岗位职责、操作规范、技能要求、用人标准、管理制度、企业文化等，了解本专业领域在生产实践中应用的新知识、新技术、新工艺、新材料、新设备、新标准等。实践结束后，学生须提交不少于 3000 字的企业实践报告，报告一般应包括实践目的、实践方式、实践内容、实践过程、实践收获、实践体会（含建议）等。

五、教学评价

培养院校要积极开展实践教学评价工作。实践教学评价主体包括实习生本人、同伴、理论导师与行业导师。综合运用课堂观察、学生访谈及教育实践（企业实践）档案分析等多种评价方式，过程评价与结果评价相结合，全面客观评价学生的教育实践与研究能力。探索建设实践教学数字化档案以及实践教学数字化管理系统。

六、保障机制

1. 培养院校应制订完善的实践教学管理制度，形成实践教学质量保障机制。包括经费投入、实践基地建设、导师聘任考核、实习成绩评定、教育实践双导师制以及职业技术教育硕士的企业实践管理等相关制度。实践教学应有明确的实施方案，包括目标任务、组织管理、实践内容、时间安排、考核评定等。

2. 培养院校研究生院（处）应精心组织实践教学工作。培养院校研究生院（处）应设有专门处（科）室负责实践教学管理工作；同时要与实践基地共同组建教育硕士实践教学工作领导机构，负责实践教学全过程的组织与管理。

3. 培养院校应加大对实践教学的人力、物力和财力投入，设置实践教学专项经费，配备一定数量的现代化教学设施设备，为实践教学提供必要的硬件支撑。

4. 培养院校应成立教育硕士实践教学导师组，负责学生的教育见习、教育实习、教育研习、企业实习的指导、管理和总结工作。

5. 培养院校应遴选并建设一批稳定且数量充足、区域分布合理的教育硕士专业学位研究生实践教学基地。所遴选的实践教学基地应具备良好的学校文化、规范的管理制度、较高水平的教师队伍、必要的工作生活条件和较为系统的实习指导方案。

6. 培养院校应按程序聘请实践基地有资质的优秀教师或企业行业专家担任指导教师，实行校内理论导师与行业导师双导师指导，建立双导师双向互动的机制，各负其责，共同开展工作。每位行业导师每届指导本专业学生不超过 3 人。

七、培养院校应根据本要求，结合本单位实际情况制定符合各专业领域（方向）实际的实践教学工作具体要求，并作为实践教学评价工作的基本标准。

本基本要求由全国教育专业学位研究生教育指导委员会负责解释，自发布之日起施行。

全国教育专业学位研究生教育指导委员会
关于开展第二届全国教育专业学位
教学成果奖评审工作的通知

教指委发〔2018〕03 号

各培养院校：

　　为进一步推进教育专业学位研究生培养工作改革发展，不断提高教育专业学位研究生培养质量，全国教育专业学位研究生教育指导委员会决定开展全国教育专业学位教学成果奖评审工作。现将有关事项通知如下。

　　一、开展全国教育专业学位教学成果奖评审工作，旨在鼓励培养院校和广大教师、教育管理人员积极探索教育硕士专业学位研究生培养和管理工作的改革，形成符合教育专业学位教育规律、实践效果良好、具有广泛示范效应的教育教学和管理改革创新成果。

　　二、全国教育专业学位教学成果奖分为特等奖、一等奖、二等奖。

　　特等奖教学成果应在教育教学理论上有重大创新，在改革实践中取得重大突破，对提高人才培养质量具有突出贡献，在国内处于领先水平，在全国产生重大影响。

　　一等奖教学成果应在教育教学理论上有创新，对人才培养工作改革实践有重大示范作用，对提高人才培养质量具有显著成效，在全国或省（市、区）域内产生较大影响。

　　二等奖教学成果应在教育教学理论或者实践的某一方面有重大突破，对提高人才培养质量具有较为显著的成效。

　　三、拟申报的教学成果应与各类教育硕士专业学位研究生的教学、培养、管理工作直接相关，具有不少于五年的研究、实践和实验过程，业已形成稳定、明确的成果形式，并产生较为显著的成效。已获国家级教学成果奖的教学成果不在申报之列。

　　四、本次申报实行限额申报，各培养院校推荐的教学成果不超过 3 项。

　　五、申请全国教育专业学位教学成果奖，应提交以下材料：1. 全国教育专业学位教学成果奖申请书；2. 教学成果报告；3. 教学成果应用及效果证明材料；4. 其他相关材料。

六、请各培养院校精心组织，认真遴选，推荐真正反映教育专业学位教育改革趋势的优秀成果申报。

申报工作截止时间为 2018 年 6 月 30 日，申报材料请通过"中国教育专业学位研究生教育网"（edm. eduwest. com）信息平台上传，具体路径是"后台登录"→"用户登录"（输入用户名和密码）→"专项工作上传"→"其他工作送审"。

附件：全国教育专业学位教学成果奖申请书（略）

全国教育专业学位研究生教育指导委员会

2018 年 3 月 5 日

国务院学位委员会 教育部关于开展 2023 年学位授权点专项核验工作的通知

学位〔2023〕22 号

有关省、自治区、直辖市学位委员会，新疆生产建设兵团学位委员会，军队学位委员会，有关学位授予单位，国务院学位委员会学科评议组，全国专业学位研究生教育指导委员会：

为督促学位授予单位加强学位授权点建设，持续提升研究生教育质量，决定开展 2023 年学位授权点专项核验（原专项合格评估）工作，现就有关要求通知如下：

一、核验范围

2018、2019 年获得国务院学位委员会审核批准的学位授权点（不包括原风景园林学、医学技术、音乐与舞蹈学、戏剧与影视学、美术学等 5 个一级学科以及文物与博物馆、艺术 2 个专业学位类别的学位授权点），以及按规定"限期整改"期满应进行复评的学位授权点（以下简称核验点），具体名单见附件 1。

二、核验组织

本次核验由国务院学位委员会办公室负责，委托相关国务院学位委员会学科评议组（以下简称学科评议组）和全国专业学位研究生教育指导委员会（以下简称教指委）组织实施。

三、核验内容

主要核验学位授权点是否达到并持续满足正在执行的学位授权点申请基本条件。重点关注是否坚持落实立德树人根本任务，建立健全"三全育人"体制机制，扎实做好党建和思想政治工作；是否具有清晰的办学定位和目标，不断凝练学科专业特色；是否拥有政治素质过硬、师德师风高尚、业务素质精湛的师资队伍；是否坚持需求导向，积极服务国家和区域经济社会发展；是否严格落实质量保证主体责任，建立健全以培养质量为主导的资源配置机制，严抓培养全过程监控与质量保证；是否持续加强科学道德和学风建设，无重大学术不端事件等。

四、核验程序及要求

（一）本次核验工作将依托"学位授权点基本状态信息填报系统"（以下简称"系统"，访问地址 https：//xwd.chsi.com.cn）开展。核验工作相关环节，包括方案发布、数据采集、材料上传、专家评议、结果反馈、学位授予单位申诉等，均在本系统开展。

国务院学位委员会办公室将为各有关学位授予单位、学科评议组、教指委配置系统账号和初始密码。

（二）各有关学科评议组、教指委按照本通知要求，根据本学科或专业学位类别实际，研究制订核验工作方案，于 2023 年 10 月 16 日前报国务院学位委员会办公室，由国务院学位委员会办公室转发至相关省级学位委员会和学位授予单位。

核验工作方案应包括核验方式、核验内容、核验程序、核验材料及时间节点要求、反馈核验意见和接受异议的时限、方式等（参考样式见附件 2）。

（三）各有关学位授予单位根据核验工作方案准备核验材料并上传至"系统"，同时填写学位授权点基本状态信息表，有关材料应真实、准确、完整，涉密信息应当按有关保密规定脱密处理。

（四）各有关学科评议组和教指委根据核验工作方案组织适当规模专家认真评阅核验点材料。参评专家一般应为学科评议组或教指委成员，根据需要可适当邀请权威负责的同行专家。核验相关工作主要采取通讯评议、视频会议等方式进行。如无特殊情况，不进行实地考察。

（五）各有关学科评议组和教指委召开工作会议，在充分评议基础上，对核验点进行投票表决。参加表决的人数一般应达到学科评议组或教指委专家总人数的 2/3 以上（含 2/3）。表决意见分为"合格"和"不合格"两项。表决意见为"不合格"的比例不足 1/3 的学位授权点，提出"继续授权"处理建议；专家表决意见为"不合格"的比例在 1/3（含 1/3）至 1/2（含 1/2）之间的学位授权点，提出"限期整改"处理建议；表决意见为"不合格"的比例超过 1/2 的学位授权点，提出"撤销学位授权"处理建议。对于未按时提交核验材料的核验点，提出"撤销学位授权"处理建议。

（六）各有关学科评议组和教指委汇总核验点的评议情况和表决结果，形成具体核验意见（参考要点见附件 3），并在表决结束 5 个工作日内，通过"系统"、邮件等方式，反馈至有关学位授予单位。

（七）有关学位授予单位应在收到表决结果后 5 个工作日内，书面反馈有无异议，将盖章后的扫描件上传至"系统"。如有异议，可向学科评议组或教指委申请复核，并说明具体原因。有关学科评议组或教指委根据异议内容，主要复核核验工作的合规性、公正性、公平性，不涉及专家的学术评价，并形成异议处理意见。

（八）各有关学科评议组和教指委应于 2023 年 12 月 31 日前将本次核验的工作报告报国务院学位委员会办公室，报告内容应包括核验工作基本情况、表决统计结果（汇总表见附件 4）、具体核验意见、异议处理情况等。

五、工作纪律与监督

各有关单位、组织、专家和工作人员应严格遵守有关工作纪律，切实做到廉洁自律，坚决排除干扰。对存在弄虚作假和违反纪律规矩的单位或个人，将按照有关规定严肃处理。

有关单位或个人在核验过程中如有任何异议，可向国务院学位委员会办公室反映。有关材料请直接寄送至国务院学位委员会办公室（地址：北京市西城区大木仓胡同 35 号，邮政编码：100816）。

六、结果处理

国务院学位委员会办公室汇总核验结果后报国务院学位委员会审批。国务院学位委员会根据核验结果，对核验点分别做出继续授权、限期整改或撤销学位授权的处理决定。有关处理决定向社会公开。

联系人及电话：李学迪、王亮，010-66096635

附件：1. 学位授权点核验名单（略）

2. 学位授权点核验工作方案（参考样式）（略）

3. 学位授权点核验意见（参考要点）（略）

4. 核验结果汇总表（略）

国务院学位委员会　教育部

2023 年 9 月 14 日

2023 年教育硕士专业学位授权点
专项核验工作方案

根据《国务院学位委员会　教育部关于开展 2023 年学位授权点专项核验工作的通知》(学位〔2023〕22 号)文件精神和要求,现制定教育硕士专业学位授权点专项核验工作方案如下:

一、核验点范围

2018、2019 年获得国务院学位委员会审核批准的教育硕士专业学位授权点,以及按规定"限期整改"期满应进行复评的学位授权点(以下简称核验点),具体名单见附件。

二、核验工作组织

本次专项核验工作由国务院学位委员会办公室负责,全国教育专业学位研究生教育指导委员会(简称教指委)组织实施。专项核验工作主要采取通讯评议、会议评审等方式进行。

三、核验内容

依据《教育硕士专业学位研究生教育专项核验指标体系(2023 年版)》的内容。

四、核验程序与方式

1. 本次核验工作将依托"学位授权点基本状态信息填报系统"(以下简称"系统",访问地址:https://xwd.chsi.com.cn)开展。核验工作中的方案发布、数据采集、材料上传、专家评议、评议结果反馈等,均在该系统开展。

2. 教指委拟定专项核验工作方案,于 10 月 16 日前报国务院学位委员会办公室。

3. 拟主动放弃的核验点应在 11 月 8 日前,向国务院学位委员会办公室和教指委提交书面申请。主动放弃后将提出"撤销学位授权"处理建议。

4. 核验点按照核验工作方案要求填写《学位授权点基本状态信息表》(见附件),形成整套核验材料,并于 11 月 10 日前一并上传至"系统",有关材料应真实、准确、完整,涉密信息应当按有关保密规定脱密处理。对未按时提交核验材料且未申请主动放弃的核验点,将提出"撤销学位授权"处理建议。

5. 通讯评议。11 月 12 日—26 日。教指委遴选部分专家组成的评议组对院校通过系统提交的核验材料进行形式审核。一般不进行实地考察，如在评审中发现确有需要，将提前 3 个工作日向国务院学位委员会办公室报备。

6. 会议评议。12 月 8 日—10 日，教指委组织评议组通过召开线下会议的方式进行审议，形成会议审核结果，提交全体委员会最后审核。

7. 会议表决。12 月 12 日，教指委召开线上全体会议，对会议评议形成的审核结果通过进一步充分评议后，采取会议投票的方式表决。参加表决的人数一般应达到教指委专家总人数的 2/3 以上(含 2/3)。每位评审专家应对核验点提出"合格"或"不合格"的表决意见。表决意见分为"合格"和"不合格"两项。表决意见为"不合格"的比例不足 1/3 的学位授权点，提出"继续授权"处理建议；专家表决意见为"不合格"的比例在 1/3(含 1/3)至 1/2(含 1/2)之间的学位授权点，提出"限期整改"处理建议；表决意见为"不合格"的比例超过 1/2 的学位授权点，提出"撤销学位授权"处理建议。

8. 反馈核验意见，教指委在表决结束 5 个工作日内，通过"系统"、邮件等方式，将表决结果和评议意见，反馈至有关学位授予单位。

9. 学位点所在学位授予单位应在收到表决结果后 5 个工作日内，书面反馈有无异议，将盖章后的扫描件上传至系统。如有异议，可向教指委申请复核。教指委根据异议内容，主要复核核验工作的合规性、公正性、公平性，不涉及专家的学术评价。

10. 撰写和提交工作报告。教指委于 12 月 31 日前完成核验工作，同时将工作报告(包括工作基本情况、核验点表决统计结果、评估意见、异议处理情况等)报至国务院学位委员会办公室。

五、工作纪律

各有关单位、组织、专家和工作人员应严格遵守有关工作纪律，切实做到廉洁自律，坚决排除干扰。有关单位或个人在核验过程中如有任何异议，可向教指委或者国务院学位委员会办公室反映。

六、联系方式

联系人：翟东升，联系电话：13501139047，电子信箱：edm@bnu.edu.cn。
联系人：王嘉琪，联系电话：15071294506，电子邮箱：wangjiaqi1114@bnu.edu.cn。

附件：1. 2023 年教育硕士专项核验单位（共 31 所院校）

2. 教育硕士专业学位研究生教育专项核验指标体系（2023 年版）

2-1. 教育硕士专业学位授权点专项核验自评表

2-2. 教师和学生基本信息汇总表

2-3. 教育硕士专业学位授权点专项核验自评报告

2-4. 被核验院校应提交的其他材料

全国教育专业学位研究生教育指导委员会

2023 年 10 月 15 日

附件1：

2023 年教育硕士专项核验单位

（共 31 所院校）

单位代码	单位名称	类别代码	类别名称	授权级别	备注
10068	天津外国语大学	0451	教育	硕士专业学位	2017 年学位授权审核新增
10138	赤峰学院	0451	教育	硕士专业学位	2017 年学位授权审核新增且需加强建设的硕士学位授予单位
10208	吉林体育学院	0451	教育	硕士专业学位	2017 年学位授权审核新增
10295	江南大学	0451	教育	硕士专业学位	2018 年省级动态调整增列
10330	南京体育学院	0451	教育	硕士专业学位	2018 年省级动态调整增列
10332	苏州科技大学	0451	教育	硕士专业学位	2017 年学位授权审核新增
10340	浙江海洋大学	0451	教育	硕士专业学位	2017 年学位授权审核新增
10347	湖州师范学院	0451	教育	硕士专业学位	2017 年学位授权审核新增
10349	绍兴文理学院	0451	教育	硕士专业学位	2017 年学位授权审核新增
10371	阜阳师范大学	0451	教育	硕士专业学位	2017 年学位授权审核新增
10410	江西农业大学	0451	教育	硕士专业学位	2020 年限期整改
10452	临沂大学	0451	教育	硕士专业学位	2017 年学位授权审核新增且需加强建设的硕士学位授予单位
10460	河南理工大学	0451	教育	硕士专业学位	2017 年学位授权审核新增
10489	长江大学	0451	教育	硕士专业学位	2018 年省级动态调整增列
10500	湖北工业大学	0451	教育	硕士专业学位	2020 年限期整改
10531	吉首大学	0451	教育	硕士专业学位	2017 年学位授权审核新增
10537	湖南农业大学	0451	教育	硕士专业学位	2020 年限期整改
10546	衡阳师范学院	0451	教育	硕士专业学位	2017 年学位授权审核新增
10560	汕头大学	0451	教育	硕士专业学位	2017 年学位授权审核新增
10650	四川外国语大学	0451	教育	硕士专业学位	2017 年学位授权审核新增

续表

单位代码	单位名称	类别代码	类别名称	授权级别	备注
10656	西南民族大学	0451	教育	硕士专业学位	2017年学位授权审核新增
10672	贵州民族大学	0451	教育	硕士专业学位	2017年学位授权审核新增
10691	云南民族大学	0451	教育	硕士专业学位	2017年学位授权审核新增
10708	陕西科技大学	0451	教育	硕士专业学位	2017年省级动态调整增列
10739	天水师范学院	0451	教育	硕士专业学位	2017年学位授权审核新增且需加强建设的硕士学位授予单位,2019年1月29日通过核查
10753	宁夏师范学院	0451	教育	硕士专业学位	2017年学位授权审核新增且需加强建设的硕士学位授予单位,2019年1月29日通过核查
10757	塔里木大学	0451	教育	硕士专业学位	2017年学位授权审核新增
10964	吉林外国语大学	0451	教育	硕士专业学位	特需项目单位2014年新增学位点,2019年1月29日单位通过核查后一并参加专项评估
10997	昌吉学院	0451	教育	硕士专业学位	2017年学位授权审核新增且需加强建设的硕士学位授予单位
11075	三峡大学	0451	教育	硕士专业学位	2017年学位授权审核新增
11535	湖南工业大学	0451	教育	硕士专业学位	2017年学位授权审核新增

附件 2：

教育硕士专业学位研究生教育
专项核验指标体系（2023 年版）

    以习近平新时代中国特色社会主义思想为指导，根据《深化新时代教育评价改革总体方案》(国务院公报 2020 年第 30 号)、《专业学位研究生教育发展方案(2020—2025)》(学位〔2020〕20 号)、《学位授权点合格评估办法》(学位〔2020〕25 号)等文件精神，基于全国教育专业学位研究生教育指导委员会颁布并正在实施的《教育硕士专业学位授权点申请基本条件》《教育硕士专业学位研究生指导性培养方案》《教育硕士专业学位研究生实践教学基本要求》《教育硕士专业学位论文基本要求》等相关具体要求，核验学位授权点达标情况。在全面总结我国教育硕士专业学位研究生教育的实践经验和广泛征求培养院校及行业企业的指导教师、任课教师、教育管理人员意见建议的基础上，制定本教育硕士专业学位授权点核验办法。

    一、基本原则

    1. 导向性原则。积极导向培养院校切实全面贯彻党的教育方针，履行立德树人的根本使命，培养出高质量教育硕士研究生。

    2. 系统性原则。全面诊断培养院校教育硕士专业学位研究生培养工作的总体情况和各关键环节的实际状况。

    3. 规范性原则。客观评价培养院校教育硕士专业学位研究生培养质量，总结经验，发现问题，促进规范办学。

    4. 发展性原则。推动培养院校凝练教育硕士专业特色，坚持自主特色发展，积极服务国家和区域基础教育(中等职业教育)发展，建立以培养质量为主导的教育硕士专业学位研究生教育资源配置机制、全过程监控与质量保障体系。

    二、适用对象

    适用于教育硕士专业学位授权点核验。

    三、核验指标体系构成及等级

    设立 3 个一级指标，12 个二级指标，27 个核验点(其中包括 8 个关键核验点)。每个核验点均明确提出核验要求，在此基础上进行等级评定。各核验点分 A、B、C 三个等级，A 等级为优秀，B 等级为合格，C 等级为不合格。

满足下列条件，为整体合格：

7 个关键核验点为 B 等级以上，且多于 15 个非关键核验点为 B 等级以上；或：8 个关键核验点为 B 等级以上，且多于 12 个以上非关键核验点为 B 等级以上。

出现下列情况，则为整体不合格：

1 个关键核验点为 C 等级，且超过 3 个非关键核验点为 C 等级；或：超过 2 个关键核验点为 C 等级；或：超过 6 个非关键核验点为 C 等级。

四、其它

本核验指标体系由全国教育专业学位研究生教育指导委员会负责解释。自公布之日起执行。

第一部分　核验指标体系

一、核验指标体系简表

一级指标	二级指标	三级指标
A1 培养条件	B1 教师队伍	●C1 专职导师专业背景
		C2 校内任课教师
		C3 兼职教师
	B2 教学资源	●C4 培养经费
		C5 实践教学及实验设施
		C6 图书资料
		C7 实践基地
	B3 教学管理	C8 管理机构
		●C9 管理制度制订与执行
		C10 档案管理
	B4 政策保障	C11 学生激励政策
		●C12 教师激励政策
		C13 政府部门支持

一级指标	二级指标	三级指标
A2 培养过程	B5 招生录取	C14 招生录取
	B6 培养方案	●C15 培养方案制订与执行
	B7 教学过程	C16 教学大纲
		●C17 课程教学
		C18 教学研究与改革
		C19 课程教学评价
	B8 实践教学	C20 实践教学计划
		●C21 实践教学计划执行
		C22 教学技能训练
A3 培养质量	B9 学位论文	C23 开题与答辩
		●C24 论文质量
	B10 学生就业	C25 就业率
	B11 学生发展	C26 毕业生业绩
	B12 用人单位评价	C27 用人单位评价优良率

二、核验指标体系详表

一级指标	二级指标	核验点	核验要求	A	B	C
A1 培养条件	B1 教师队伍	●C1 专职导师专业背景	专职导师具有基础教育（职业教育）理论知识和实践经验，胜任教育硕士专业学位研究生指导工作。	具有教育学科背景或基础教育（中等职业教育）教育教学科研经验的专职导师比例为100%。且不低于80%的专职导师近三年主持有省部级及以上基础教育（职业教育）相关科研项目。且在教育类重要刊物上发表基础教育（中等职业教育）	具有教育学科背景或基础教育（中等职业教育）教育教学科研经验的专职导师比例不低于90%。且不低于80%的专职导师近三年有省部级及以上基础教育（职业教育）相关科研项目（包括参与者）。且在教育类重要刊物上发表基础教育	不具有教育学科背景或基础教育（中等职业教育）教育教学科研经验的专职导师比例高于10%。或高于20%的专职导师近三年没有主持或参与省部级及以上基础教育（职业教育）相关科研项目。或在教育类重要刊

一级指标	二级指标	核验点	核验要求	A	B	C
A1 培养条件	B1 教师队伍	●C1 专职导师专业背景		方面论文或有关基础教育或职业教育的著作(包括教材)或自编教学案例入选中国专业学位教学案例库或智库成果被省级及以上教育行政部门采纳人均不少于1篇(部)。近三年无违反教育部《新时代高校教师职业行为十项准则》情况。	(中等职业教育)方面论文或有关基础教育的著作(包括教材)或自编教学案例入选中国专业学位教学案例库或智库成果被省级及以上教育行政部门采纳人均不少于0.7篇(部)。近三年无违反教育部《新时代高校教师职业行为十项准则》情况。	物上发表基础教育(中等职业教育)方面论文或有关基础教育或职业教育的著作(包括教材)或自编教学案例入选中国专业学位教学案例库或智库成果被地市级及以上教育行政部门采纳人均少于0.7篇(部)。或者近三年专职导师存在违反教育部《新时代高校教师职业行为十项准则》的情况。
		C2 校内任课教师	校内任课教师具有较高的学术水平和较为丰富的基础教育(中等职业教育)实践经验。	100%学位基础课、专业必修课和专业选修课授课团队中至少有1名高级职称(或具有博士学位)的专任教师。且具有教育学科背景或基础教育(职业教育)教学科研和实践经历者不低于80%。	70%以上学位基础课、专业必修课和专业选修课授课团队中至少有1名高级职称(或具有博士学位)的专任教师。且具有教育学科背景或基础教育(职业教育)教学科研和实践经历者不低于70%。	不足70%学位基础课、专业必修和专业选修授课团队中至少有1名高级职称(或具有博士学位)的专任教师。或者具有教育学科背景或基础教育(职业教育)教学科研和实践经历者低于70%。
		C3 兼职教师	兼职教师的教学和指导能力较强,能胜任教育专业硕士	100%兼职教师具有中小学(中等职业学校)高级教师职称(或行业企业高级技术职称)。且任课教师中兼职	80%以上兼职教师具有中小学(中等职业学校)高级教师职称(或行业企业高级技术职称)。且任课教师中兼职	超过20%的兼职教师没有中小学(中等职业学校)高级教师职称(或行业企业相应技术职称)。或者任

续表

一级指标	二级指标	核验点	核验要求	A	B	C
A1 培养条件	B1 教师队伍	C3 兼职教师	培养工作。	教师比例不低于10%。近三年90%以上兼职导师实际参与教育硕士的授课或论文指导或答辩或实践教学等培养环节相关工作。	教师比例不低于5%。近三年80%以上兼职教师实际参与教育硕士的授课或论文指导或答辩或实践教学等培养环节相关工作。	课教师中兼职教师比例低于5%。或者近三年超过20%兼职教师没有实际参与教育硕士的授课、论文指导、答辩、实践教学等培养环节相关工作。
	B2 教学资源	●C4 培养经费	专项培养经费较充足，能满足培养工作需要。	专项培养经费（实践教学、学位论文开题、答辩、外审、论文指导、课程教学改革等）充足，能很好地满足培养工作需要。经费投入不低于学术型硕士研究生，且生均经费不低于5000元/人/年，专款专用。	专项培养经费（实践教学、学位论文开题、答辩、外审、论文指导、课程教学改革等）较为充足，能较好地满足培养工作需要。经费投入不低于学术型硕士研究生，且生均经费不低于4000元/人/年，专款专用。	专项培养经费（实践教学、学位论文开题、答辩、外审、论文指导、课程教学改革等）不充足，不能满足培养工作需要。经费投入低于学术型硕士研究生，或者生均经费低于4000元/人/年，或者未能专款专用。
		C5 实践教学及实验设施	实践教学及实验设施能满足教学需要，且设备完好。	实践教学及实验设施能满足教学需要且设备完好。在校生不多于30人拥有一间微格教室。且具有实验（实训）教学的学科（专业）领域均建设有较完备的基础教育学科实验室（中等职业教育实验实训场地），能满足实验（实训）教学的需要。	实践教学及实验设施基本能满足教学需要且设备完好。在校生不多于50人拥有一间微格教室。且具有实验（实训）教学的学科（专业）领域超过半数建设有相关基础教育学科实验室（中等职业教育实验实训场地），能满足实验（实训）教学的需要。	实践教学及实验设施不能满足教学需要或者设备不完善。没有建设微格教室或在校生数与微格教室数比例高于50∶1。或者具有实验（实训）教学的学科（专业）领域实验室（中等职业教育实验实训场地）不足半数，不能满足实验（实训）教学的需求。

一级指标	二级指标	核验点	核验要求	A	B	C
A1培养条件	B2教学资源	C6图书资料	图书馆、资料室中教学参考资料能满足教师和学生需要。	有丰富的基础教育（中等职业教育）图书资料和数字资源检索系统。图书馆、资料室中教学参考资料能满足师生需要，且使用方便。教育类专业期刊不少于35种，专业图书、基础教育（中等职业教育）教材不少于2.5万册。	有较为丰富的基础教育（中等职业教育）图书资料和数字资源检索系统。图书馆、资料室中教学参考资料基本能满足教师需要，基本满足学生需要，且使用较为方便。教育类专业期刊不少于30种，专业图书、基础教育（中等职业教育）不少于2万册。	基础教育（中等职业教育）的图书资料和数字资源检索系统不完善。图书馆、资料室中教学参考资料不能满足教师需要，也不能满足学生需要，使用不方便。教育类专业期刊少于30种，专业图书、基础教育（中等职业教育）少于2万册。
		C7实践基地	拥有数量较充足的实践基地，且实际运行。	实践基地数量充足且满足实践教学要求，在校生每30人至少拥有一个基础教育（职业教育及企业）实践基地。	在校生每50人至少拥有一个基础教育（职业教育及企业）实践基地，实践基地数量较为充足且基本满足实践教学要求。	在校生不能保证每50人拥有一个基础教育（职业教育及企业）实践基地，实践基地数量不充足且不满足实践教学要求。
	B3教学管理	C8管理机构	管理机构健全。	学校有专门负责教育硕士的管理机构，院（系）有专职人员负责教育硕士的考试招生、课程与教育实践、毕业答辩及就业指导、学风建设等工作，职责明晰，并且有思想政治督导。	学校有管理机构，院（系）有专职人员负责教育硕士的考试招生、课程与教育实践、毕业答辩及就业指导、学风建设等工作，职责较为明晰，思想政治督导基本到位。	学校或院（系）无专门管理机构，或无专职人员，或职责不清晰，或缺少思想政治督导。
		●C9管理制度制订与执行	管理制度健全，实施情况良好。	高度重视思政教育，有效建立了全员全过程全方位育人的机制，促进立德树人根本任务落地、落细、落实。	重视思政教育，建立了全员全过程全方位育人的机制，促进立德树人根本任务落地、落细、落实。在招生、学	不甚重视思政教育，全员全过程全方位育人的机制不健全。在招生、学籍、学生考勤与奖惩、任

一级指标	二级指标	核验点	核验要求	A	B	C
A1 培养条件	B3 教学管理	●C9 管理制度制订与执行		在招生、学籍、学生考勤与奖惩、任课教师和导师遴选、课程教学、实践教学、教学评估与督导、课程考试、中期考核、论文选题、论文开题、论文指导、论文答辩、学位授予等14个方面管理制度健全且规范并汇编成册，且实施情况均较好。	籍、学生考勤与奖惩、任课教师和导师遴选、课程教学、实践教学、教学评估与督导、课程考试、中期考核、论文选题、论文开题、论文指导、论文答辩、学位授予等14个方面管理制度中，至少有12个规范制度汇编成册，且实施情况较好。	课教师和导师遴选、课程教学、实践教学、教学评估与督导、课程考试、中期考核、论文选题、论文开题、论文指导、论文答辩、学位授予等14个方面管理制度中，有3个以上制度缺失或不规范，或实施情况不好。
		C10 档案管理	档案齐全，管理规范。	近三年学籍、培养方案、课表、教学大纲、成绩、试卷（答卷）、教学质量评估、实践教学、论文开题报告、中期检查、答辩记录等教学和学位申请档案齐全且规范。	近三年学籍、培养方案、课表、教学大纲、成绩、试卷（答卷）、教学质量评估、实践教学、论文开题报告、中期检查、答辩记录等教学和学位申请档案大部分齐全且基本规范，不规范或缺失不高于10%。	近三年学籍、培养方案、课表、教学大纲、成绩、试卷（答卷）、教学质量评估、实践教学、论文开题报告、中期检查、答辩记录等教学和学位申请档案不齐全，不规范或缺失高于10%，或存在重大瑕疵，或存在弄虚作假之处。
	B4 政策保障	C11 学生激励政策	有鼓励学生参加实践创新、学术交流、科学研究等活动的政策机制。	对学生参与编写教学案例入选中国专业学位教学案例库、参加省部级及以上教学技能大赛并获奖，决策咨询成果被厅局级及以上政府部门采纳，在国际或全国性教	对学生参与编写教学案例入选中国专业学位教学案例库、参加省部级及以上教学技能大赛并获奖，决策咨询成果被厅局级及以上政府部门采纳，在国际或全国性教	对学生参与编写教学案例入选中国专业学位教学案例库、参加省部级及以上教学技能大赛并获奖，决策咨询成果被厅局级及以上政府部门采纳，在

续表

一级指标	二级指标	核验点	核验要求	A	B	C
A1 培养条件	B4 政策保障	C11 学生激励政策		育类会议上作报告、在核心期刊发表论文、参与省部级及以上课题研究、参与编写教材、获得优秀毕业论文等，均有相应经费支持或奖励机制，在优秀毕业生、奖学金等评选中有政策倾斜。	育类会议上作报告、在核心期刊发表论文、参与省部级及以上课题研究、参与编写教材、获得优秀毕业论文等，至少5个类别有相应经费支持或奖励机制，在优秀毕业生、奖学金等评选中有相应政策倾斜。	国际或全国性教育类会议上作报告、在核心期刊发表论文、参与省部级及以上课题研究、参与编写教材、获得优秀毕业论文等，有相应经费支持以及奖励机制，在优秀毕业生、奖学金等评选中有相应政策倾斜不足5个类别。
		●C12 教师激励政策	有鼓励教师参加编写案例、指导学生参与高水平比赛、国内外学术交流、研制应用性成果等方面分类评价政策激励机制。	对教师在国际或全国性教育类权威会议上作报告，获得省级及以上教学成果奖，主持基础教育(职业教育)相关的省部级及以上课题，决策咨询成果被省级及以上政府部门采纳，主编或副主编全国教材，研制国家或省级教育教学行业标准，编写案例并入选中国专业学位教学案例库，指导教育硕士获得省部级及以上比赛并获二等奖以上，指导教育硕士获得优秀毕业论文等情况，均有相应经费支持且有职称晋升激励政策机制。	对教师在国际或全国性教育类权威会议上作报告，获得省级及以上教学成果奖，主持基础教育(职业教育)相关的省部级及以上课题，决策咨询成果被省级及以上政府部门采纳，主编或副主编全国教材，研制国家或省级教育教学行业标准，编写案例并入选中国专业学位教学案例库，指导教育硕士获得省部级及以上比赛并获三等奖以上，指导教育硕士获得优秀毕业论文等，其中至少6种情况有相应经费支持或职称晋升激励政策机制。	对教师在国际或全国性教育类权威会议上作报告，获得省级及以上教学成果奖，主持基础教育(职业教育)相关的省部级及以上课题，决策咨询成果被省级及以上政府部门采纳，主编或副主编全国教材，研制国家或省级教育教学行业标准，编写案例并入选中国专业学位教学案例库，指导教育硕士获得省部级及以上比赛奖励，指导教育硕士获得优秀毕业论文等情况，有相应经费支持或职称晋升激励政策机制不足6种情况。

续表

一级指标	二级指标	核验点	核验要求	A	B	C
A1 培养条件	B4 政策保障	C13 政府部门支持	积极寻求地方教育行政部门支持。	得到政府部门鼎力支持，与教育硕士培养密切相关的地方教育行政部门相关文件、与地方教育行政部门合作协议不低于3件。	与教育硕士培养密切相关的地方教育行政部门相关文件、与地方教育行政部门合作协议不少于1件。	未见与教育硕士培养密切相关的地方教育行政部门相关文件及与地方教育行政部门的合作协议。
A2 培养过程	B5 招生录取	C14 招生录取	招生录取严谨、规范。	招生考试和录取制度规范；录取过程规范、严谨、公平；无违反教育部、国务院学位委员会办公室和全国教育专业学位研究生教育指导委员会的有关规定；无超范围招生现象、录取时有面试标准，复试材料完整等。	招生考试和录取制度较为规范；录取过程规范、严谨、公平；无违反教育部、国务院学位委员会办公室和全国教育专业学位研究生教育指导委员会有关规定；无超范围招生现象、录取时有面试标准，复试材料完整等。	招生考试和录取制度不健全、不规范。或招生和录取过程存在超范围招生、录取无面试标准、复试材料残缺等违反教育部、国务院学位委员会办公室和全国教育专业学位研究生教育指导委员会有关规定的严重行为。
	B6 培养方案	●C15 培养方案制订与执行	培养方案符合要求，能根据专业特点较好地执行方案。	培养方案完全符合全国教育专业学位研究生教育指导委员会颁布的指导性培养方案的内容要求。各专业领域或方向均较好地执行培养方案，并形成有较大影响力的创新特色。	培养方案基本符合全国教育专业学位研究生教育指导委员会颁布的指导性培养方案的内容要求。75%以上专业领域或方向均较好地执行培养方案，并形成一定的创新特色。	培养方案与全国教育专业学位研究生教育指导委员会颁布的指导性培养方案的内容要求有较大差距。75%以上专业领域或方向没有严格执行培养方案，或者没有专业特色。
	B7 教学过程	C16 教学大纲	授课有规范的教学大纲。	所有公共必修课、学位基础课、专业必修课程和专业选修课程均有规范的教学大纲。	80%以上公共必修课、学位基础课与专业必修课程，70%以上专业选修课程的教学大纲编写规范。	公共必修课、学位基础课与专业必修课程编写规范的教学大纲不足80%，或专业选修课程编写规范的教学大纲不足70%。

一级指标	二级指标	核验点	核验要求	A	B	C
A2 培养过程	B7 教学过程	●C17 课程教学	重视课程思政和"三全育人"。能较好地执行课程计划，考核内容和方式合理。	高度重视课程思政，有效建立课程思政的机制。开设课程、考核方式符合全国教育专业学位教育指导委员会颁布的教育硕士专业学位研究生指导性培养方案的要求，严格执行课程计划。第二课堂能够有效支撑教育硕士培养目标，每学年举办基础教育（职业教育）专题讲座不少于6次。	重视课程思政，基本建立课程思政的机制。开设课程、考核方式基本符合全国教育专业学位教育指导委员会颁布的教育硕士专业学位研究生指导性培养方案的要求，较严格地执行课程计划。第二课堂基本能够有效支撑教育硕士培养目标，考核内容和方式较合理。每学年举办基础教育（职业教育）专题讲座的次数不少于4次。	课程思政重视不够，没有建立课程思政的机制。或开设课程、考核方式存在违背全国教育专业学位教育指导委员会颁布的关于教育硕士专业学位研究生指导性培养方案相关要求的严重问题，或执行课程计划存在严重问题。或第二课堂不能够有效支撑教育硕士培养目标，每学年举办基础教育（职业教育）专题讲座的次数不足4次。
		C18 教学研究与改革	探索符合教育硕士专业学位特点的教学方式与方法。	积极推进教学改革。近三年获得省部级及以上教学成果奖，或主持与教育专业学位密切相关的厅局级及以上教改项目3项以上。重视案例教学，重视实践反思。学科教学及相关专业领域和方向微格教学学时充足，不少于25学时；案例库资源充足，其中自编案例不少于30%。重视应用中国专业学位案例库的案例组	积极推进教学改革。近三年获得省级及以上教学成果奖，或主持与教育硕士专业学位密切相关的厅局级及以上教改项目1项以上。在教学中教师基本能根据培养目标、课程性质和教学内容，选择恰当的教学方式与方法，注重实践反思。学科教学及相关专业领域和方向微格教学学时较为充足，不少于20学时；案例库资源	近三年没有获得省级及以上教学成果奖，没有主持与教育硕士专业学位密切相关的厅局级及以上项目；在教学中教师根据培养目标、课程性质和教学内容，选择的教学方式与方法欠恰当，或教学中不大注重实践反思；学科教学及相关专业领域和方向微格教学学时不足16学时；案例库资源

一级指标	二级指标	核验点	核验要求	A	B	C
A2培养过程	B7教学过程	C18教学研究与改革		织教学。	较为充足，且20%以上为自编案例。较为重视应用中国专业学位案例库的案例组织教学。	难以满足教学需求，或自编案例不足20%或基本上不用中国专业学位案例库的案例组织教学。
		C19课程教学评价	课程教学质量较高。	所有课程评价合格，且课程教学评价优良率不低于70%。	所有课程评价合格，且课程教学评价优良率不低于60%。	存在评价不合格的课程，或课程教学评价优良率低于60%。
	B8实践教学	C20实践教学计划	实践教学计划科学合理。	专业领域和方向实践教学计划的目标、时间、内容、评价和教学组织等均符合全国教育专业学位研究生教育指导委员会颁发的《全日制教育硕士专业学位研究生实践教学基本要求》等相关政策文件规定。	专业领域和方向实践教学计划的目标、时间、方式、内容、评价和教学组织等至少3种符合全国教育专业学位研究生教育指导委员会颁发的《全日制教育硕士专业学位研究生实践教学基本要求》等相关政策文件规定。	专业领域和方向实践教学计划的目标、时间、方式、内容、评价和教学组织等符合全国教育专业学位研究生教育指导委员会颁发的《全日制教育硕士专业学位研究生实践教学基本要求》等相关政策文件的规定不足3种。
		●C21实践教学计划执行	严格执行实践教学计划，达成实践教学目标。	严格执行实践教学计划。实践教学目标具体、明确，达成度高，实践教学过程有详细的书面记录和指导记录。	较为严格执行实践教学计划。实践教学目标较为具体、明确，达成度较高，实践教学过程有较为详细的书面记录和指导记录。	没有严格执行实践教学计划；或者实践教学目标不甚具体、明确，达成度不高，实践教学过程书面记录和指导记录简单、粗糙。
		C22教学技能训练	教学技能训练和比赛效果良好。	高度重视教学技能训练、认真组织教学技能大赛，制度健全，获得过全国教育专业学位研究	较为重视教学技能训练、较为认真组织教学技能大赛，制度较为健全，参加过全国教育专业	教学技能训练不充分、组织教学技能大赛不积极，制度不健全；没有参加过全国教

一级指标	二级指标	核验点	核验要求	A	B	C
A2 培养过程	B8 实践教学	C22 教学技能训练		生教育指导委员会组织的教学技能大赛二等奖及以上的成绩，或在省级教育行政部门组织的教学技能大赛获得过一等奖级及以上的成绩。	学位研究生教育指导委员会组织的教学技能大赛，并进入决赛，或在省级教育行政部门组织的教学技能大赛获得过二等奖级及以上的成绩。	育专业学位研究生教育指导委员会组织的教学技能大赛以及省级教育行政部门组织的教学技能大赛。
A3 培养质量	B9 学位论文	C23 开题与答辩	开题和答辩规范。	开题和答辩程序以及开题报告形式规范、内容充实。学位申请书、论文评审、答辩委员会人员组成等均符合全国教育专业学位研究生教育指导委员会有关文件要求。	开题和答辩程序以及开题报告形式较规范。学位申请书、论文评审、答辩委员会人员组成等均基本符合全国教育专业学位研究生教育指导委员会有关文件要求。	开题和答辩程序欠规范，开题报告内容不充实，形式上不规范；开题和答辩程序不符合全国教育专业学位研究生教育指导委员会有关文件要求；开题报告、学位申请书、论文评审、答辩委员会人员组成等存在严重问题。
		●C24 论文质量	选题符合要求，论文质量高。	选题与专业领域（方向）的培养目标一致，且抽查论文均符合全国教育专业学位研究生教育指导委员会颁布的教育硕士论文基本要求，论文内容充实、质量较高。无学术不端的行为。	选题与专业领域（方向）的培养目标一致的数量不低于90%，且抽查论文符合全国教育专业学位研究生教育指导委员会颁布的教育硕士论文基本要求的数量不低于80%。无学术不端的行为。	选题与专业领域（方向）的培养目标不一致的数量高于10%；抽查论文不符合全国教育专业学位研究生教育指导委员会颁布的教育硕士论文基本要求的数量高于20%；发现学位论文学术不端的行为。

续表

一级指标	二级指标	核验点	核验要求	A	B	C
A3培养质量	B10学生就业	C25就业率	学生对口就业率较高。	招生领域在基础教育学校(中等职业学校)就业指导部门签约三方协议者达70％以上。	招生领域在基础教育学校(中等职业学校)就业指导部门签约三方协议者达60％及以上。	存在基础教育学校(中等职业学校)就业指导部门签约三方协议者不足60％的招生领域。
	B11学生发展	C26毕业生业绩	毕业生立德树人能力较为突出,专业发展潜质良好。	在基础教育学校(中等职业学校)就业的毕业生中,立德树人成效显著,并形成典型案例。在教育教学、班主任或指导社团工作、公开课、教育教学研究等成绩突出。	在基础教育学校(中等职业学校)就业的毕业生中,立德树人成效较为显著。在教育教学、班主任或指导社团工作、公开课、教育教学研究等成绩较为突出。	在基础教育学校(中等职业学校)就业的毕业生中,立德树人成效不明显;在教育教学、班主任或指导社团工作、公开课、教育教学研究等成绩不突出。
	B12用人单位评价	C27用人单位评价优良率	用人单位评价良好。	用人单位对毕业生综合素质评价的优良率不低于90％。	用人单位对毕业生综合素质评价的优良率不低于80％。	用人单位对毕业生综合素质评价的优良率不足80％。

注：●C系关键核验点。

第二部分　核验指标及数据采集说明

C1 专职导师专业背景。专职导师指培养院校的专任导师。教育学学科背景指获得教育学硕士或者教育学博士。省级及以上教育行政部门是指省(直辖)市自治区教育厅(教育委员会)及以上教育行政部门。参与课题指课题组成员的前3名。查阅培养院校统计表和项目批件以及结项书等。

C2 校内任课教师。指学位基础课、专业必修课和专业选修课任课教师状况,不包括公共必修课教师。查阅培养院校统计表、课表或任课单。

C3 兼职教师。指从基础教育学校(中等职业学校)及行业企业聘任的教师和导师(教师、教研员或教育管理人员、行业企业的技术技能人员),不含仅仅参与指导实习、见习或研习的实践导师。兼职教师原则上应该拥有高级职称。查阅培养院校统计表、档案，以聘书为依据。

C4 培养经费。通过财务拨款进行求证。查阅培养院校教育硕士培养拨款统计表。根据需要，对于培养院校的管理人员以及师生（含毕业生以及实践导师）随机进行电话询问。

C5 实践教学及实验设施。学科教学、小学教育等领域应有足够的微格教室，含实验教学的领域或方向应有完备的基础教育学科实验室。艺体类专业应有足够的实践设施。职业教育领域的专业应有足够的专业实训场地。查阅培养院校统计表。

C6 图书资料。通过查阅培养院校统计表和上网实际查阅及向师生调查进行核验。

C7 实践基地。查阅培养院校统计表，以协议为依据。

C8 管理机构。通过查阅组织机构和人事部门文件予以循证。

C9 管理制度制订与执行。通过查阅具体文件进行求证。其中，是否建立全员全过程全方位育人机制，主要查证培养院校在课程思政改革、意识形态阵地管理、基层党组织建设、思政队伍建设及实践育人等方面的机制建设情况。

C10 档案管理。查阅档案和培养院校的网站档案资料予以循证。

C11 学生激励政策。查阅培养院校鼓励学生参加实践创新、学术交流、科学研究等政策制度。

省部级及以上教学技能大赛是指省级及以上教育行政部门组织的教学技能大赛或"田家炳杯"全国全日制教育硕士研究生教学技能大赛等。

决策咨询成果被厅局级及以上政府部门采纳是指咨政建议、研究报告等被厅局级及以上政府部门主办的内参采纳或得到厅局级及以上领导的肯定性批示。

C12 教师激励政策。培养院校鼓励教师参加编写案例、指导教育硕士研究生参与高水平比赛、国内外学术交流、应用性成果的政策机制。

在国际或全国性教育类权威会议上作口头报告，国际会议报告时间一般不低于 15 分钟，国内报告时间一般不低于 20 分钟。

省级及以上教学成果奖是指省级教育行政部门、教育部组织的教学成果评审等。

决策咨询成果被省部级及以上政府部门采纳是指咨政建议、研究报告等被省部级及以上政府部门主办的内参采纳或得到省部级及以上领导的肯定性批示。

全国教材是指国家规划教材，或者教育部审定通过的基础教育或职业教育教材，或者全国专业学位研究生教育指导委员会推荐教材。

C13 政府部门支持。以相关的政府部门文件或双方协议为准。

C14 招生录取。查阅有关文件资料、培养院校统计表核验。

C15 培养方案制订与执行。查阅培养方案及管理档案核验。

C16 教学大纲。教学大纲内容包括教学目标与要求、教学内容、教学进度安排、教学方式、考核方式和参考文献等。查阅教学档案予以循证。

C17 课程教学。查阅教学档案、培养院校统计表及学生调研予以循证。

省级及以上教学成果奖是指省级及以上教育行政部门及教育部组织的教学成果评审等。

C18 教学研究与改革。查阅培养院校相关证书、立项书、统计表和依据学生评价予以循证。

C19 课程教学评价。主要依据学生的评价结果予以循证。

C20 实践教学计划。实践教学须有明确的目标和具体内容，有完整的管理与评价制度，有序组织实施。主要查证是否符合全国教育专业学位研究生教育指导委员会颁布实施的《教育硕士专业学位研究生实践教学基本要求》。通过查阅档案予以循证。

C21 实践教学计划执行。通过查阅档案、培养院校统计表及学生调研等予以循证。

C22 教学技能训练。积极承办或组织学生参与省部级教学技能大赛，如"田家炳杯"全国全日制教育硕士研究生教学技能大赛或省教育厅组织的教育硕士实践创新能力大赛等。通过查阅档案予以循证。

C23 开题与答辩。论文评阅人和答辩委员会成员中，应至少有一名具有高级职称的基础教育学校或中等职业学校的教师或教育教学研究人员。通过查阅档案予以循证。

C24 论文质量。学位论文选题必须与专业领域和专业方向的培养目标相一致，来源于基础教育学校或中等职业学校的教育、教学和管理的实际问题。学位论文应符合研究规范并凸显应用价值。论文可采用多种形式，如专题研究论文、调查研究报告、行动研究报告、案例研究报告、课程开发方案等。论文正文部分字数不少于 2 万字。通过报表和抽查论文予以循证。

C25 就业率。此项仅用于全日制教育硕士专业学位研究生。以三方协议为依据评估。查阅培养院校近三年的毕业生统计表。

C26 毕业生业绩。毕业生指已经获得教育硕士专业学位者。业绩包括个人或所带班级获校级及以上奖励或荣誉、立德树人业绩、校级及以上公开课、发表基础教育或职业教育论文、参与校级及以上（含校级）课题等。查阅培养院校统计表。

其中，立德树人业绩是指贯彻和落实《关于全面深化新时代教师队伍建设改革的意见》《新时代基础教育强师计划》以及《新时代中小学教师职业行为十项准则》等党和国家的文件精神和要求，在努力成为有理想信念、有道德情操、有扎实学识、有仁爱之心的好老师，着力培养德智体美劳全面发展的社会主义建设者和接班人方面取得成效，深受广大师生好评。需提交毕业生取得立德树人业绩的典型正面案例。

C27 用人单位评价优良率。根据对用人单位调查结果进行循证。

附件 2-1：

教育硕士专业学位授权点专项核验自评表

一级指标	二级指标	三级指标	自评结果 （A优秀，B合格，C不合格）		
			A	B	C
A1 培养条件	B1 教师队伍	●C1 专职导师专业背景			
		C2 校内任课教师			
		C3 兼职教师			
	B2 教学资源	●C4 培养经费			
		C5 实践教学及实验设施			
		C6 图书资料			
		C7 实践基地			
	B3 教学管理	C8 管理机构			
		●C9 管理制度制订与执行			
		C10 档案管理			
	B4 政策保障	C11 学生激励政策			
		●C12 教师激励政策			
		C13 政府部门支持			
A2 培养过程	B5 招生录取	C14 招生录取			
	B6 培养方案	●C15 培养方案制订与执行			
	B7 教学过程	C16 教学大纲			
		●C17 课程教学			
		C18 教学研究与改革			
		C19 课程教学评价			
	B8 实践教学	C20 实践教学计划			
		●C21 实践教学计划执行			
		C22 教学技能训练			

续表

一级指标	二级指标	三级指标	自评结果 (A优秀，B合格，C不合格)		
			A	B	C
A3 培养质量	B9 学位论文	C23 开题与答辩			
		●C24 论文质量			
	B10 学生就业	C25 就业率			
	B11 学生发展	C26 毕业生业绩			
	B12 用人单位评价	C27 用人单位评价优良率			
A、B、C 累计数量		合计			
		关键核验点			
		非关键核验点			
整体情况是否合格(合格/不合格)					

注：1. 27个核验点(其中包括8个关键核验点)，●C为关键核验点。

2. 满足下列条件，为整体合格：7个关键核验点为B等级以上，且多于15个非关键核验点为B等级以上；或：8个关键核验点为B等级以上，且多于12个以上非关键核验点为B等级以上。

3. 出现下列情况，则为整体不合格：1个关键核验点为C等级，且超过3个非关键核验点为C等级；或：超过2个关键核验点为C等级；或：超过6个非关键核验点为C等级。

附件 2-2：

教师和学生基本信息汇总表

表 1　2021—2023 年专职导师近 3 年的代表性研究成果表(C1，每人限报 1 项)

序号	姓名	是否具有教育学科背景或基础教育(中等职业教育)教育教学科研经验	代表性课题(课题级别)如：省部级	成果名称	发表或提交时间	发表或提交去向	主要影响

表 2　2019—2023 年已获得教育硕士专业学位者论文基本信息表(C24)

序号	姓名	年级	专业方向	答辩时间	论文题目	论文字数	导师姓名

附件 2-3：

教育硕士专业学位授权点专项核验自评报告

学位授予单位
名称：

代码：

联 系 方 式
姓名：

电话：

2023 年　月　日

编 写 说 明

一、本报告是在参评单位完成自我评估后，对学位授权点的全面总结，主要包括三部分：学位授权点基本情况、自我评估工作开展情况和持续改进计划。

二、封面中单位代码按照《高等学校和科研机构学位与研究生教育管理信息标准》（国务院学位委员会办公室编，2004 年 3 月北京大学出版社出版）中教育部《高等学校代码》（包括高等学校与科研机构）填写。

三、本报告采取写实性描述，能用数据定量描述的不要作定性描述。报告中所描述的内容和数据应确属本学位点，必须真实、准确，有据可查。

四、本报告的各项内容须是本学位点自授权以来的情况，统计时间以本报告撰写时间为截止时间。

五、除特别注明的兼职导师外，本报告所涉及的师资均指目前人事关系隶属本单位的专职人员（同一人员原则上不得在不同专业学位点重复填写）。

六、本报告中所涉及的成果（论文、专著、专利、科研奖励、教学成果奖励等）应是署名本单位，且同一人员的同一成果不得在不同专业学位点重复填写。引进人员在调入本学位点之前署名其他单位所获得的成果不填写、不统计。

七、涉及国家机密的内容一律按国家有关保密规定进行脱密处理后编写。

八、本报告文字使用四号宋体，字数不超过 8000 字，纸张限用 A4。

一、学位授权点基本情况

【本部分由学位授权点根据《教育硕士专业学位授权点专项核验指标体系》的主要内容进行编写，但不局限于指标体系中所列的主要内容。编写时应体现本学位授权点的特色和人才培养水平，相关数据统计、清单列表可以使用图表表示。】

二、自我评估工作开展情况

【描述开展自我评估的方式。】

三、持续改进计划

【针对存在的问题，提出本学位授权点的持续改进计划，包括未来一段时间的发展目标和保障措施。】

附件 2-4:

被核验院校应提交的其他材料

1. 历年教育硕士研究生招生简章。
2. 教育硕士教育教学管理规章制度。
3. 支撑自评报告结果的其他佐证材料(请按照核验点依次提供)。

全国教育专业学位研究生教育指导委员会
关于进一步加强全国教育硕士专业学位研究生
联合培养示范基地建设的意见

教指委发〔2018〕23 号

各有关院校：

为进一步推动教育硕士专业学位研究生培养模式改革，不断提高人才培养质量，全国教育专业学位研究生教育指导委员会先后于 2015 年、2016 年组织评选两批、共 46 个"全国教育硕士专业学位研究生联合培养示范基地"（以下简称为"基地"）。2018 年 3—6 月，全国教育专业学位研究生教育指导委员会组织相关院校开展"基地"建设情况的自我评估和总结。

从相关院校提供的总结看，大部分"基地"均能根据建设目标开展相关工作，在组织领导、制度保障、质量保证与评价、双导师队伍建设等方面，取得了显著的成效，为探索"基地"建设工作提供了宝贵的经验。与此同时，也存在重申报、轻建设，重使用、轻投入，重聘任、轻实效等一些亟待改进问题。

为进一步加强"基地"建设，充分发挥其在教育硕士专业学位研究生培养中的重要作用，现提出如下意见。

一、应高度重视"基地"建设，不断健全"基地"管理体制机制，逐步完善运行机制，推动"基地"建设规范化。

二、应进一步加大对"基地"建设的人力、物力和财力投入，从多方面保证"基地"的有效运行，为提高实践教学成效创造良好的物质条件。

三、应尽快建设一支思想政治素质过硬、师德高尚、实践经验丰富的专业实践教学指导教师队伍。建立健全相应的制度，切实发挥实践教学指导教师的作用。

四、鼓励"基地"优秀教师以多种方式深度参与教育硕士专业学位研究生培养，使"基地"优秀教师开设专题讲座等项工作常态化、制度化。应建立校内外指导教师定期交流合作、共同指导的有效机制。

五、制定科学合理、切实可行的实践教学计划，明确见习、实习、研习时间安排及时间长度。培养院校应与"基地"共同制定实习内容及考核标准，规范《实践教学手册》，通过实习督导、公开课、评课、总结与反思等多种方式，进行质量监控和评价。

六、及时总结"基地"建设的成效和存在的问题，积极推广好的经验和做法，引领带动"基地"建设工作，真正发挥"基地"建设在深化教育硕士专业学位研究生培养模式改革中的重要作用。

全国教育专业学位研究生教育指导委员会

2018 年 8 月 4 日

全国教育专业学位研究生教育指导委员会
关于公布《教育硕士专业学位论文基本要求》的通知

教指委发〔2019〕09 号

各培养院校：

《教育硕士专业学位论文基本要求》经专家组研制，反复征求培养院校和相关专家意见建议，并经全国教育专业学位研究生教育指导委员会全体会议审议通过，现予公布。请各培养院校组织教育硕士专业学位研究生指导教师和教育硕士专业学位研究生认真学习，参照执行。

附件：《教育硕士专业学位论文基本要求》

全国教育专业学位研究生教育指导委员会

2019 年 5 月 22 日

附件：

教育硕士专业学位论文基本要求

教育硕士专业学位论文（以下简称论文）是综合考察教育硕士专业学位研究生在基础理论、专业知识和专业技能等方面学习和研究工作结果的关键环节，是授予教育硕士专业学位的基本依据，是评价人才培养质量的重要指标。

一、概述

论文是教育硕士专业学位研究生在导师指导下独立完成的、完整、系统和规范的研究工作成果。撰写论文的目的在于提高教育硕士专业学位研究生规范运用科学理论和方法研究解决教育实际问题的能力，为其专业发展奠定坚实的基础。

论文应注重运用所学理论和方法，规范地研究和解决基础教育（中等职业技术教育）领域中存在的实际问题。

完成论文所需工作量不少于半年。

二、选题

论文选题应遵循理论与实践相结合的原则，紧密联系基础教育（中等职业技术教育）实际，关注学校教育教学和管理实践中具有现实意义和应用价值的重要问题，致力于教育实际问题的解决和教育实践的改进。

论文选题须与教育硕士专业学位研究生所学专业领域和方向一致，不得涉及高等教育领域的问题。

论文选题应结合教育硕士专业学位研究生的研究专长、兴趣和实践体验。

论文题目表述应规范、清晰、准确。

三、文献综述

论文撰写需检索与主题相关的文献资料。在深入研读相关文献的基础上，综合分析国内外相关主题的研究进展，并做出分析评论，以此阐明论文主题的研究价值。

文献综述应紧密围绕论文研究的主题，注重所使用文献的科学性和权威性。对于他人观点的引述与评论应恪守学术道德规范。文献综述须以规范格式呈现。

四、研究方法

应根据论文研究的需要和研究主题的特殊性，合理选择恰当的研究方法，阐明研究方法选择的依据，说明在研究过程中如何运用所选方法。应充分理解所选研究方法的基本特征和要求，规范运用研究方法开展研究工作。应避免使用单一的研究方法。

五、格式要求

论文由标题、摘要、目录、正文、参考文献、附录等部分组成。实验数据、调查问卷、观察记录、访谈记录等文件可作为附录。

论文结构主要包括：绪论（问题提出）、文献综述、理论与方法、资料与数据分析、结论等。各部分之间应当保持密切的逻辑关系和合理的比例。

论文应以清晰的方式呈现研究结果，说明研究结果的实践意义及对后续研究的价值，解释研究的局限性（包括推广和实践转换的局限性等）。

论文格式应符合专业文献撰写标准，凡引用他人观点、方案、资料、数据等，均应详加注释。论文语句通畅，无语法、拼写和排版错误。

论文正文字数不少于2万字。

六、不同形式论文基本要求

根据研究主题的不同，论文可采用专题研究论文、调查研究报告、实验研究报告和案例分析报告等多种形式。

（一）专题研究论文

专题研究是指运用现代教育基本理论和方法，在既有研究成果的基础上，对基础教育（中等职业技术教育）领域中专门的理论或实践问题进行综合概括和分析，有针对性地提出作者的理论或观点，并加以充分论证。其成果的呈现方式为通常意义上的学术论文。

专题研究论文的结构主要包括：

1. 问题提出：阐述本专题研究的必要性与可能性，并简述专题研究的主要目的和内容。

2. 文献综述：对国内外相关研究现状应有清晰的概括，重点分析国内外研究所取得的成就、存在的不足及拟开展的研究与既有研究的关联。

3. 理论及分析（具体章节的展开）：确定所研究问题的理论基础，运用科学、合理的方法对问题的内涵、外延做出清晰的说明。

4. 资料或数据分析：对相关资料或研究数据进行分类分析，提炼有关模式或建立相应的关系；资料及数据分析要贴切、合理。

5. 结论：针对所研究的问题提出自己的理论或观点，或在实践方面提出解决问题的对策和措施；见解要有一定的新意。

（二）调查研究报告

调查研究是指在教育理论指导下，规范地运用相关研究方法，对基础教育(中等职业技术教育)领域的活动或现象进行周密系统的了解和考察，对所收集到的资料进行统计分析或理论分析，从中提炼经验、发现本质，探寻规律，得出结论，并针对可能存在的问题提出解决方案或改进建议。由此形成的研究成果即调查研究报告。

调查研究报告的结构主要包括：

1. 绪论：对调研问题的国内外研究现状应有清晰的描述与分析，重点阐述本调研的必要性和重要性，并简述本调研报告的主要内容。

2. 调研方法：针对调研问题，说明问卷编制、个别访谈、调研范围与步骤、资料和数据的来源、获取手段及分析方法。

3. 资料和数据分析：运用科学合理的方法对调查资料和数据进行汇总、处理和分析，得出明确的结果，并运用数理方法对其进行可信度和有效性的分析。

4. 针对以上资料及数据开展讨论。

5. 对策或建议：在分析与讨论的基础上进行探索，并就调研对象存在的问题或者调研结果应用于实际中可能出现的问题提出相应的对策或建议。对策及建议应具有较强的理论与实践依据，具有可操作性及实效性。

6. 结论：系统概括调研报告所涉及的相关工作及其主要结论，明确提出具有独创性的结论，简要阐述调研成果的实践价值。

(三)实验研究报告

实验研究是指以一定的教育理论为指导，运用科学实验的原理和方法，建立具体假设，操纵某些教育因素或教育条件，并观察和测量其对其他变量的影响，考察这些教育措施与教育成效之间的因果关系，从而验证或证伪假设，探求教育规律。在此基础上，形成规范的书面研究报告。

在研究过程中，要求遵循客观、有效、可行等原则，采用科学、规范、合理的研究方法，以提高实验研究的内在效度和外在效度；要求对所研究的问题进行说明，确定自变量、因变量及无关变量，明确研究假设，且对其进行验证，以期揭示教育现象中的因果关系，并将其运用于实际的教育情境中。

实验报告应具有客观性、确证性。实验报告中记载的实验结果能被重复研究并证实；实验报告除以文字叙述和说明以外，应借助图像、图表等说明实验的基本原理和各步骤之间的关系，解释实验结果等。实验研究应严格遵守研究道德，严禁对师生的心智和情感等产生任何伤害。

实验报告的结构主要包括：

1. 绪论：阐述国内外相关研究的现状、发展趋势以及本实验研究的背景及必要性，并阐述本实验研究的主要内容。

2. 实验方法：对研究假设进行说明，采用定量研究或定量研究与质性研究相结合的方法，操作自变量，测量因变量，控制无关变量，详细阐述整个实验研究过程。

3. 实验结果：系统地概括通过实验研究所发现的主要数据或结果。

4. 讨论：针对实验数据或结果进行讨论，并明确指出相关教育改革可能的新思路或新见解，展望实验研究对教育现状的改进前景。

5. 结论：系统地概括实验研究得出的主要研究结论，并明确指出哪些结论是作者独立提出的，简要描述实验研究成果的实践价值。

（四）案例分析报告

案例分析是指以一个或多个特殊的个体（教师或学生）、典型的教育事件或教育组织案例分析为研究对象，通过收集、整理、分析与该研究对象有关的资料，探究某种特殊情况形成和发展的原因，揭示其发展变化的趋势或规律，并采取针对性的帮助措施，促进研究对象更好发展的研究。案例分析应具有真实性、实证性、典型性，应有明确的问题意识，须结合学理进行综合分析，在此基础上，形成符合规范的研究报告。

在研究过程中，要求开发或搜索典型案例，在对研究对象进行真实、多方位的描述后，结合相关理论或借鉴他人经验，归纳、分析、解释问题，以期对教育实例进行深度解读，描述性地揭示问题的症结所在，提供解决问题的有效策略，并为解决类似问题提供有益启示。

案例分析报告的结构主要包括：

1. 绪论：阐述案例分析的背景及必要性，并阐述本案例分析的研究目标及主要内容。

2. 研究方法的选择和运用：阐明选例的方式，即案例是如何选定的；进入现场以及与被研究者建立和保持关系的方式；采用什么方法收集资料和分析资料；关于研究伦理的考虑等。可以通过对案例的调查和分析来认识该案例的现状或发展变化的进程，也可以对案例的了解和认识为基础，尝试实施一些积极的教育措施以促进发展，从而认识措施与发展之间的因果关系。

3. 案例描述：描述整个案例的情景，包括时间、地点、人物、事件发生过程、结果等方面，并针对情景中的某几个问题进行理论分析。

4. 案例解析：分为理论解析部分和评议部分。理论解析涉及案例分析目的、教育理论依据、教育意义等；评议分析涉及案例自评或者专家点评、改进意见等。

5. 总结：对研究中的关键元素及研究结果进行深入讨论，从案例分析的结果中推论出最终的结论，并且对结论的有效性和真实性做出解释，对案例分析的问题提出解决方案或策略。推论要合乎逻辑。

全国教育专业学位研究生教育指导委员会
关于下发《关于进一步规范教育硕士(职业技术教育领域)专业学位论文工作的指导意见》的通知

教指委发〔2021〕06 号

各相关培养院校:

为进一步规范教育硕士(职业技术教育领域)专业学位论文的指导和管理工作,不断提高人才培养质量,全国教育专业学位研究生教育指导委员会职业技术教育专家工作小组于 2019 年、2021 年先后对职业技术教育领域教育硕士专业学位论文选题进行普查,并对部分论文进行了全文审阅。在此基础上,专家工作小组反复讨论,并征求相关专家的意见与建议,形成《关于进一步规范教育硕士(职业技术教育领域)专业学位论文工作的指导意见》。经全国教育专业学位研究生教育指导委员会全体委员审议通过,现予公布。请各相关培养院校组织指导教师、管理人员和研究生认真学习,参照执行。

附件:《关于进一步规范教育硕士(职业技术教育领域)专业学位论文工作的指导意见》

全国教育专业学位研究生教育指导委员会

2021 年 8 月 11 日

附件：

关于进一步规范教育硕士(职业技术教育领域) 专业学位论文工作的指导意见

    自 2015 年教育硕士专业学位研究生教育设置职业技术教育领域以来，各相关培养院校认真负责，积极探索人才培养模式改革，努力提高人才培养质量，取得了可喜的成绩。与此同时，也应看到，由于设置时间较短，培养经验有待丰富，教育硕士(职业技术教育领域)专业学位论文质量仍存在较大提升空间。

    为进一步规范教育硕士(职业技术教育领域)专业学位论文指导和管理工作，不断提高人才培养质量，根据《关于教育硕士专业学位研究生培养工作的指导意见》【教指委发〔2011〕04 号】、《教育硕士专业学位论文基本要求》【教指委发〔2019〕09 号】、《(非)全日制教育硕士专业学位研究生(职业技术教育领域)指导性培养方案》【教指委发〔2015〕07 号】等相关文件要求，特提出以下指导意见。

    一、教育硕士(职业技术教育领域)的培养目标是掌握现代教育理论、具有较强职业技术教育教学实践和研究能力的高素质中等职业学校专业教师。论文要紧紧围绕中等职业学校专业教师的教师教育工作，突出职业性、专业性、师范性、学术性。论文要体现教育理念先进、理论基础扎实、专业技能精湛、满足职业教育专业课程教学的高素质"双师型"教师的能力要求。

    二、论文写作要体现对中等职业学校专业课教师的相关要求，无论是职业能力、专业能力、教学能力，还是学术能力，都要落脚于解决作为一名高素质的中等职业学校专业课教师的实际教育教学问题。论文应是在导师指导下独立完成的科学、规范并具有应用价值的学术研究成果。论文应运用相关理论和科学方法分析、解决教育教学实际问题，注重研究成果的实践意义，注重通过实践探索促进专业发展。

    三、论文选题应紧密联系中等职业学校的教育教学实践，紧密结合教学(企业)实践中的问题，致力于教学实际问题的解决和改进，具有较强的实践意义和价值。

    1. 论文研究领域应是中等职业学校。选题不能以"高职院校""非中等职业学校""普通高中"等作为研究内容，不能偏离教育硕士(职业技术教育领域)研究生培养目标。

2. 选题须与研究生所学专业领域和方向一致。不能与教育硕士其他领域交叉重合。研究的课程应该为本专业的专业课程(公共、基础和文化课程不能作为研究的课程),研究的课程专业归属不清晰的,须在论文中说明与所学专业领域的关系。

3. 研究问题不能偏宏观、偏理论,缺乏中职专业教师的专业对应性和教育教学的实践性,要注重专业学位论文的特点,不能与学术性硕士学位论文趋同。论文应以微观具体问题研究为宜。

4. 选题倡导"真""小""实",小题深做,小题细做,避免大而空,虚而不实。选题要有新意,避免老生常谈。论文题目表述应清晰准确、言简意赅。选题应具有可行性,研究生愿意做、能够做、有能力做。

四、论文摘要撰写要规范、简练、逻辑性强。要素包括:目的、方法、结果与结论。要有背景和拟解决的问题或痛点,还要有解决问题或痛点的方法与手段,有数据或实验支撑的研究成果、新见解,有通过对问题的研究得出的重要结论、主要观点、理论意义和实用价值。

五、文献综述(研究现状)要针对论文的核心内容,围绕论文主题展开,所述的已有研究成果与本论文课题直接相关,要新近、典型、全面、确切、到位,与要解决的问题和研究内容吻合,在全面深入研读文献资料的基础上,综合分析国内外学术界最新研究进展、研究成果和存在的问题,并作出适当述评,避免有综无述,照搬堆砌。应注意所使用文献的权威性、可靠性和科学性。

六、研究要注重职业教育和教师教育理论的指导与运用,研究设计科学完整。研究方法合理规范,应充分理解所选研究方法的基本特征和要求。加强对数据、资料等的深度挖掘,不应是简单的堆砌;论证严密,分析全面、深入。

七、论文形式要强化规范的同时,也允许论文形式的多样性。各培养院校要正确对待学位论文格式规范性与论文形式多样性的关系,要分析不同论文形式的结构特性,逐步完善不同论文形式的撰写规范。如专题研究、调研报告、案例分析、课程开发、教材研发、教学案例设计、教学仪器设备开发与应用等。

八、论文要合理运用职业教育和教师教育相关的理论、方法、观念,解决中等职业教育教学实践中的问题,要明确提出自己独立的认识、观点、方案和对策,要有创新。

九、各培养院校在论文选题环节要按指导意见精神和《论文选题预审表》(见附表)增加或强化论文选题预审,确保符合教育硕士(职业技术教育领域)培养方案要求,不符合要求的不得开题,确保专业学位培养目标的达成。

附表：

论文选题预审表

教育硕士（职业技术教育领域）的培养目标是掌握现代教育理论、具有较强职业技术教育教学实践和研究能力的高素质中等职业学校专业教师。

本预审表根据《关于进一步规范教育硕士（职业技术教育领域）专业学位论文工作的指导意见》【教指委发〔2021〕06号】制定。

序号	评价要素	达到打√ 未达到打×
1	选题要紧密联系中职学校的教育教学实践，选题要紧密结合教学（企业）实践中的问题，致力于教学实际问题的解决和改进，具有较强的实践意义和价值。	
2	选题不能超范围。研究领域应是中等职业学校。论文选题不能以"高职院校""非中等职业学校""普通高中"等作为研究内容，不能偏离教育硕士（职业技术教育领域）研究生培养目标。	
3	选题不能越边界。须与研究生所学专业领域和方向一致。不能与教育硕士其他领域交叉重合。研究的课程应该为本专业的专业课程（公共、基础和文化课程不能作为研究的课程）。	
4	选题不能跨类型。研究问题不能偏宏观、偏理论，缺乏中职专业教师的专业对应性和教育教学的实践性，要注重专业学位论文的特点，不能与学术性硕士学位论文趋同。论文应以微观具体问题研究为宜。	
5	选题倡导"真""小""实"，小题深做，小题细做，避免大而空；选题要有新意，避免老生常谈；论文题目表述应清晰准确、言简意赅；选题应具有可行性，研究生愿意做、能够做、有能力做。	
预审结果 （第1—4项为一票否决项，有1项未达到，结果为不通过。第5项酌情考虑）。		☐通过 ☐不通过

全国教育专业学位研究生教育指导委员会关于开展第六届全国教育专业学位教学案例征集工作的通知

教指委发〔2024〕01 号

各教育专业学位研究生培养院校：

为深入贯彻习近平总书记关于教育的重要论述和研究生教育工作的重要指示精神，推动落实《教育部关于深入推进学术学位与专业学位研究生教育分类发展的意见》等文件的要求，持续推进教育专业学位教学案例开发和案例教学工作，全国教育专业学位研究生教育指导委员会（以下简称"教指委"）将组织开展第六届全国教育专业学位教学案例征集工作。现将相关事项说明如下：

一、征集对象与范围

1. 征集工作主要面向高校教师，不接受硕士研究生为第一作者的教学案例。

2. 征集教学案例面向教育专业学位硕士层次的所有专业领域。

3. 征集教学案例为文字案例，目前不接受视频案例。

4. 教学案例选题切忌陈旧、避免与既有入库案例简单重复，要紧密结合基础教育领域教育、教学、管理实践的新要求、新趋势和新问题。

二、规范与质量要求

1. 版权、形式、体例格式和内容规范上须符合《教育专业学位教学案例收录规范（试行）》（附件 1）要求。

2. 教学案例要以《教育专业学位教学案例标准》（附件 2）为依据，充分指向教育专业学位研究生课程教学需要。

3. 教学案例须自行查重，重复率不得超过 15%（含案例正文和教学指导手册）。

三、提交方法与时间

1. 征集工作不接受个人提交的教学案例。各培养院校对本单位人员的教学案例进行初审，最多可向教指委推荐 10 篇教学案例，如有超出，将取排序前 10 的教学案例。

2. 通过各培养院校初审并获得推荐的教学案例，由第一作者上传至中国专业学位案例中心案例库系统(https：//case.cdgdc.edu.cn)。在系统中提交教学案例时，须同时提交作者授权书(附件 3)、单位授权书(附件 4)和查重报告书。单位授权书为案例对象所在单位的授权书，不是案例编写者所在单位的授权书。譬如，教学案例是基于 A 小学的教育教学实践撰写的，就须提供 A 小学的授权书。

3. 教学案例提交案例库系统的起止时间为 2024 年 5 月 6 日—13 日。相关培养院校请于 2024 年 5 月 20 日前，将本单位提交系统的教学案例汇总表(附件 5)电子版发至 edm@bnu.edu.cn，汇总表电子文档标题格式为"单位名称＋第六届教学案例＋(提交案例总数)"，如"北京师范大学第六届教学案例(10)"。

四、案例评审与收录

1. 教指委组织专家对各培养院校推荐的教学案例进行评审，并将最终结果提交教育部学位与研究生教育发展中心审议。

2. 通过评审和审议的教学案例，将收录至中国专业学位案例中心案例库。

附件 1：教育专业学位教学案例收录规范(试行)
附件 2：教育专业学位教学案例标准
附件 3：作者授权书
附件 4：单位授权书
附件 5：提交教学案例汇总表
附件 6：参照案例(结构与形式参照)(略)

全国教育专业学位研究生教育指导委员会
2024 年 1 月 19 日

附件 1:

教育专业学位教学案例收录规范(试行)

案例开发与编写要始终坚持正确政治方向,全面贯彻落实习近平新时代中国特色社会主义思想,严格遵守国家法律法规,做到格式、体例、内容等规范。

一、版权要求

1. 原创案例,不侵犯任何第三方权利;

2. 未被任何国内外案例库(含中国专业学位案例中心案例库)收录(包括评审阶段),未在任何期刊发表;

3. 案例正文和教学指导手册整体的查重率不得超过 15%。

二、形式要求

1. 提交的教学案例应包含案例正文、教学指导手册、作者授权书及单位授权书等材料。

2. 提交系统、案例正文、教学指导手册的案例名称须保持一致。

3. 案例正文和教学指导手册须分别添加页码。

三、体例格式

案例正文、教学指导手册应按照下述格式分别排版:

(一)题目

采用宋体、三号、加粗。

(二)摘要和关键词

采用宋体、小四,"摘要"和"关键词"后需跟冒号,关键词之间用";"隔开;英文摘要和关键词应分别置于中文摘要和关键词之后。

(三)正文

一级标题采用宋体、加粗、四号,二级标题采用宋体、加粗、小四,三级标题采用宋体、小四;各级标题采用阿拉伯数字编号(如:1.;2.;3.;…,1.1;1.2;1.3;…);

正文采用宋体、小四,脚注采用楷体、小五;

数字和英文均采用 Times New Roman。

正文采用 20 磅行距。

四、内容规范

（一）案例封面

介绍案例名称、专业领域/方向、适用课程、作者姓名、工作单位等。

（二）案例正文

一般包括案例名称、中英文摘要及关键词、作者和版权相关信息、案例正文等内容，篇幅请勿过长或过短（案例正文篇幅一般在 8000—15000 字之间）。

1. 案例名称。以明确清晰、简洁易懂的中性词语为宜。

一般应包含有关主体/单位的真实名称，如真实名称需要做匿名化处理的请在首页脚注处说明。

2. 中英文摘要及关键词。摘要是对案例内容的简要描述，一般不作评论分析，300 字左右；关键词 3—5 个。

3. 作者和版权相关信息。以首页注释形式介绍作者姓名、工作单位、案例版权说明等。此外，应注明案例仅用于课堂教学。

4. 背景信息。交代案例的政策与实践背景、知识与理论背景以及案例对象的相关信息，1200 字左右。

5. 案例正文。内容为基于客观事实的真实描述，一般应包含必要的时间、地点、主要人物、关键事件等信息。表述完整准确、条理清晰、决策点突出，数据真实可靠。

（三）教学指导手册

教学指导手册应与案例正文对应，一般包括教学目标、启发思考题、分析思路、案例分析、课堂设计、要点汇总、推荐阅读等内容。

1. 教学目标。包含授课对象、适用课程、具体目标等。

2. 启发思考题。根据教学目标和案例内容提出有针对性的课堂讨论问题，5—6 题为宜。

3. 分析思路。展示案例分析的逻辑结构，体现案例问题、相关知识点和理论内在的逻辑关系。最好能以图示方式呈现。

4. 案例分析。基于启发思考题，选取适宜的理论、分析方法和工具对案例进行分析。案例分析的篇幅在 5000 字左右。

5. 课堂设计。包括时间安排、教学形式与环节设计等，必要时可附有板书计划。

6. 要点汇总。梳理案例涉及的主要教学知识点、总结和淬炼隐含的案例启示等。

7. 前置阅读。前置阅读的文献应紧密结合案例内容与教学目标，具有权威性，有助于案例的理解、分析与讨论，考虑理论与实践的结合，数量 5—7个为宜。

8. 附件。有助于理解且不便在正文中体现的数据、图表及相关背景资料等。此为可选内容，如觉必要则提供。

附件 2：

教育专业学位教学案例标准

第一部分　案例正文		
1. 案例选题	属于基础教育领域	案例选题关注的是中国基础教育发展改革、学校管理、课程教学的实践。
	坚持服务教学	案例选题应紧密结合教育专业学位硕士研究生相关课程教学的需要。
	具有时代性	案例选题紧跟教育实践与理论发展的前沿，反映教育实践的新举措和理论的新认识。
	具有代表性	案例选题具有一定的普遍性，反映一般性的关注。
2. 案例内容	真实可信	案例是对已发生事实的如实记录，非杜撰、虚构、臆想之物。
	材料客观丰富	案例是在系统深入调研的基础上精心编写而成的，而不是从已出版论著中简单转抄而来，案例应充分呈现调研获得的一手材料。
	有一定的篇幅与难度	案例正文的篇幅在 8000—15000 字之间。在内容呈现、概念把握与结构性上有一定的难度，不简单表露问题、观点与价值的取向，有争鸣和讨论的空间。
	结构完整	案例均由案例标题、首页注释、中英文摘要关键词、背景信息、教学指导手册等部分构成。
	谋篇布局合理	能综合考虑案例的主题和素材，做到主线清晰，案例素材和主线结构匹配合理，案例内容层次清晰、衔接自然。
	背景信息充分	能很好地交代案例的政策与实践背景、知识与理论背景以及案例对象的相关信息。
第二部分　教学指导手册		
3. 教学目标	教学目标设定恰当	包括授课对象、适用课程、具体目标等。教学目标设定与课程教学目标和知识点对应，能综合考虑案例的知识覆盖和对学生分析问题、解决问题能力的训练。

续表

4. 启发思考题	思考题设计合理	问题能紧密结合案例与教学目标,具有启发性、开放性与层次性;能够将理论与实践、知识学习与能力提升很好地结合起来。5—6 题为宜。
5. 分析思路	清晰展示案例分析的逻辑结构	能清楚交代案例内容、案例问题、相关知识点和理论内在的逻辑关系。最好结合图示呈现案例分析的逻辑结构。
6. 案例分析	案例分析清晰充分	能基于启发思考题,选取适宜的理论、分析方法和工具对案例进行分析。篇幅 5000 字左右。
7. 课堂设计	课堂设计建议合理	包括师生课前计划的安排、课堂讨论交流的形式、时间进度计划、教师注意要点和课后如何评估等内容,能考虑不同学校、学生的情况。
8. 要点汇总	要点汇总扼要突出	梳理案例涉及的主要教学知识点、总结和淬炼隐含的案例启示等。
9. 前置阅读	前置阅读具有针对性	推荐文献应紧密结合案例内容与教学目标,具有权威性,有助于案例的理解、分析与讨论,体现理论与实践的结合。
10. 补充材料	案例附件必要有效	能很好地补充案例正文的信息,有利于学生扩展与深化对问题的思考。
第三部分　文稿质量		
11. 规范性	文字规范	用生动、简洁的语言将内容表述清楚,做到段落清晰、断句清楚、语法和标点符号正确、措辞恰当、表达时态正确、文风平实等。
	格式规范	在字体、段落、文献标注等方面,严格按照规定体例编写。
12. 可读性	可读性强	案例生动有趣,可读性强,内容表述能够激发学生阅读兴趣。

附件 3：

作者授权书

教育部学位与研究生教育发展中心：

　　本人同意案例_____

被教育部学位与研究生教育发展中心所属的中国专业学位案例中心收录。

　　本人郑重声明如下：

　　1. 该案例为作者原创，未公开发表，未一稿多投。

　　2. 该案例所有引用资料均已注明出处，不涉及保密与知识产权的侵权等问题，对于署名无异议。

　　3. 该案例被教育部学位与研究生教育发展中心收录后：

　　(1)作者享有案例的署名权、修改权、改编权，教育部学位与研究生教育发展中心享有并有权同意第三方享有以下权利：

　　案例的复制权、修改权、发表权、发行权、信息网络传播权、改编权、汇编权和翻译权；代表本人与其他机构或个人进行案例交换、购买、出版等商务谈判、合作的权利。

　　(2)未经教育部学位与研究生教育发展中心书面同意，本人不得授权第三方以任何方式使用该案例。

　　本授权书由第一作者签字确认，并对各项承诺负全责。

　　授权书所涉及事项对该案例全体作者具有约束力。

　　如本案例未被中国专业学位案例中心收录，本授权书自动失效。

　　　　　　　　　第一作者签字(手签)：

　　　　　　　　　身份证件号码：

　　　　　　　　　常用联系电话：

　　　　　　　　　所属单位：

　　　　　　　　　　　日期：　　年　　月　　日

附件 4:

单位授权书

教育部学位与研究生教育发展中心:

_____撰写(指导)的案例_____

是在对我单位有关人员采访的基础上完成的,案例中涉及到对于我单位的相关描述是客观的,我单位予以认可。

特此声明。

单位名称(公章):

授权代表:

日期:

附件 5:

提交教学案例汇总表

院校名称:

联系人姓名:　　　　　　　　电话:　　　　　　　　E-mail:

序号	专业领域	案例名称	作者信息			
			姓名	工作单位	E-mail	电话

注: 如一个案例有多位作者, 请将所有作者信息列出。所有信息项都不要空缺。

全国教育专业学位研究生教育指导委员会
关于转发"田家炳杯"教育硕士专业学位研究生
教学技能大赛规程(2024年修订版)的通知

教育发〔2024〕01号

各教育专业学位研究生培养院校:

为贯彻党的二十大精神,落实《新时代基础教育强师计划》,推动全日制教育硕士专业学位研究生教学改革和教学质量的提升,2023年,"田家炳杯"全日制教育硕士专业学位研究生教学技能大赛(以下简称"大赛")全面开展。在对各赛项进行总结的基础上,根据大赛的实际情况,全国教育专业学位研究生教育指导委员会(以下简称"教指委")委托鲁东大学刘晓华教授牵头、组织大赛专家委员会成员对2022年3月9日转发的"'田家炳杯'全日制教育硕士专业学位研究生教学技能大赛规程"(以下简称规程)进行了修订,该修订版的《规程》已经2024年1月21日教指委年度工作会议全体委员审议通过。现将2024年修订版的《规程》予以转发,请大赛承办院校参照执行。

附件:"田家炳杯"全日制教育硕士专业学位研究生教学技能大赛规程(2024年修订版)

全国教育专业学位研究生教育指导委员会秘书处

2024年1月22日

附件：

"田家炳杯"全日制教育硕士专业学位
研究生教学技能大赛规程

（2024 年 1 月教指委审议通过稿）

　　教育教学实践能力提升是全日制教育硕士专业学位研究生培养过程的关键环节，对提高人才培养质量具有重要意义。举办"田家炳杯"全日制教育硕士专业学位研究生（以下简称教育硕士研究生）教学技能大赛（以下简称大赛）旨在推动各培养院校进一步加强教育硕士研究生教育教学实践能力的培养，增进培养院校之间的相互交流学习，促进共同发展。为充分发挥大赛在人才培养过程中的作用，促进大赛规范开展，不断提高办赛水平，特制定本规程。

第一章　总则

　　第一条　大赛为田家炳基金会授权冠名、面向全日制教育硕士研究生开展的公益性教学技能竞赛展示活动。

　　第二条　大赛旨在提升教育硕士研究生教育教学实践能力，以赛促教、以赛促学、以赛促改。

　　第三条　大赛坚持公平、公正、公开、安全、有序的原则。赛前公开赛项规程、比赛内容、比赛时间、比赛方式、比赛规则、比赛环境、评分标准等内容。

　　第四条　大赛按专业领域或专业方向设若干分赛项，并按分赛项举办赛事。大赛参赛对象仅限于在校全日制教育硕士专业学位研究生。

　　第五条　大赛经费来源为参赛选手所在院校缴纳的注册费和参赛费、大赛承办院校自筹资金以及按有关规定取得的社会赞助等。

第二章　组织机构

　　第六条　受田家炳基金会委托，全国教育专业学位研究生教育指导委员会负责组建大赛专家委员会（以下简称专委会）。专委会为大赛的业务指导组织，负责大赛的规程制定和业务指导工作。专委会由教指委委员与有关专家组成，设主任一名、副主任若干名。专委会委员聘期为五年。

　　第七条　专委会设秘书处，负责日常事务。秘书处设在全国教育专业学位研究生教育指导委员会（以下简称教指委）秘书处。

　　第八条　专委会的主要职责为：

1. 制订和修订大赛规程，并报请教指委审议通过。

2. 指导制定赛事方案、审定赛事承办申请。

3. 推荐各赛项专家组成员。

4. 根据需要派出专家，指导协调分赛项赛事举办。

5. 指导大赛最终结果发布。

6. 召开工作例会。

第九条 大赛各分赛项设赛项专家组，专家组在专委会指导下开展工作。各分赛项专家组由专委会推荐、报请教指委批准成立。分赛项专家组由具有丰富教育硕士研究生培养经验和教学技能比赛组织经验的专家组成，设组长一名、副组长若干名。组长一般由专委会成员担任。专家组成员聘期为五年。

第十条 分赛项专家组的主要职责为：

1. 受理并审议承办申请，向专委会推荐承办院校。

2. 指导赛项赛事通知、公告的制定、发布。

3. 听取审议赛项办赛汇报，审定办赛原则、比赛办法、评委组成及组织机构。审定赛项组委会赛事总结。

4. 向决赛派出赛事指导小组。指导小组一般由 3 人组成，赛项专家组长、副组长为常设成员，必要时可有其他成员参加。赛事评委会主任由赛项专家组组长或副组长担任，主持本届赛事评委会工作。

5. 每年召开不少于三次专家组全体会议，研究确定赛事细则、专家库及试题库建设等，推动基于赛事的教育硕士实践教学的开展。

第十一条 赛项主办方为田家炳基金会，由教育硕士培养院校承办。承办院校组成赛事组委会，在赛项专家组指导下，负责赛事各项工作。

第十二条 赛事组委会由承办院校分管领导、研究生院（处）负责人及学科依托学院负责人组成。赛事组委会设办公室，负责赛事各项工作的落实。

第十三条 承办院校赛事组委会的主要职责是：

1. 根据大赛规程，制定赛事方案、工作流程和管理规则。

2. 在赛事指导小组指导下成立赛事评委会，确定有关工作人员。

3. 根据赛项需要，落实比赛场地、设备，保障赛事安全。

4. 统筹与赛事同期举办的研讨、讲座、报告、展览等相关活动。

5. 负责与专委会和赛事指导小组的联系。

第十四条 大赛设计使用专用标志。

第三章 赛项设置

第十五条 根据全日制教育硕士专业学位研究生培养领域，大赛分为以下赛项：

1. "田家炳杯"全日制教育硕士专业学位研究生(学科教学方向)教学技能大赛；

2. "田家炳杯"全日制教育硕士专业学位研究生(现代教育技术专业)教学技能大赛；

3. "田家炳杯"全日制教育硕士专业学位研究生(小学教育专业)教学技能大赛；

4. "田家炳杯"全日制教育硕士专业学位研究生(心理健康教育专业)教学技能大赛；

5. "田家炳杯"全日制教育硕士专业学位研究生(科学与技术教育专业)教学技能大赛；

6. "田家炳杯"全日制教育硕士专业学位研究生(学前教育专业)教学技能大赛；

7. "田家炳杯"全日制教育硕士专业学位研究生(特殊教育专业)教学技能大赛；

8. "田家炳杯"全日制教育硕士专业学位研究生(职业技术教育领域)教学技能大赛。

第十六条 赛项承办院校经遴选产生。遴选原则如下：

1. 鼓励有条件的院校积极承办赛项。

2. 同等条件下，考虑赛项与院校优势学科的关联性。

3. 首次承办赛项的院校当届大赛承办赛项不多于2个。

4. 同一院校承办同一赛项连续不超过2届。优先考虑同一赛项第二年的承办申请。

第十七条 赛项申办程序如下：

1. 申办单位主体应为教育硕士培养院校。

2. 院校向专委会秘书处提交《教学技能大赛承办申请表》，内容包括院校简况、相关专业教育硕士研究生培养情况、办赛经费支持承诺、办赛经验、办赛软硬件条件等。

3. 院校提交《教学技能大赛承办申请表》的截止日期为当年3月31日前。

4. 专委会委托赛项专家组对申请书进行审核，必要时可听取申办院校口头汇报或进行实地考察，提出推荐意见和赛项承办建议，报专委会确定。

第四章 赛项流程

第十八条 各赛项的举办分为初赛和决赛两个阶段。比赛通知等信息由承办院校发布。

第十九条 各参赛院校根据通知要求，组织校内选拔赛，遴选参加初赛选手。

第二十条　在赛项专家组指导下，由赛项组委会组织评委对各院校初赛参赛选手的作品进行线上评审。根据评审结果，确定参加决赛选手名单，并在"全国师范院校师范生教学技能竞赛网"网站（网址为 http：//qgjxjn.zjnu.edu.cn/)公布。

第二十一条　决赛流程

1. 召开赛前会议。参加人员包括：专委会代表、赛事指导小组成员及赛事组委会成员。会议由专委会代表主持，会议内容包括：听取赛事组委会汇报，决定本赛事评委会组成。

2. 召开评委会会议。讨论通过评审办法，签订承诺书，专委会代表到场监督。

3. 召开参赛人员全体会议。由组委会介绍赛事筹备情况及比赛安排。

4. 现场比赛。

5. 召开赛后评委会会议。各评审组组长汇报评审结果，并在评议讨论的基础上，形成赛项（决赛）评审结果，根据选手的得分确定奖项及等次。专委会代表到场监督。

第五章　比赛办法

第二十二条　初赛内容与要求

选手根据各学科领域特点，从现行中（小）学（中职学校）教材中自选内容，制作一个教学视频（15—20 分钟），同时提交相应的教学设计 word 文件（字数不超过 5000 字），教学设计文件内容须符合学生认知规律，体现现代教育理念。教学设计文件应说明视频录制依据，包括：录制内容、学情分析、教材分析、教学目标、教学环节与设计理念等。视频和教学设计文件中不得透露选手院校、姓名等信息。格式、规格等由赛事组委会规定。

第二十三条　初赛评审办法

1. 评委会组成。承办院校赛事组委会负责组建初赛评审专家委员会（简称初赛评委会）。初赛评委会由高校学科教学论专家和基础教育学校或中职教育学校组成，其中高校评审专家可从各参赛院校推荐专家或非参赛高校专家中遴选。一般由三名专家（两名高校学科教学专家，一名基础教育学校或中职教育学校专家）组成一个评审组。评审专家选聘应采取回避原则，承办院校及其所在省份的专家人数应不超过专家总数的三分之一（其中承办院校专家不超过一人）。评审专家委员会须经赛项专家组审定。

2. 评审方式。初赛作品采取匿名评审，分组同时进行。教学视频与相应的教学设计一同随机分配到各个评审组。评审采取百分制，教学视频与教学设计应相互印证。评审根据作品水平进行打分排序，并适当考虑参赛选手的院校分布情况，最终确定决赛名单。决赛选手人数一般不超过参赛选手总数的50％。鼓励各赛项使用"全国师范院校师范生教学技能竞赛网"网站中的"竞赛管理系统"开展评审工作。

3. 选手产生。各培养院校统一组织选手参加比赛，不接受选手个人报名参赛。为提高赛事组织效率，每所培养院校初赛参赛选手的人数，原则上不超过院校（本领域或方向）在读人数的15％，最多不超过5人。

4. 结果公布。通过初赛评审的选手将进入决赛，名单在"全国师范院校师范生教学技能竞赛网"网站公布。

第二十四条 决赛内容与要求

1. 发布通知。承办院校发布赛项决赛通知。各培养院校进入决赛的选手依据通知参加决赛。

2. 决赛内容。决赛的内容（包括学段、所用教材、课题等）由赛项组委会报赛项专家组审定后，在决赛通知中公布。

3. 决赛评委会组成。（1）决赛评委会由赛项专家组成员、高校学科教学论专家以及基础教育学校或中职教育学校专家组成，赛事指导小组组长任评委会主任。（2）专家选聘应采取回避原则，承办院校及其所在省份的专家人数不超过专家总数的三分之一（其中承办院校专家不超过一人）。（3）决赛评委会由赛项专委会审定。（4）决赛实行分组同步方式进行，每组评审专家为3—5人，其中至少1人为一线专家。

4. 决赛形式。比赛形式原则上为模拟讲课和现场答辩两个环节。（1）模拟讲课：针对某一教学环节或知识点进行模拟授课（讲课内容可以为一堂完整教学步骤的课，也可以针对某一教学环节或知识点，具体可由赛项组委会决定），讲课用时不超过15分钟。（2）现场答辩：模拟讲课完成后，评委从教学设计的角度向选手提出1—2个与所讲内容密切相关的问题，选手当场回答。用时不超过10分钟。

5. 决赛顺序。（1）参赛选手报到时，抽签决定自己的组别和比赛时间段。（2）参赛选手于指定时间进入"准备室"抽取比赛序号。选手依序进入"备课室"备课。（3）参赛选手依次进入"备课室"，先抽取比赛课题（比赛内容），然后进行教学准备，准备时间由各学科具体确定。（4）参赛选手于指定时间进入"比赛室"，分模拟讲课和现场答辩两个环节，进行比赛。

6. 决赛评分。决赛现场总成绩满分100分。其中，模拟讲课满分为80分，现场答辩满分为20分。现场评分以评审小组全体评委的平均分作为参赛选手的最终得分，并以此进行成绩排序。

第六章　奖励办法

第二十五条　决赛设参赛选手奖和优秀指导教师奖两个奖项。选手奖分为一等奖、二等奖、三等奖三个等次，其中，以决赛选手总数为基数，一等奖约10%、二等奖约20%、三等奖约40%，其他参加决赛的选手均获得"优秀教学设计奖"。获得一、二等奖选手的指导教师，授予"优秀指导教师奖"。多位老师指导同一名学生获奖，"优秀指导教师奖"颁发给首位指导教师。获奖证书由田家炳基金会颁发。

第二十六条　各赛项不得以大赛名义另行设奖，大赛不进行参赛院校成绩排名。获奖选手、获奖等次、指导教师等信息以文件方式公布，并在"全国师范院校师范生教学技能竞赛网"网站上公布。

第七章　赛事纪律

第二十七条　赛项专家组应担负执行大赛规程，对大赛进行研究、指导、规范和监督职责，妥善处理大赛中出现的问题。

第二十八条　大赛评委应本着公平、公正的原则，秉承职业精神，彰显专业水准。对经核实有失范行为的评委将列入"黑名单"，不再聘用。

第二十九条　参赛选手需凭研究生证和身份证报到及参赛。选手报到时获取个人编号，作为比赛期间唯一身份标识。比赛期间，选手不得通过语言、服饰等任何途径暴露个人信息(包括姓名、参赛学校、指导教师等)。参赛院校及个人不得以任何形式联系评委。若参赛院校选手违反上述规定，取消参赛院校或该选手的参赛资格。

第三十条　参赛选手的手机、移动存储设备等不得带入赛事规定的禁止通讯、交流的场地。

第三十一条　大赛结束后，适时公布获奖名单。对获奖名单有异议的，可以实名书面形式向赛项专家组投诉。保护实名投诉人的合法权益。

第三十二条　公开申诉程序，建立畅通的申诉渠道。大赛(决赛)设监督仲裁组。监督仲裁组由赛事指导小组成员任组长，负责大赛全过程监督，受理申诉并进行仲裁，以保证比赛的顺利进行和比赛结果的公平公正。参赛选手、学校对大赛(决赛)组织或评委、工作人员的违规行为，可进行投诉。仲裁组依据大赛规程及大赛相关文件进行调查、仲裁。仲裁组的裁决为最终裁决。仲裁结论以书面形式答复参赛学校领队并备案。

第三十三条　大赛规范经费的筹集和使用应严格执行财经制度，在大赛举办过程中加强经费管理，接受监督审查。

第三十四条　大赛严格执行国家有关规定，严禁铺张浪费，严格执行用餐、住宿、交通等规定。

第八章　附则

第三十五条　大赛期间，对各参赛选手比赛过程进行录像，专委会保留非商业用途使用选手录像和照片的权利。

第三十六条　在报请大赛专委会核准后，承办院校可以通过校企合作等形式寻求支持。

第三十七条　大赛设"全国师范院校师范生教学技能竞赛网"网站，并通过媒体开展多种形式的宣传，扩大大赛的影响，提升大赛管理信息化水平。

第三十八条　大赛积极推动与其他国际及区域性学生技能比赛的联系，建立交流渠道，促进了解，探索合作。

第三十九条　专委会应建立健全议事制度，依据本规程在赛前制定和公布大赛有关工作的具体规定、规则、办法、标准等规范性文件。

第四十条　规程的修订工作由专委会根据需要启动和组织，修订内容须经大赛专委会成员三分之二以上同意，并报请教指委批准。

第四十一条　本规程自发布之日起生效，由专委会负责解释。

全国教育专业学位研究生教育指导委员会
关于教育硕士专业学位研究生在线示范课程评选的通知

教育发〔2022〕02 号

各教育硕士研究生培养院校：

为落实中华人民共和国国务院学位委员会《关于开展专业学位研究生在线示范课程建设工作的通知》（学位办〔2022〕22 号）的文件精神，推动教育硕士研究生培养单位加大线上课程的建设力度，促进线上优质课程资源的共享，切实发挥在线示范课程的示范引领作用，充分实现线上课程的跨时空性、个性化、共享性等功能，促使线上课程成为发展教育专业研究生社会责任、创新意识、专业水平、实践能力、职业素养的重要载体，全国教育专业学位教育指导委员会（以下简称"教指委"）将开展 2022 年教育专业研究生在线示范课程评选，有关事项如下：

一、申报条件

1. 以教育硕士培养院校为申报单位，申报课程范围为面向教育硕士研究生开设的课程。

2. 申报课程形式为已在线课程和拟建设的在线课程，课程教学效果良好。拟申报课程各类教学资源知识产权清晰、明确，不侵犯第三方权益。

3. 课程负责人及主讲教师须连续担任本课程教学三年以上（含三年）的专任教师，坚持贯彻党的教育方针，无违反新时代高校教师职业行为十项准则的情况。

4. 已获得国家、省部级精品课程或相应称号的课程不在本次申报范围之内。

5. "教指委"颁发的《教育硕士专业学位研究生指导性培养方案》中的教育原理、课程与教学论、教育研究方法、心理发展与教育四门学位基础课程为建设课程。

二、申报程序

申报单位依照《教育专业学位研究生在线示范课程评选办法》（附件 2）审核

本单位拟申报课程，推荐参评课程不超过四门。

1. 申报材料

申请者须提交《教育专业学位研究生在线示范课程申报表》(附件 3)及所属支撑材料。支撑材料包括：①课程教学大纲；②近两轮过程性的作业测验、结果性的考试试卷或结课论文等；③课程视频文件(已建设在线课程需提供课程视频下载网址)；④课程信息表(附件 1)。

课程视频文件格式为 MP4，须是完整的、未经剪辑的一个学时课程视频，建议上传到百度云盘(附件 4)，高清视频文件过大，可压缩成不低于 1080× 720 像素的上传版本。拟建设的在线课程提交课堂录像视频，在线课程提交在线课程视频。

2. 申报方式

本次申报为线上申报，由高校登录中国教育专业学位研究生教育网(http：//edm. eduwest. com/)后打开"专项工作上传"模块，点击"课程送审"功能完成申报，申报内容需要填写课程名称、学院、专业领域、教师姓名、教师手机号码、教师电子邮件、课件视频百度云盘文件地址(该材料为③课程视频文件)、云盘文件提取码及辅助材料(辅助材料分别为①课程教学大纲，②近两轮过程性的作业测验、结果性的考试试卷或结课论文等，④课程信息表)，填写后可在"专项工作管理"模块中的"课程管理"功能中查看、修改、删除申报的课程数据。

注：百度云盘下载地址 https：//pan. baidu. com/download

3. 申报时间

申报单位审核截止时间为 2022 年 12 月 31 日 24：00，申报需经所在高校研究生教育主管部门审核，审核通过后，方可进入课程评审程序。

申报开放时间为 2022 年 11 月 25 日—12 月 31 日 24：00。

申报时间截止后，未能提交的申报材料以及未通过单位审核的申报，不能进入后续课程评审环节。

三、评审评定

根据《教育专业学位研究生在线示范课程评选办法》(附件2),由"教指委"秘书处进行组织评审工作。

四、联系方式

翟东升　13501139047　　邮　箱：edm@bnu.edu.cn

附件：1. 国务院学位委员会《关于开展专业学位研究生在线示范课程建设工作的通知》(学位办〔2022〕22号)(略)
2. 教育专业学位研究生在线示范课程评选办法
3. 教育专业学位研究生在线示范课程申报表(略)
4. 示范课程视频上传百度云盘流程(略)

全国教育专业学位研究生教育指导委员会

2022年11月19日

附件 2:

教育专业学位研究生在线示范课程评选办法

为落实中华人民共和国国务院学位委员会《关于开展专业学位研究生在线示范课程建设工作的通知》(学位办〔2022〕22 号)的文件精神,促进教育专业学位研究生课程建设与改革,根据相关部门的要求,全国教育专业学位教育指导委员会(以下简称"教指委")将开展教育专业学位研究生在线示范课程评选活动。为确保评选活动公平公正,特制定本办法。

第一章 总则

第一条 以坚持党的教育方针,弘扬社会主义核心价值观,落实立德树人根本任务,推动专业教育与思想政治教育协同育人。

第二条 评选原则,坚持公开公平,竞争择优,保证质量,兼顾布局。

第二章 申报要求

第三条 参评课程符合教育专业学位研究生教育发展要求、基础教育(职业教育)关于教师的新需求、基础教育(职业教育)各学科课程标准的新变化,加强研究生课程思政,提升研究生实践创新能力。

第四条 教学内容无危害国家安全、涉密及其他不适宜公开传播的内容,无侵犯他人知识产权内容。

第五条 参评课程负责人应为申报院校正式聘用的教师,有良好的思想政治素养和师德风范,认真履行教师职责,遵纪守法。

第六条 申报课程类型为学位基础课。

第七条 申报课程须具有整体教学设计,完整的教学大纲,教材及相关教学资料。

第八条 申报课程如含有实践教学环节,须有实训室或微格教室等实践教学条件。

第九条 申报课程在本校教学效果良好,教学质量较高,在学生知识掌握、能力培养及优良学风形成等方面效果显著,无重大教学事故。

第十条 在线课程或拟建在线课程符合在线课程国家标准,适合网络传播和线上教学。在线课程包括大规模在线开放课程(简称 MOOC)、小规模限制性在线课程(简称 SPOC)及其他形式的在线课程。

第十一条 申报课程须经教育专业学位研究生培养院校审核通过后统一上报。

第三章　评审程序

第十二条　在线示范课程坚持引领示范作用，"教指委"颁发的《教育硕士专业学位研究生指导性培养方案》中的教育原理、课程与教学论、教育研究方法、心理发展与教育四门学位基础课程为重点建设课程。

第十三条　初评。由"教指委"组成专家组对申报材料进行初评，必要时组织课程负责人或主讲教师开展现场说课，拟定在线示范课程名单。

第十四条　复评。由"教指委"确定是否以及采取何种方式进行复评。教指委全体委员会议采取无记名投票方式对评审结果进行审议、表决，确定获得在线示范课程名单，颁发证书。

第四章　后期管理

第十五条　评选结果有效期为五年。对评定为在线示范课程，申报院校应继续建设与完善。

第十六条　面向全国教育专业学位研究生培养院校，"教指委"根据需要，组织教育专业学位研究生在线示范课程建设专题培训，提升教师课程研发和实施能力，获得在线示范课程的课程负责教师优先作为培训教师。

第十七条　有效期满后，须申请在线示范课程再认定，认定通过，有效期顺延五年。认定未通过，或未参与再认定课程取消其在线示范课程称号。在线示范建设课程有效期满后，可参加新一轮在线示范课程申报。

第十八条　评定后凡有下列情况之一者：课程负责人、主讲教师或授课内容违反党的教育方针，违反国家法律法规、违背社会公序良俗；有重大教学事故及教学质量问题；课程申报相关信息或数据造假，由"教指委"秘书处报请"教指委"批准，取消其在线示范课程称号，停止课程负责人申请教育专业学位研究生在线示范课程评选的所有资格。

第五章　附则

第十九条　本办法自颁布之日起实施。

第二十条　本办法由"教指委"秘书处负责解释。

全国教育专业学位研究生教育指导委员会

2022 年 11 月 19 日

第三编

教育博士专业学位教育标准

国务院学位委员会办公室关于转发《教育博士专业学位研究生指导性培养方案(试行稿)》的通知

学位办〔2010〕62 号

各教育博士专业学位研究生培养单位：

为促进教育博士专业学位研究生教育健康顺利发展，切实保证培养质量，全国教育专业学位教育指导委员会组织专家，研究制定了《教育博士专业学位研究生指导性培养方案(试行稿)》及《教育博士专业学位研究生各专业方向指导性培养方案(试行稿)》。

现将该指导性培养方案转发给你们，请认真研究，结合实际情况，制定本单位教育博士专业学位研究生培养方案，并于 2010 年 12 月 30 日前报全国教育专业学位教育指导委员会秘书处备案。

附件：1.《教育博士专业学位研究生指导性培养方案(试行稿)》
2.《教育博士专业学位研究生各专业方向指导性培养方案(试行稿)》

国务院学位委员会办公室
二〇一〇年十一月十日

附件1：

教育博士专业学位研究生指导性培养方案（试行稿）

为规范教育博士专业学位研究生培养工作，保证人才培养质量，根据国务院学位委员会《教育博士专业学位设置方案》和教育部《关于开展教育博士专业学位教育试点工作的通知》精神，特制定教育博士专业学位研究生指导性培养方案。

一、培养目标

教育博士专业学位研究生的培养目标是造就教育、教学和教育管理领域复合型、职业型的高级专门人才。

教育博士专业学位获得者应对教育事业具有强烈的责任感和使命感，具有较高的人文与科学素养、扎实宽广的教育专业知识和较高的教育理论水平，能有效运用科学方法研究和解决教育实践中的复杂问题，创造性地开展相关专业领域的实践工作。

二、招生对象

教育博士专业学位教育的招收对象是具有硕士学位、有5年以上教育及相关领域全职工作经历、具有相当成就和较强研究能力的中小学教师和各级各类学校管理人员。

三、专业方向

教育博士专业学位设置"教育领导与管理""学校课程与教学""学生发展与教育"三个专业方向。

四、学习年限与培养方式

教育博士专业学位研究生的培养采用学分制和弹性学制，基本学制为四年。其中，脱产在校学习和研究时间累计不少于一年。培养过程包括课程学习、中期考核、开题报告、论文写作和论文答辩等环节。

教育博士专业学位研究生实行集体培养和导师指导相结合的培养方式。

五、课程设置与教学

教育博士专业学位课程体系应符合教育发展对专业化管理者、专家型教师及教育家培养的总体要求，课程内容应反映教育理论研究的最新进展，课程结构应体现综合性、专业性，突出实践研究特点，课程教学应采用模块课程和学分制，应重视运用团队学习、专题研讨、现场研究、案例分析及教育调查等方法，加强自学、作业、辅导和文献阅读等环节，提高学生实际运用所学知识的能力。

根据培养目标要求，教育博士专业学位研究生研修的课程总量应不少于20学分。培养单位可根据培养重点确定公共课、专业必修课、选修课的课程内容和学分数，突出特色。所开设课程应包括以下模块：

（一）公共课模块

不少于4学分。旨在提高学生的人文和科学素养，扩大学科视野和知识面。

（二）教育理论模块

不少于6学分。旨在提高学生的教育理论素养，培养运用教育理论研究和解决教育实际问题的能力。

（三）教育研究方法模块

不少于4学分。旨在提高学生综合运用各种教育研究方法的能力，培养学生的问题意识和科学严谨的思想方法。

（四）教育实务与实践研究模块

不少于6学分。旨在提高学生综合运用教育理论和研究方法，总结和提升实践经验、研究和解决实际问题的能力，培养学生引领教育教学改革的领导力。

六、中期考核

中期考核是课程学习阶段结束并经考核通过后，对学生是否具备学位论文写作能力的资格审查。学生应根据专业方向的培养要求，在理论、文献综述、实践研究三方面各完成一篇不少于8000字的研究报告。

培养单位应成立由相关领域专家组成的考核委员会负责中期考核。考核委员会应综合学生思想品德、课程学习、研究报告和现场答辩等方面情况，对学生是否具备学位论文写作能力进行评判。

学生未能通过中期考核者，可申请再次进行中期考核；第二次未通过中期考核或四年内未通过中期考核且无特殊理由者，将被中止学业。

七、开题报告和学位论文

教育博士专业学位研究生应通过开题报告确定博士学位论文选题。论文选题应来源于教育、教学和管理实践中具有重要现实意义和应用价值的关键问题，应密切结合学生的本职工作。

教育博士专业学位论文应注重综合运用相关理论和科学方法分析、解决基础教育中的实践问题，注重研究成果的实践意义，注重通过实践探索创生知识。

学位论文篇幅一般不少于 8 万字。

八、论文答辩和学位授予

教育博士专业学位研究生学位论文评阅人和答辩委员会成员中，至少应有一名具有高级专业技术职务的实践领域的专家。

学生完成规定的课程学习、修满学分，按规定完成学位论文并通过学位论文答辩者，授予教育博士专业学位，颁发博士研究生毕业证书。

附件 2：

教育博士专业学位研究生各专业方向指导性培养方案(试行稿)

Ⅰ.教育领导与管理专业方向

一、培养目标

教育博士专业学位研究生(教育领导与管理专业方向)的培养目标是，造就各级各类学校复合型、职业型的领导与管理的专门人才。

教育博士专业学位获得者应对教育事业具有强烈的责任感和使命感，具有较高的人文与科学素养、扎实宽广的教育专业知识和较高的教育理论水平，能有效运用科学方法研究和解决教育领导与管理实践中的复杂问题，创造性地开展教育领导与管理工作。

二、招生对象

本专业方向的招收对象是具有硕士学位、有 5 年以上教育及相关领域全职工作经历、具有相当成就和较强研究能力的各级各类学校管理人员。

三、学习年限与培养方式

教育博士专业学位研究生的培养采用学分制和弹性学制，基本学制为四年。其中，脱产在校学习和研究时间累计不少于一年。培养过程包括课程学习、中期考核、开题报告、论文写作和论文答辩等环节。

教育博士专业学位研究生实行集体培养和导师指导相结合的培养方式。

四、课程设置与教学

课程体系应符合教育发展对专业化管理者、决策者和教育家培养的总体要求，课程内容应反映教育理论研究的最新进展，课程结构应体现综合性、专业性，突出实践研究特点，课程教学应采用模块课程和学分制，应重视运用团队学习、专题研讨、现场研究、案例分析及教育调查等方法，加强自学、作业、辅导和文献阅读等环节，提高学生实际运用所学知识的能力。

根据培养目标要求，教育博士专业学位研究生研修的课程总量应不少于 20 学分。教育博士专业学位研究生培养单位可根据培养重点确定公共课、专业必修课、选修课的课程内容和学分数，突出特色。所开设课程应包括以下模块：

（一）公共课模块

不少于 4 学分。旨在提高学生人文和科学素养，扩大学科视野和知识面。参考课程包括：外语、政治理论、学术前沿讲座等。

（二）教育理论模块

不少于 6 学分。旨在提高学生的教育理论素养，培养运用教育理论研究和解决教育实际问题的能力。参考课程包括：教育管理理论、教育行政、教育法律法规、教育管理史、教育政策分析、国际教育发展、信息社会与教育管理、教育领导学等。

（三）教育研究方法模块

不少于 4 学分。旨在提高学生综合运用各种教育研究方法的能力，培养学生的问题意识和科学严谨的思想方法。参考课程包括：教育研究方法论、定量研究方法、质性研究方法、教育统计及相关软件运用等。

（四）教育实务和实践研究模块

不少于 6 学分。旨在提高学生综合运用教育理论知识和研究方法，总结和提升实践经验，研究和解决实际问题的能力，提高学生的领导和管理能力。参考课程包括：教育领导与教育变革、著名校长研究、院校研究、学校危机管理、学校管理案例分析、教育领导与管理专题研究等。

五、中期考核和筛选

中期考核是课程学习阶段结束并通过考核后，对学生是否具备学位论文写作能力的资格审查。学生应根据专业方向的培养要求，在理论、文献综述、实践研究三方面各完成一篇不少于 8000 字的研究报告。

教育博士专业学位研究生培养单位应成立由相关领域专家组成的考核委员会负责中期考核。考核委员会应综合学生思想品德、课程学习、研究报告和现场答辩等方面情况，对学生是否具备学位论文写作能力进行评判。

学生未能通过中期考核者，可申请再次进行中期考核；第二次未通过中期考核或四年内未通过中期考核且无特殊理由者，将被中止学业。

六、开题报告与学位论文

教育博士专业学位研究生应通过开题报告确定博士学位论文选题。论文选题应来源于基础教育学校教育、教学和管理实践中具有重要现实意义和应用价值的关键问题，应密切结合学生的本职工作。

教育博士专业学位论文应注重综合运用相关理论和科学方法分析、解决基础教育中的实践问题，注重研究成果的实践意义，注重通过实践探索创生知识。

学位论文篇幅一般不少于 8 万字。

七、论文答辩与学位授予

教育博士专业学位研究生学位论文评阅人和答辩委员会成员中，至少应有一名具有高级专业技术职务的实践领域的专家。

学生完成规定的课程学习、修满学分，按规定完成学位论文并通过学位论文答辩者，授予教育博士专业学位，颁发博士研究生毕业证书。

Ⅱ．学校课程与教学专业方向

一、培养目标

教育博士专业学位研究生（学校课程与教学专业方向）的培养目标是，造就基础教育复合型、职业型的学校课程与教学领域专门人才。

教育博士专业学位获得者应对教育事业具有强烈的责任感和使命感，具有较高的人文与科学素养、扎实宽广的教育专业知识和较高的教育理论水平，能有效运用科学方法研究和解决基础教育学校课程与教学领域中的复杂问题，创造性地开展教学、管理和研究工作。

二、招生对象

教育博士专业学位教育的招收对象是具有硕士学位、有5年以上教育及相关领域全职工作经历、具有相当成就和较强研究能力的中小学教师和学校教学管理人员。

三、学习年限与培养方式

教育博士专业学位研究生的培养采用学分制和弹性学制，基本学制为四年。其中，脱产在校学习和研究时间累计不少于一年。培养过程包括课程学习、中期考核、开题报告、论文写作和论文答辩等环节。

教育博士专业学位研究生实行集体培养和导师指导相结合的培养方式。

四、课程设置与教学

教育博士专业学位课程体系应符合教育发展对专业化管理者、专家型教师及教育家培养的总体要求，课程内容应反映教育理论研究的最新进展，课程结构应体现综合性、专业性，突出实践研究特点，课程教学应采用模块课程和学分制，应重视运用团队学习、专题研讨、现场研究、案例分析及教育调查等方法，加强自学、作业、辅导和文献阅读等环节，提高学生实际运用所学知识的能力。

根据培养目标要求，教育博士专业学位研究生研修的课程总量应不少于20学分。教育博士专业学位研究生培养单位可根据培养重点确定公共课、专业必修课、选修课的课程内容和学分数，突出特色。所开设课程应包括以下模块：

（一）公共课模块

不少于 4 学分。旨在提高学生的人文和科学素养，扩大学科视野和知识面。参考课程包括：外语、政治理论、学术前沿讲座等。

（二）教育理论模块

不少于 6 学分。旨在提高学生的教育理论素养，培养运用教育理论研究和解决教育实际问题的能力。参考课程包括：基础教育的历史、现状与未来发展，基础教育学校课程的理论与方法，基础教育学校教学的理论与方法，基础教育学校课程与教学前沿问题，基础教育学校学科课程与教学改革等。

（三）教育研究方法模块

不少于 4 学分。旨在提高学生综合运用各种教育研究方法的能力，培养学生的问题意识和科学严谨的思想方法。参考课程包括：教育研究方法论、定量研究方法、质性研究方法、教育统计及相关软件运用等。

（四）教育实务与实践研究模块

不少于 6 学分。旨在提高学生综合运用教育理论知识和研究方法，总结和提升教育教学实践经验、研究和解决实际问题的能力，培养学生引领教育教学改革的领导力。参考课程主要包括：基础教育学校课程设计与开发实务，基础教育学校教学改革设计与实践，基础教育学校课程改革案例分析，基础教育学校教学改革案例分析等。

五、中期考核

中期考核是课程学习阶段结束并通过考核后，对学生是否具备学位论文写作能力的资格审查。学生应根据专业方向的培养要求，在理论、文献综述、实践研究三方面各完成一篇不少于 8000 字的研究报告。

培养单位应成立由相关领域专家组成的考核委员会负责中期考核。考核委员会应综合学生思想品德、课程学习、研究报告和现场答辩等方面情况，对学生是否具备学位论文写作能力进行评判。

学生未能通过中期考核者，可申请再次进行中期考核；第二次未通过中期考核或四年内未通过中期考核且无特殊理由者，将被中止学业。

六、开题报告和学位论文

教育博士专业学位研究生应通过开题报告确定博士学位论文选题。论文选题应来源于基础教育学校教育、教学和管理实践中具有重要现实意义和应用价值的关键问题，应密切结合学生的本职工作。

教育博士专业学位论文应注重综合运用相关理论和科学方法分析、解决基础教育中的实践问题，注重研究成果的实践意义，注重通过实践探索创生知识。

学位论文篇幅一般不少于 8 万字。

七、论文答辩和学位授予

教育博士专业学位研究生学位论文评阅人和答辩委员会成员中，至少应有一名具有高级专业技术职务的实践领域的专家。

学生完成规定的课程学习、修满学分，按规定完成学位论文并通过学位论文答辩者，授予教育博士专业学位，颁发博士研究生毕业证书。

Ⅲ. 学生发展与教育专业方向

一、培养目标

教育博士专业学位研究生（学生发展与教育专业方向）的培养目标是，造就适应各级各类学校从事思想品德教育、心理健康教育和学生管理工作的复合型、职业型的高级专门人才。

教育博士专业学位获得者应对教育事业具有强烈的责任感和使命感，具有较高的人文与科学素养、扎实宽广的教育专业知识和较高的教育理论水平，能有效运用科学方法研究和解决学生发展与教育中的复杂问题，创造性地开展教育、指导和服务工作。

二、招生对象

本专业方向的招收对象是具有硕士学位、有 5 年以上教育及相关领域全职工作经历、具有相当成就和较强研究能力的各级各类学校从事思想品德教育、心理健康教育和学生管理的教师与工作人员。

三、学习年限与培养方式

教育博士专业学位研究生的培养采用学分制和弹性学制，基本学制为四年。其中，脱产在校学习和研究时间累计不少于一年。培养过程包括课程学习、中期考核、开题报告、论文写作和论文答辩等环节。

教育博士专业学位研究生实行集体培养和导师指导相结合的培养方式。

四、课程设置与教学

教育博士专业学位课程体系应符合教育发展对专业化管理者、决策者和教育家培养的总体要求，课程内容应反映教育理论研究的最新进展，课程结构应体现综合性、专业性，突出实践研究特点，课程教学应采用模块课程和学分制，应重视运用团队学习、专题研讨、现场研究、案例分析及教育调查等方法，加强自学、作业、辅导和文献阅读等环节，提高学生实际运用所学知识的能力。

根据培养目标要求，教育博士专业学位研究生研修的课程总量应不少于20 学分。培养单位可根据培养重点确定公共课、专业必修课、选修课的课程内容和学分数，突出特色。所开设课程应包括以下模块：

（一）公共课模块

不少于 4 学分。旨在提高学生人文和科学素养，扩大学科视野和知识面。参考课程包括：外语、政治理论、学术前沿讲座等。

（二）教育理论模块

不少于 6 学分。旨在提高学生的教育理论素养，培养运用教育理论研究和解决教育实际问题的能力。参考课程包括：学校教育原理、学生身心发展、学生发展与教育理论前沿、学生发展与教育政策法规、学校心理健康教育、国际青少年教育比较、学校社会工作等。

（三）教育研究方法模块

不少于 4 学分。旨在提高学生综合运用各种教育研究方法的能力，培养学生的问题意识和科学严谨的思想方法。参考课程包括：教育研究方法论、定量研究方法、质性研究方法、学生发展与教育研究案例分析、教育统计及相关软件运用等。

（四）教育实务和实践研究模块

不少于 6 学分。旨在提高学生综合运用教育理论知识和研究方法，总结和提升实践经验，研究和解决实际问题的能力，提高学生的领导和管理能力。参考课程包括：学生发展与教育案例分析、学生发展与教育活动设计与实施、学生心理问题与危机干预、学校心理健康教育实践指导、学生组织与管理实务等。

五、中期考核和筛选

中期考核是课程学习阶段结束并通过考核后，对学生是否具备学位论文写作能力的资格审查。学生应根据专业方向的培养要求，在理论、文献综述、实践研究三方面各完成一篇不少于 8000 字的研究报告。

培养单位应成立由相关领域专家组成的考核委员会负责中期考核。考核委员会应综合学生思想品德、课程学习、研究报告和现场答辩等方面情况，对学生是否具备学位论文写作能力进行评判。

学生未能通过中期考核者，可申请再次进行中期考核；第二次未通过中期考核或四年内未通过中期考核者，将被中止学业。

六、开题报告与学位论文

教育博士专业学位研究生应通过开题报告确定博士学位论文选题。论文选题应来源于基础教育学校教育、教学和管理实践中具有重要现实意义和应用价值的关键问题，应密切结合学生的本职工作。

教育博士专业学位论文应注重综合运用相关理论和科学方法分析、解决基础教育中的实践问题，注重研究成果的实践意义，注重通过实践探索创生知识。

学位论文篇幅一般不少于 8 万字。

七、论文答辩与学位授予

教育博士专业学位研究生学位论文评阅人和答辩委员会成员中，至少应有一名具有高级专业技术职务的实践领域的专家。

学生完成规定的课程学习、修满学分，按规定完成学位论文并通过学位论文答辩者，授予教育博士专业学位，颁发教育博士研究生毕业证书。

全国教育专业学位教育指导委员会
关于教育博士专业学位研究生培养工作的指导意见

教指委发〔2011〕01 号

各教育博士专业学位研究生培养院校：

为规范教育博士专业学位研究生培养工作，保证人才培养质量，根据国务院学位委员会《教育博士专业学位设置方案》和教育部《关于开展教育博士专业学位教育试点工作的通知》精神，参照全国教育专业学位教育指导委员会《教育博士专业学位研究生指导性培养方案》，提出本指导意见。

一、教师队伍

教育博士专业学位研究生指导教师应具有较高学术水平，富有科研活力，熟悉教育改革发展实际，积极参加教育教学研究，把握教育博士专业学位研究生培养工作的特点，为教育博士专业学位研究生提供参与课题研究的机会。

兼职指导教师原则上应具有博士学位和高级专业技术职务，能实际承担课程讲授和专题讲座，参与学位论文指导工作。

教育博士专业学位课程应由具有高级专业技术职务教师负责讲授，部分课程应有实践领域的专家参与讲授。

教育博士专业学位研究生培养院校应大力支持指导教师和任课教师积极探索教育博士专业学位研究生培养工作的特点和规律，促进教师的专业发展。

二、课程设置

教育博士专业学位课程设置应符合造就教育、教学和教育管理领域复合型、职业型高级专门人才培养目标的要求，充分反映综合性、专业性、注重实践研究的特点。

教育博士专业学位课程应采用模块课程和学分制，课程总学分不少于 20学分。所开设课程应包括以下模块：

（一）公共课模块

不少于 4 学分。旨在提高教育博士专业学位研究生的人文和科学素养，扩大学科视野，形成对教育事业的责任感和使命感。

（二）教育理论模块

不少于 6 学分。旨在提升教育博士专业学位研究生的教育理论素养，使教育博士专业学位研究生具有先进的教育理念，形成批判性思考教育问题的意识以及运用教育理论研究和解决教育实际问题的能力。

（三）教育研究方法模块

不少于 4 学分。旨在引导教育博士专业学位研究生熟悉科学研究的基本过程，掌握教育研究的基本规范和主要方法，根据研究目标和任务合理运用教育研究方法，形成严谨的治学态度，培养学生的问题意识和科学严谨的思想方法。

（四）教育实践研究模块

不少于 6 学分。旨在发展教育博士专业学位研究生综合运用科学理论和方法提升实践经验的能力，培养教育博士专业学位研究生引领教育教学改革的领导力和通过实践研究促进自身专业发展的意识和能力。

教育博士专业学位研究生培养院校可根据学科特色确定各课程模块实际开设的课程及学分数，所开设课程应反映当代教育理论的前沿水平和教育实践的发展趋势，注意课程之间的有机联系，反映培养院校的学科优势。

三、教学过程

教育博士专业学位课程教学应有完整的教学大纲，内容包括教学目的与要求、教学内容、教学进度安排、教学方式、考核方式、先修课程要求、参考文献等。

教育博士专业学位课程教学可采用集中授课与平时自学和研究相结合的方式，学制 4—6 年，脱产在校学习和研究时间累计不少于一年。

教育博士专业学位课程教学应注重运用专题研讨、案例分析、现场研究、团队学习及教育调查等方法，加强自学、作业、辅导和文献阅读等环节，提高课程教学质量。

教育博士专业学位研究生应加强教育理论和研究方法的学习，理论联系实际，加强对教育实践经验的反思，提高研究和解决问题的能力。

四、中期考核

中期考核是课程学习阶段结束、通过考核后，对教育博士专业学位研究生是否具备学位论文写作能力的资格审查。教育博士专业学位研究生应根据专业方向的培养要求，在理论运用、文献述评、实践研究三方面各完成一篇不少于 8000 字的研究报告。

教育博士专业学位研究生培养院校应成立由相关领域专家组成的考核委员会负责中期考核。考核委员会应综合学生思想品德、课程学习、研究报告和现场答辩等方面情况，对学生是否具有学位论文写作能力进行评判。

学生未能通过中期考核者，可申请再次进行中期考核；第二次仍未通过中期考核或四年内未通过中期考核且无特殊理由者，将被中止学业。

五、学位论文

教育博士专业学位研究生应通过开题报告确定学位论文选题。开题报告应就选题的意义和价值、研究现状和所要解决的问题、研究方法和研究进度及主要参考文献等做出充分说明，并进行可行性论证。开题报告经审核通过后，方可进入论文撰写阶段。

教育博士专业学位论文选题应来源于教育、教学和教育管理实践中具有重要现实意义和应用价值的关键问题。学位论文应注重综合运用相关理论和科学方法分析、解决教育实践中的真实问题，注重研究成果的实践意义，注重通过实践探索创生知识。

教育博士专业学位论文应有较高的学术水平和应用价值，应严格遵守学术研究的基本规范，主题明确，观点鲜明，内容充实，方法科学，文字流畅，理论联系实际，突出实践特色。学位论文篇幅一般不少于8万字。

教育博士专业学位论文指导应实行个人指导与集体指导相结合，指导教师承担主要指导责任，由相关领域专家组成的指导小组对论文工作进行全程指导。

教育博士专业学位论文评阅人和答辩委员会中，至少应有一名具有高级专业技术职务的实践领域的专家。

教育博士专业学位研究生完成规定课程学习、修满学分，按规定完成学位论文并通过学位论文答辩，授予教育博士专业学位，颁发博士研究生毕业证书。

六、教学管理

教育博士专业学位研究生培养院校应建立相应的教学管理机构，配备教学秘书，职责明确；教育博士专业学位研究生的日常管理与服务应纳入全日制研究生管理体系。

教育博士专业学位研究生培养院校应建立健全教育博士专业学位研究生教学管理制度，在任课教师、学生考勤、课程考试、中期考核、论文选题、论文开题、论文指导、论文答辩、教学质量评估等方面进行规范化管理，保证教学工作顺利进行。

教育博士专业学位研究生培养院校应完整保存教育博士专业学位研究生的学籍档案、培养方案、教学大纲、成绩登记表、试卷或作业、论文开题报告、论文答辩记录等文档，并加强数字化管理。

教育博士专业学位研究生培养院校应提供充足的专项经费，以确保教育博士专业学位研究生培养质量。

七、条件保障

教育博士专业学位研究生培养院校应有较丰富的专业图书资料和数字化资源，实现校、院（系）资源共建、共享；图书资料室开放时间应兼顾教育博士培养方式与教学安排特点。

教育博士专业学位研究生培养院校应保证教育博士专业学位研究生按培养方案要求便捷使用校园网，倡导教育博士专业学位研究生与教师共建网络交流平台，促进网络学习资源共享，形成教育博士专业学位研究生的学习共同体。

教育博士专业学位研究生培养院校应投入一定经费用于教育博士专业学位研究生学习资源的开发与建设，资助教师编写教育博士专业学位研究生教育教学参考资料和建设案例库，以满足培养工作的需要。

教育博士专业学位研究生培养院校应发挥自身优势，与有关学校和教育行政部门合作建立教育博士专业学位研究生实践研修基地。

附：教育博士专业学位论文参考标准

全国教育专业学位教育指导委员会

（全国教育硕士专业学位教育指导委员会代章）

2011 年 5 月 23 日

附件：

教育博士专业学位论文参考标准

学位论文是全面评价教育博士专业学位研究生科研水平和专业能力的基本标准，是衡量教育博士专业学位研究生培养工作质量的重要标志。教育博士专业学位研究生培养院校应高度重视教育博士专业学位研究生学位论文工作，确保人才培养质量。

一、教育博士专业学位论文应为教育博士专业学位研究生在教师指导下独立完成的规范、系统和具有创造性的学术研究成果。论文应注重综合运用相关理论和科学方法分析、解决教育实践中的重要问题，注重研究成果的实践意义，注重通过实践探索创生知识。

二、教育博士专业学位论文选题应贯彻理论联系实际的原则，论文选题应来源于教育、教学和管理实践中具有重要现实意义和应用价值的关键问题，应密切结合教育博士专业学位研究生的本职工作和已有研究基础。

三、教育博士专业学位论文应反映扎实的理论基础、明确的研究假设和周密的逻辑论证，其结构应包括问题提出、文献综述、研究方法、研究结果、研究结果的讨论与反思等部分，以表现论文作者科学运用相关理论与方法研究解决实际问题的能力。

四、教育博士专业学位研究生论文的文献综述应紧密围绕论文主题，在深入研读大量文献资料的基础上，综合分析国内外学术界最新研究进展、研究成果和存在问题，以推进研究工作的不断深入。应注意所使用文献的权威性、可靠性和科学性。

五、教育博士专业学位论文应有详尽的研究设计，充分阐明所研究问题提出的基础，说明所使用研究方法的依据，具体描述研究过程，明确数据和资料的来源；调查研究应具体说明选择样本、收集与分析数据的具体方法。数据分析应科学合理，数据分析的结果应真实可信。基于实验或准实验研究的学位论文，其研究设计应说明变量间的关系及变量的控制方法与程序。质性研究的学位论文应介绍管理、编码及分析资料的过程。

六、教育博士专业学位论文应有严谨的理论框架，注重研究结果的呈现方式和论证的逻辑性。论文应以清晰的方式呈现研究结果，说明研究结果的实践意义和对后续研究的价值，解释研究的局限性，包括推广和实践转换的局限性以及准实验过程及结果的重现条件。

七、教育博士专业学位论文撰写格式应符合专业文献撰写标准。应注重使用原始文献和第一手资料，引文和注释规范，凡引用他人观点、方案、资料、数据等，均应详加注释。论文语句通顺，无语法、拼写和排版错误。

八、教育博士专业学位论文篇幅一般不少于 8 万字。

附件：

教育博士专业学位论文参考格式

教育博士专业学位论文（以下简称论文）由前置部分、主体部分和附录组成。

前置部分包括：

(1)封面；(2)签名页；(3)题目页；(4)中文摘要(包括中文关键词)；(5)英文摘要(包括英文关键词)；(6)论文目录；(7)表格目录；(8)图表目录。

主体部分包括：

1. 导论。包括：(1)论文所研究的主要问题及其假设陈述；(2)研究的目的和意义；(3)研究问题所涉及的情境或背景；(4)关键词和变量的界定；(5)研究的概念和理论框架；(6)研究的局限性；(7)研究者的背景及研究的组织。

2. 研究文献综述。包括：(1)概述相关研究的分类；(2)已有研究的理论框架和研究发现；(3)文献评论；(4)从文献分析引申出有待进一步研究的问题。

3. 研究方法。包括：(1)研究设计；(2)研究对象及样本选择；(3)进入研究现场(情境)的方式和途径；(4)研究工具的选择；(5)资料收集、数据收集和数据分析的程序；(6)诠释的信效度(适用性、一致性、确定性)分析；(7)研究的局限性和伦理考虑。

4. 研究结果。包括：(1)观察资料、调查数据、实验数据或其他资料的描述；(2)对上述资料和数据的分析；(3)将结果与最初的研究问题和研究假设相对照。

5. 结论和意义。包括：(1)研究结果的进一步讨论；(2)分析每个特定研究问题的研究结果；(3)研究结果局限性的讨论；(4)研究者的自身反思(例如：对研究方法的个人反思、对研究设计影响的反思)；(5)调查结果与现有文献的关系；(6)对教育实践的意义；(7)对未来学术研究的意义。

附录包括：

(1)参考文献；(2)观察工具、调查问卷、测试量表、访谈详细记录等。

全国教育专业学位研究生教育指导委员会
关于严格教育博士专业学位研究生招生工作规范的通知

教指委发〔2014〕08 号

各培养院校：

自 2009 年国务院学位委员会批准设置教育博士专业学位以来，各培养院校认真贯彻落实国务院学位委员会和教育部的有关文件精神，坚持从严要求，规范办学，不断提高人才培养质量，为教育博士专业学位教育事业健康发展做出了重要的贡献。

但在另一方面，根据调研发现，部分院校在教育博士专业学位研究生招生环节存在着一些亟待改进的问题，主要表现在招生对象和范围不符合国务院学位委员会颁布的《教育博士专业学位设置方案》的相关规定，擅自扩大招生对象范围，或擅自更改招生条件等。

为促进教育博士专业学位教育试点工作的顺利开展，根据国务院学位委员会学位"关于下达《教育博士专业学位设置方案》的通知"【〔2009〕8 号】、国务院学位委员会办公室"关于开展教育博士专业学位教育试点工作的通知"【（学位办〔2009〕47 号】、国务院学位委员会办公室"关于转发《教育博士专业学位研究生指导性培养方案》（试行稿）的通知"【学位办〔2010〕62 号】精神，全国教育专业学位教育指导委员会重申，各培养院校应认真贯彻落实国务院学位委员会和教育部的相关规定，进一步规范教育博士专业学位研究生招生工作，严格审核报考资格，把好入门环节。

一、根据国务院学位委员会颁布的《教育博士专业学位设置方案》第五条的规定，教育博士专业学位研究生的招生对象为：具有硕士学位、有 5 年以上教育及相关领域全职工作经历、具有相当成就的**中小学教师和各级各类学校**管理人员，在试点阶段，暂不招收上述人员范围以外的考生。根据国务院学位委员会办公室"关于开展教育博士专业学位教育试点工作的通知"的要求，暂不招收教育行政机关工作人员。

二、根据《教育博士专业学位设置方案》制定的《教育博士专业学位研究生指导性培养方案》（试行稿）明确规定，"学校课程与教学"专业的招收对象为：具有硕士学位、有 5 年以上教育及相关领域全职工作经历、具有相当成就和较强研究能力的中小学教师和学校教学管理人员，不得招收高校专任教师，暂不招收上述人员范围以外的考生。

三、根据国务院学位委员会办公室"关于开展教育博士专业学位教育试点工作的通知"，在试点阶段，为了保证培养质量，培养院校要严格控制招生规模，每校每年招生专业领域不超过 2 个；每校每年招收教育博士不超过 20 人。

请各培养院校加强管理，严格规范招生工作，以保证教育博士专业学位研究生的培养质量，维护教育博士专业学位的良好声誉，促进教育博士专业学位教育事业的可持续发展。

全国教育专业学位研究生教育指导委员会

2014 年 9 月 12 日

2023 年教育博士专业学位授权点
专项核验工作方案

根据《国务院学位委员会　教育部关于开展 2023 年学位授权点专项核验工作的通知》(学位〔2023〕22 号)文件精神和要求,现制定教育博士专业学位授权点专项核验工作方案如下:

一、核验点范围

2018 年获得国务院学位委员会审核批准的教育博士专业学位授权点,具体名单见附件。

二、核验工作组织

本次核验工作由国务院学位委员会办公室负责,全国教育专业学位研究生教育指导委员会(简称教指委)组织实施。核验工作主要采取通讯评议、会议评审等方式进行。

三、核验内容

依据《教育博士专业学位研究生教育专项核验指标体系(2023 年版)》的内容。

四、核验程序与方式

1. 本次核验工作将依托"学位授权点基本状态信息填报系统"(以下简称"系统",访问地址:https://xwd.chsi.com.cn)开展。核验工作中的方案发布、数据采集、材料上传、专家评议、评议结果反馈等,均在该系统开展。

2. 教指委拟定专项核验工作方案,于 10 月 16 日前报国务院学位委员会办公室。

3. 拟主动放弃的核验点应在 11 月 8 日前,向国务院学位委员会办公室和教指委提交书面申请。主动放弃后将提出"撤销学位授权"处理建议。

4. 核验点按照核验工作方案要求填写《学位授权点基本状态信息表》(见附件),形成整套核验材料,并于 11 月 10 日前一并上传至"系统",有关材料应真实、准确、完整,涉密信息应当按有关保密规定脱密处理。对未按时提交核验材料且未申请主动放弃的核验点，将提出"撤销学位授权"处理建议。

5. 通讯评议。11月17日—24日，教指委遴选部分专家组成的评议组对院校通过系统提交的核验材料进行形式审核。一般不进行实地考察，如在评审中发现确有需要，将提前3个工作日向国务院学位委员会办公室报备。

6. 会议评议。11月26日—28日，教指委组织评议组通过召开线下会议的方式进行审议，形成会议审核结果，提交全体委员会最后审核。

7. 会议表决。12月12日，教指委召开线上全体会议，对会议评议形成的审核结果通过充分评议后，采取会议投票的方式表决。参加表决的人数一般应达到教指委专家总人数的2/3以上(含2/3)。每位评审专家应对核验点提出"合格"或"不合格"的表决意见。表决意见分为"合格"和"不合格"两项。表决意见为"不合格"的比例不足1/3的学位授权点，提出"继续授权"处理建议；专家表决意见为"不合格"的比例在1/3(含1/3)至1/2(含1/2)之间的学位授权点，提出"限期整改"处理建议；表决意见为"不合格"的比例超过1/2的学位授权点，提出"撤销学位授权"处理建议。

8. 反馈核验意见，教指委在表决结束5个工作日内，通过"系统"、邮件等方式，将表决结果和评议意见，反馈至有关学位授予单位。

9. 学位点所在学位授予单位应在收到表决结果后5个工作日内，书面反馈有无异议，将盖章后的扫描件上传至系统。如有异议，可向教指委申请复核。教指委根据异议内容，主要复核核验工作的合规性、公正性、公平性，不涉及专家的学术评价。

10. 撰写和提交工作报告。教指委于12月31日前完成核验工作，同时将工作报告(包括工作基本情况、核验点表决统计结果、评估意见、异议处理情况等)报至国务院学位委员会办公室。

五、工作纪律

各有关单位、组织、专家和工作人员应严格遵守有关工作纪律，切实做到廉洁自律，坚决排除干扰。有关单位或个人在核验过程中如有任何异议，可向教指委或者国务院学位委员会办公室反映。

六、联系方式

联系人：翟东升，联系电话：13501139047，电子信箱：edm@bnu.edu.cn

联系人：王嘉琪，联系电话：15071294506，电子邮箱：wangjiaqi1114@bnu.edu.cn

附件：1. 2023 年教育博士专项核验单位（共 12 所院校）

2. 教育博士专业学位研究生教育专项核验指标体系（2023 年版）

2-1. 教育博士专业学位授权点专项核验自评表

2-2. 教师和学生基本信息汇总表

2-3. 教育博士专业学位授权点专项核验自评报告

2-4. 被核验院校应提交的其他材料

全国教育专业学位研究生教育指导委员会

2023 年 10 月 15 日

附件 1：

2023 年教育博士专项核验单位

（共 12 所院校）

单位代码	单位名称	类别代码	类别名称	授权级别	备注
10028	首都师范大学	0451	教育	博士专业学位	2017 年学位授权审核新增
10065	天津师范大学	0451	教育	博士专业学位	2017 年学位授权审核新增
10094	河北师范大学	0451	教育	博士专业学位	2017 年学位授权审核新增
10165	辽宁师范大学	0451	教育	博士专业学位	2017 年学位授权审核新增
10345	浙江师范大学	0451	教育	博士专业学位	2017 年学位授权审核新增
10446	曲阜师范大学	0451	教育	博士专业学位	2017 年学位授权审核新增
10476	河南师范大学	0451	教育	博士专业学位	2017 年学位授权审核新增
10542	湖南师范大学	0451	教育	博士专业学位	2017 年学位授权审核新增
10681	云南师范大学	0451	教育	博士专业学位	2017 年学位授权审核新增
10762	新疆师范大学	0451	教育	博士专业学位	2017 年学位授权审核新增
11078	广州大学	0451	教育	博士专业学位	2017 年学位授权审核新增
11117	扬州大学	0451	教育	博士专业学位	2017 年学位授权审核新增

附件 2：

教育博士专业学位研究生教育
专项核验指标体系(2023 年版)

第一部分　核验指标说明

以习近平新时代中国特色社会主义思想为指导，根据《深化新时代教育评价改革总体方案》(国务院公报 2020 年第 30 号)、《专业学位研究生教育发展方案(2020—2025)》(学位〔2020〕20 号)、《学位授权点合格评估办法》(学位〔2020〕25 号)等文件精神，基于全国教育专业学位研究生教育指导委员会颁布并正在实施的《教育博士专业学位授权点申请基本条件》《教育博士专业学位研究生指导性培养方案》《教育博士专业学位论文基本要求》等相关具体要求，核验学位授权点达标情况。充分汲取我国教育博士专业学位教育十余年的实践经验，广泛征求有关专家及培养院校指导教师、任课教师、教育管理人员的意见和建议，在 2014 年教育博士专业学位授权点专项评估工作方案的基础上，制定本核验指标体系。

一、专项核验指标体系制定的原则

教育博士专业学位专项核验是对培养院校的基本办学条件、教学状况和教学质量的一种客观评价。本次专项核验方案制定的主要原则是：

1. 导向性。指标体系力求反映教育博士专业学位研究生教育的特殊性，以期引导和促进其特色发展，践行立德树人根本任务。

2. 科学性。定性与定量方法相结合，科学设计具有可操作性、代表性、易于量化、易于获取数据的评估指标。

3. 系统性。从培养条件、培养过程和培养成效等方面全面核验学位授权点教育博士研究生培养体系建设状况，以期实现"以核验促建设"的目的。

二、适用对象

本专项核验指标体系适用于教育博士专业学位授权点专项核验。

三、专项核验指标体系框架

本专项核验指标体系设立 3 个一级指标、12 个二级指标和 30 个三级指标(其中包括 10 个关键核验点)，每个三级指标均对指标内涵和标准做出界定。

四、专项核验合格标准

（一）专项核验为"合格"的标准：全部关键核验点合格，不超过（含）3 个非关键核验点不合格。

（二）专项核验为"不合格"的标准：

1. 2 个及 2 个以上关键核验点不合格；或 1 个关键核验点和 3 个及以上非关键核验点不合格；或 6 个以上（含 6 个）非关键核验点不合格。

2. 凡提供虚假信息者，一律评为"不合格"。

五、其它

本专项核验指标体系由全国教育专业学位研究生教育指导委员会制定，并负责解释。

第二部分　专项核验指标体系

一级指标	二级指标	三级指标	指标内涵与标准
A1 培养条件	B1 师资队伍	C1 专任教师	专任教师不少于 20 人； 正教授不少于 10 人； 博士生导师不少于 5 人； 45 岁以下教师原则上应具有博士学位。
		C2 兼职教师	应具有博士学位或高级专业技术职务； 能实际讲授部分课程或专题讲座，参与学位论文指导工作。
		●C3 导师队伍	每个领域正教授不少于 5 人，博士生导师不少于 2 人，骨干教师不少于 3 人； 每位导师每年指导的学生数原则上不超过 3 人； 每位导师在学的教育博士研究生总数不超过 12 人； 近 5 年骨干教师在本领域人均至少有 5 项高水平的代表性研究成果。
	B2 培养经费	●C4 专门经费	资助聘请校外专家、开发教学资源、建设案例库等相关经费充足； 近 5 年批准立项国家级科研项目总数不少于 5 项； 专任教师科研纵向到账项目经费师均不少于 10 万元。
	B3 教学管理	C5 管理机构	有常设的管理人员和管理机构，管理规范； 学校有负责教育博士研究生培养工作的管理机构； 院（系）有专职人员负责考试招生、课程与教育实践、毕业答辩及就业指导、学风建设等工作。

一级指标	二级指标	三级指标	指标内涵与标准
A1 培养条件	B3 教学管理	C6 管理制度	建立全员全过程全方位育人的机制，促进立德树人根本任务落地、落细、落实； 在招生、学籍、学生考勤与奖惩、任课教师和导师遴选、课程教学、实践教学、教学评估与督导、课程考试、中期考核、论文选题、论文开题、论文指导、论文答辩、学位授予等方面管理制度健全、规范并汇编成册。
		C7 档案管理	近6年的学籍、培养方案、课表、教学大纲、成绩、试卷(答卷)、教学质量评估、实践教学、论文开题报告、中期检查、答辩记录等教学和学位申请档案齐全且规范。
	B4 激励政策	●C8 学生激励政策	有鼓励学生参加实践创新、学术交流、科学研究等活动的政策机制。
		C9 教师激励政策	有鼓励教师参加编写案例、指导学生参与高水平比赛、国内外学术交流、研制应用性成果等方面分类评价政策激励机制。
A2 培养过程	B5 招生录取	C10 招生对象	严格执行《教育博士专业学位设置方案》对招生对象的相关规定； 报名前置性条件明确，关注考生的实践性成果； 生源来源结构合理，质量高。
		C11 录取过程	招生考试和录取制度规范； 录取过程规范、严谨、公平； 无违反教育部、国务院学位委员会办公室和全国教育专业学位研究生教育指导委员会的有关规定； 有面试标准，复试材料完整。
	B6 培养方案	C12 目标定位	突出教育实际问题解决能力的培养； 明确本学位点教育博士专业学位的培养特色。
		●C13 课程设置	符合教指委关于教育专业博士培养方案中关于课程模块和学分设置的相关要求； 符合培养目标的要求，充分反映专业性、实践性； 选修课程丰富且具有特色； 与学术性博士学位课程区分度高； 总学分不少于20学分。
		C14 学习时间	脱产在校学习和研究时间累计不少于1学年(以200天计算)。

一级指标	二级指标	三级指标	指标内涵与标准
A2 培养过程	B7 课程教学	●C15 课程大纲	每门课程有规范的课程大纲或专题目录、提纲以及必读书目。
		C16 教学方式	注重运用专题研讨、案例教学、现场研究、团队学习及教育调查等方法； 积极探索新教学方法； 部分课程有教育实践领域的专家参与讲授。
		C17 课程评价	有较为完善的课程评价方案与机制； 学生对于课程的满意度高。
		C18 教学评价	教学考核方式合理； 创新教学评价方式； 学生对于教学的满意度高。
	B8 中期考核	●C19 考核工作	成立由相关领域专家组成的中期考核委员会； 根据专业方向的培养要求，学生在理论运用、文献述评、实践研究等方面各完成1篇不少于8000字的研究报告。
	B9 学位授予	C20 学位标准	本学位点授予教育博士专业学位的基本标准清晰、合理。
		C21 授予环节	在专业学位论文送审、评阅、预答辩、答辩、学位委员会讨论学位授予等环节，有完善的质量保证措施。
		C22 论文开题	开题要求明确、流程清晰、管理规范； 开题报告形式规范、内容充实； 在第5学期开题率达到80％以上。
		C23 预答辩	学位论文送审前1个月左右进行预答辩； 预答辩程序规范； 预答辩委员会的修改建议具体明确。
		●C24 论文送审与答辩	申请答辩的教育博士学位论文全部送审； 参加答辩的学位论文无外审不合格者； 答辩程序规范； 答辩委员会中有1名具有高级专业技术职务的实践领域专家。
A3 培养质量	B10 学位论文	●C25 论文选题	选题与专业领域的培养目标一致； 问题意识突出，具有重大实践意义。

续表

一级指标	二级指标	三级指标	指标内涵与标准
A3 培养过程	B10 学位论文	●C26 论文质量	送审论文合格率80％以上； 近3年抽检论文无连续不合格； 评估（核验）中抽查论文均符合全国教育专业学位研究生教育指导委员会颁布的相关标准要求； 没有发生过学位论文学术不端的事件。
	B11 学生发展	C27 成果产出	每位博士生在学期间至少发表1篇关于其实践工作的论文或取得较高层次的实践性成果； 有一定比例的博士生获得教学改革成果奖励或者实践工作奖励。
		●C28 毕业率	入学4年后学位授予率达到30％以上； 入学6年后学位授予率达到70％以上。
	B12 社会声誉	C29 实践影响	有较高比例的博士生能对所从事的教育实践工作有切实的改革和改进。
		C30 社会声誉	在专业会议上发表高水平的实践性学术报告； 任职单位评价良好。

注：●C为关键核验点。

附件 2-1：

教育博士专业学位授权点专项核验自评表

一级指标	二级指标	三级指标	自核验结果（合格/不合格）
A1 培养条件	B1 师资队伍	C1 专任教师	
		C2 兼职教师	
		●C3 导师队伍	
	B2 培养经费	●C4 专门经费	
	B3 教学管理	C5 管理机构	
		C6 管理制度	
		C7 档案管理	
	B4 激励政策	●C8 学生激励政策	
		C9 教师激励政策	
A2 培养过程	B5 招生录取	C10 招生对象	
		C11 录取过程	
	B6 培养方案	C12 目标定位	
		●C13 课程设置	
		C14 学习时间	
	B7 课程教学	●C15 课程大纲	
		C16 教学方式	
		C17 课程评价	
		C18 教学评价	
	B8 中期考核	●C19 考核工作	
	B9 学位授予	C20 学位标准	
		C21 授予环节	
		C22 论文开题	
		C23 预答辩	
		●C24 论文送审与答辩	

续表

一级指标	二级指标	三级指标	自核验结果（合格/不合格）
A3 培养质量	B10 学位论文	●C25 论文选题	
		●C26 论文质量	
	B11 学生发展	C27 成果产出	
		●C28 毕业率	
	B12 社会声誉	C29 实践影响	
		C30 社会声誉	

注：●C 为关键核验点。

附件 2-2：

教师和学生基本信息汇总表

表 1　2019—2023 年导师近 5 年的代表性研究成果表(C3，每人限报 1 项)

序号	姓名	成果名称	发表或提交时间	发表或提交去向	主要影响

表 2　2019—2023 年已获得教育博士专业学位者基本信息表

序号	姓名	年级	专业方向	答辩时间	论文题目	导师姓名

附件 2-3：

教育博士专业学位授权点专项核验自评报告

<table>
<tr><td rowspan="2">学位授予单位</td><td>名称：</td></tr>
<tr><td>代码：</td></tr>
</table>

<table>
<tr><td rowspan="2">联 系 方 式</td><td>姓名：</td></tr>
<tr><td>电话：</td></tr>
</table>

2023 年 月 日

编 写 说 明

一、本报告是在参评单位完成自我评估后，对学位授权点的全面总结，主要包括三部分：学位授权点基本情况、自我评估工作开展情况和持续改进计划。

二、封面中单位代码按照《高等学校和科研机构学位与研究生教育管理信息标准》(国务院学位委员会办公室编，2004 年 3 月北京大学出版社出版)中教育部《高等学校代码》(包括高等学校与科研机构)填写。

三、本报告采取写实性描述，能用数据定量描述的不要作定性描述。报告中所描述的内容和数据应确属本学位点，必须真实、准确，有据可查。

四、本报告的各项内容须是本学位点自授权以来的情况，统计时间以本报告撰写时间为截止时间。

五、除特别注明的兼职导师外，本报告所涉及的师资均指目前人事关系隶属本单位的专职人员(同一人员原则上不得在不同专业学位点重复填写)。

六、本报告中所涉及的成果(论文、专著、专利、科研奖励、教学成果奖励等)应是署名本单位，且同一人员的同一成果不得在不同专业学位点重复填写。引进人员在调入本学位点之前署名其他单位所获得的成果不填写、不统计。

七、涉及国家机密的内容一律按国家有关保密规定进行脱密处理后编写。

八、本报告文字使用四号宋体，字数不超过 8000 字，纸张限用 A4。

一、学位授权点基本情况

【本部分由学位授权点根据《教育博士专业学位授权点专项评估指标体系》的主要内容进行编写，但不局限于指标体系中所列的主要内容。编写时应体现本学位授权点的特色和人才培养水平，相关数据统计、清单列表可以使用图表表示。】

二、自我评估工作开展情况

【描述开展自我评估的方式。】

三、持续改进计划

【针对存在的问题，提出本学位授权点的持续改进计划，包括未来一段时间的发展目标和保障措施。】

附件 2-4：

被核验院校应提交的其他材料

1. 历年教育博士研究生招生简章。
2. 教育博士教育教学管理规章制度。
3. 支撑自评报告结果的其他佐证材料（请按照核验点依次提供）。

全国教育专业学位研究生教育指导委员会
关于开发教育博士专业学位教学案例工作的通知

教指委发〔2021〕11号

各教育博士研究生培养院校：

为推进教育博士专业学位教学案例开发与案例教学工作，全国教育专业学位研究生教育指导委员会（以下称"教指委"）于今年2月向各院校征集教育博士专业学位教学案例选题，共收到27所院校提交的259个选题。经研讨论证，拟确立60个选题开展首批教育博士专业学位教学案例集中开发工作。现将相关事宜通知如下：

1. 开发以教育博士研究生培养院校协作方式进行，各院校负责开发的教学案例选题见附件1。

2. 各院校请于2021年11月10日前确定相应教学案例选题的开发者，并将案例第一作者信息（附件2）发送至教指委秘书处：edm@bnu.edu.cn。为保证教学案例开发质量，第一作者原则上应熟悉教育博士课程教学情况、具有教学案例开发与研究的经验。

3. 教学案例开发要充分吸纳教育博士研究生参与，每个教学案例原则上不少于1名教育博士研究生参与开发。

4. 教育博士专业学位教学案例开发要坚持正确政治方向和社会主义核心价值观，以《教育博士专业学位教学案例标准》（附件3）为依据，紧密结合教育博士相关专业领域课程教学需要，符合教育博士人才培养的层次和水平要求。

5. 教指委将于2021年11月下旬组织召开各院校教学案例开发者交流研讨会，进一步沟通与明确教育博士专业学位教学案例的质量标准与开发要求。

6. 各院校须于2022年6月30日前完成相关教学案例开发任务。符合要求的教学案例，将收录至中国专业学位教学案例库。

7. 鼓励各院校以设立专项教改课题的方式为案例开发者提供支持。

附件1：教育博士专业学位教学案例开发任务表（略）

附件2：教学案例第一作者信息表（略）

附件3：教育博士专业学位教学案例标准

附件 4：教育博士专业学位教学案例基本结构与体例格式

附件 5：教学案例结构与体例示范（略）

全国教育专业学位研究生教育指导委员会

2021 年 10 月 29 日

附件3：

教育博士专业学位教学案例标准

第一部分　案例正文		
1. 案例选题	结合教学需要	案例选题紧密结合教育博士相关专业领域课程教学的需要，围绕课程教学的专题开发教学案例。
	具有时代性	案例选题紧跟教育实践与理论发展的时代主题，反映当前教育实践的新举措和理论的新认识。
	具有代表性	案例选题具有一定的普遍性，反映一般性的关注。
2. 案例内容	真实可信	案例是对已发生事实的如实记录，非杜撰、虚构、臆想之物。
	材料客观丰富	案例是在系统深入调研的基础上精心编写而成的，而不是从已出版论著中简单转抄而来，案例应充分呈现调研获得的一手材料。
	有一定的篇幅与难度	案例正文的篇幅在 8000—15000 字之间。在内容呈现、概念把握与结构性上有一定的难度，不简单表露问题、观点与价值的取向，有争鸣和讨论的空间。
	结构完整	案例均由案例标题、首页注释、中英文摘要关键词、背景信息、案例正文、案例思考题、案例使用说明等部分构成。
	谋篇布局合理	能综合考虑案例的主题和素材，做到主线清晰，案例素材和主线结构匹配合理，案例内容层次清晰、衔接自然。
	背景信息充分	能很好地交代案例的政策与实践背景、知识与理论背景，以及案例对象的相关信息。
3. 补充材料	案例附件必要有效	能很好地补充案例正文的信息，有利于学生扩展与深化对问题的思考。
第二部分　案例使用说明		
4. 思考题	思考题设计合理	问题能紧密结合案例与教学目标，具有启发性、开放性与层次性；能够将理论与实践、知识学习与能力提升很好地结合起来。
5. 教学目标	教学目标设定恰当	教学目标设定与课程教学目标和知识点对应，能综合考虑案例的知识覆盖和对学生分析问题、解决问题能力的训练。

续表

6. 要点分析	要点提示清晰到位	能清楚交代案例问题的基础理论、相关知识及分析方法，有利于教师和学生对案例问题进行系统的总结，同时帮助教师和学生有针对性地学习与案例相关的知识。
7. 教学建议	课堂教学建议合理	包括师生课前计划的安排、课堂讨论交流的形式、时间进度计划、教师注意要点和课后如何评估等内容，能考虑不同学校、学生的情况。
8. 推荐阅读	推荐阅读具有针对性	推荐文献应紧密结合案例内容与教学目标，具有权威性，有助于案例的理解、分析与讨论。
第三部分　文稿质量		
9. 规范性	文字规范	用生动、简洁的语言将内容表述清楚，做到段落清晰、断句清楚、语法和标点符号正确、措辞恰当、表达时态正确、文风平实等。
	格式规范	在字体、段落、文献标注等方面，严格按照规定体例编写。
10. 可读性	可读性强	案例生动有趣，可读性强，内容表述能够激发学生阅读兴趣。

附件 4：

教育博士专业学位教学案例基本结构与体例格式

一、案例基本结构

案例由案例标题(中英文)、首页注释、摘要关键词(中英文)、背景信息、案例正文、案例思考题、案例使用说明、附件等部分构成。

(一)案例标题：宜用描述性语言，避免价值主导话语与论文化表述，要准确，注意匿名处理等；标题需要翻译成英文。

(二)首页注释：进行作者简介与编制说明。"作者简介"标明作者姓名、工作单位、研究领域；"编制说明"交代案例性质及技术性处理问题。

(三)摘要关键词：摘要应精炼，能概括出案例的主要内容，不做评价性分析或倡导性建议，300 字左右；关键词 3—5 个。摘要与关键词需要翻译成英文。

(四)背景信息：主要用于说明案例主题的政策与实践、理论与研究的背景以及案例对象的相关情况。1500 字左右。

(五)案例正文：篇幅在 8000—15000 字之间。要注意原创性、叙事性、真实性与可读性等要求。

(六)案例思考题：要紧密结合案例内容，与教学目标结合起来，能引起讨论、启发思考。一般以 4—6 道为宜。

(七)案例使用说明：包括

1. 适用范围：含适用对象与适用课程。

2. 教学目的：

3. 关键要点：含相关理论、关键知识点、关键能力点、案例分析思路。

4. 教学建议：含时间安排、环节安排、人数要求、教学方法、活动建议等。

5. 推荐阅读：推荐给教师和学员拓展阅读的文献。

(八)附件：对理解与讨论案例有帮助，又不适合放在正文部分的资料。根据需要提供，不要求每一个案例都提供附件。

二、案例编写体例

(一)标题层次

序号层次：第一层用"一、"，第二层用"(一)"，第三层用"1."，第四层用

"(1)"，第五层用"①"。

（二）文中注释

案例中所涉及的一些图表、数据、照片、插图、历史资料等材料，如需说明，一律采用表(图)下注释的方式予以说明。

（三）文献引注

案例中的文中注释和推荐阅读文献的标注方式，参照 GB/T 7714—2015。

1. 专著

主要责任者．题名：其他题名信息[文献类型标识/文献载体标识]．其他责任者．版本项．出版地：出版者，出版年：引文页码[引用日期]．获取和访问路径．数字对象唯一标识符．

示例：

[1]陈登原．国史旧闻：第 1 卷[M]．北京：中华书局，2000：29.

[2]哈里森，沃尔德伦．经济数学与金融数学[M]．谢远涛，译．北京：中国人民大学出版社，2012：235－236.

[3]北京市政协民族和宗教委员会，北京联合大学民族与宗教研究所．历代王朝与民族宗教[M]．北京：民族出版社，2012：112.

[4]全国信息与文献标准化技术委员会．信息与文献　都柏林核心元数据元素：GB/T 25100—2010[S]．北京：中国标准出版社，2010：2－3.

[5]徐光宪，王祥云．物质结构[M]．北京：科学出版社，2010.

[6]顾炎武．昌平山水记；京东考古录[M]．北京：北京古籍出版社，1992.

[7]王夫之．宋论[M]．刻本．金陵：湘乡曾国荃，1865(清同治四年).

[8]牛志明，斯温兰德，雷光春．综合湿地管理国际研讨会论文集[C]．北京：海洋出版社，2012.

[9]中国第一历史档案馆，辽宁省档案馆．中国明朝档案总汇[A]．桂林：广西师范大学出版社，2001.

[10]杨保军．新闻道德论[D/OL]．北京：中国人民大学出版社，2010[2012-11-01]．http：//apabi．lib．pku．edu．en/usp/pku/pub．mvc?pid＝book．detail&metaid＝m．20101104-BP0-889-1023&cult＝CN.

[11]赵学功．当代美国外交[M/OL]．北京：社会科学文献出版社，2001[2014-06-11]．http：//www．cadal．zju．edu．cn/book/trySinglePage/33023884/1.

[12]同济大学土木工程防灾国家重点实验室．汶川地震震害研究[M/OL]．上海：同济大学出版社，2011：5－6[2013-05-09]．http：//

apabi. lib. pku. edu. cn/usp/pku/pub. mvc? pid＝book. detail&metaid＝m. 20120406-YPT-889-0010.

[13]中国造纸学会．中国造纸年鉴：2003[M/OL]．北京：中国轻工业出版社，2003［2014-04-25］. http：//www. cadal. zju. edu. cn/book/view/25010080.

[14]PEEBLES P Z, Jr. Probability，random variable，and random signal principles[M]. 4th ed. New York：McGraw Hill, 2001.

[15]YUFIN S A. Geoecology and computers：proceedings of the Third International Conference on Advances of Computer Methods in Geotechnical and Geoenvironmental Engineering，Moscow，Russia，February 1－4, 2000[C]. Rotterdam：A. A. Balkema, 2000.

[16]BALDOCK P. Developing early childhood services：past，present and future［M/OL］.［S. l.］：Open University Press, 2011：105［2012-11-27］. http：//lib. myilibrary. com/Open. aspx? id＝312377.

[17]FAN X, SOMMERS C H. Food irradiation research and technology. 2nd ed. Ames，Iowa：Blackwell Publishing, 2013：25 － 26［2014-06-26］. http：//onlinelibrary. wiley. com/doi/10. 1002/97811184 22557. ch2/summary.

2. 专著中的析出文献

析出文献主要责任者．析出文献题名[文献类型标志/文献载体标识]. 析出文献其他责任者//专著主要责任者．专著题名：其他题名信息．版本项．出版地：出版者，出版年：析出文献的页码[引用日期]. 获取和访问路径．数字对象唯一标识符．

示例：

[1]周易外传：卷5[M]//王夫之．船山全书：第6册．长沙：岳麓书社，2011：1109.

[2]程根伟.1998年长江洪水的成因与减灾对策[M]//许厚泽，赵其国．长江流域洪涝灾害与科技对策．北京：科学出版社，1999：32－36.

[3]陈晋镳，张惠民，朱士兴，等．蓟县震旦亚界研究[M]//中国地质科学院天津地质矿产研究所．中国震旦亚界．天津：天津科学技术出版社，1980：56－114.

[4]马克思．政治经济学批判[M]//马克思，恩格斯．马克思恩格斯全集：第35卷．北京：人民出版社，2013：302.

[5] 贾东琴，柯平. 面向数字素养的高校图书馆数字服务体系研究[C]//
中国图书馆学会. 中国图书馆学会年会论文集：2011年卷. 北京：国
家图书馆出版社，2011：45－52.

[6] WEINSTEIN L, SWERTZ M N. Pathogenic properties of invading micro-
organism[M]//SODEMAN W A, Jr, SODEMAN W A. Pathologic phys-
iology：mechanisms of disease. Philadelphia：Saunders，1974：745－772.

[7] ROBERSON J A, BURNESON E G. Drinking water standards, reg-
ulations and goals[M/OL]//American Water Works Associa-
tion. Water quality & treatment：a handbook on drinking water，6th
ed. New York：McGraw-Hill，2011：1.1－1.36[2012-12-10]. http：//
lib. mylibrary. com/Open. aspx? id＝291430.

3. 期刊、报纸中的析出文献

析出文献主要责任者. 析出文献题名[文献类型标识/文献载体标识]. 连
续出版物题名：其他题名信息，年，卷(期)：页码[引用日期]. 获取和访问路
径. 数字对象唯一标识符.

示例：

[1] 袁训来，陈哲，肖书海，等. 蓝田生物群：一个认识多细胞生物起源
和早期演化的新窗口[J]. 科学通报，2012，55(34)：3219.

[2] 余建斌. 我们的科技一直在追赶：访中国工程院院长周济[N/OL].
人民日报，2013-01-12(2)[2013-03-20]. http：//paper. people. com.
cn/rmrb/html/2013-01/12/nw. D110000renmrb _ 20130112 _ 5-02. htm.

[3] 李炳穆. 韩国图书馆[J/OL]. 图书情报工作，2008，52(6)：6－12
[2013-10-25]. http：//www. docin. com/p-400265742. html.

[4] 李幼平，王莉. 循证医学研究方法：附视频[J/OL]. 中华移植杂志
(电子版)，2010，4(3)：225－228[2014-06-09]. http：//www.
cqvip. com/Read/Read. aspx? id＝36658332.

[5] 武丽丽，华一新，张亚军，等. "北斗一号"监控管理网设计与实现[J/
OL]. 测绘科学，2008，33(5)：8－9[2009-10-25]. http：//vip. calis.
edu. cn/CSTJ/Sear. dll? OPAC _ CreateDetail. DOI：10.3771/ j. issn.
1009－2307. 2008.05.002.

[6] KANAMORI H. Shaking without quaking[J]. Science，1998，279
(5359)：2063.

[7] CAPLAN P. Cataloging internet resources[J]. The public access com-
puter systems review，1993，4(2)：61－66.

[8] FRESE K S，KATUS H A，MEDER B. Next-generation sequencing：from understanding biology to personalized medicine[J/OL]. Biology，2013，2(1)：378－398[2013-03-19]. http：//www. mdpi. com/2079-7737/2/l/378. DOI：10. 3390/biology2010378.

[9] MYBURG A A，GRATTAPAGLIA D，TUSKAN G A，et al. The genome of Eucalyptus grandis[J/OL]. Nature，2014，510：356－362 (2014-06-19)[2014-06-25]. http：//www. nature. com/nature/journal/v510/n7505/pdf/nature13308. pdf. DOI：10. 1038/nature13308.

4. 专利文献

专利申请者或所有者. 专利题名：专利号[文献类型标识/文献载体标识]. 公告日期或公开日期[引用日期]. 获取和访问路径. 数字对象唯一标识符.

示例：

[1]邓一刚. 全智能节电器：200610171314. 3[P]. 2006-12-13.

[2]西安电子科技大学. 光折变自适应光外差探测方法：01128777. 2[P/OL]. 2002-03-06 [2002-05-28]. http：//211. 152. 9. 47/sipoasp/zljs/hyjs-yx-new. asp？Recid＝01128777. 2&leixin＝0.

5. 电子文献

主要责任者. 题名：其他题名信息[文献类型标识/文献载体标识]. 出版地：出版者，出版年：引文页码(更新或修改日期)引用日期. 获取和访问路径. 数字对象唯一标识符.

示例：

[1]中国互联网络信息中心. 第 29 次中国互联网络发展现状统计报告[R/OL]. (2012-01-16)[2013-03-26]. http：//www. cnnic. net. cn/hlwfzyj/hlwxzbg/201201/P020120709345264469680. pdf.

[2]北京市人民政府办公厅. 关于转发北京市企业投资项目核准暂行实施办法的通知：京政办发[2005]37 号[A/OL]. (2005-07-12)[2011-07-12]. http：//china. findlaw. cn/fagui/p _ l/39934. html.

[3] BAWDEN D. Origins and concepts of digital literacy[EB/OL]. (2008-05-04)[2013-03-08]. http：//www. soi. city. ac. uk/～dbawden/digital％20literacy％20chapter. pdf.

[4] Online Computer Library Center，Inc. About OCLC：history of cooperation[EB/OL]. [2012-03-27]. http：//www. oclc. org/about/cooperation. en. html.

[5] HOPKINSON A. UNIMARC and metadata：Dublin core [EB/OL].

(2009-04-22)〔2013-03-27〕. http：//archive. ifla. org/IV/ifla64/138-161e. htm.

三、案例排版格式

（一）案例标题

中文——黑体、小二、居中；英文——Times New Roman、三号、加粗、居中。

（二）首页注释

楷体、小五、单倍行距（所有文中注释也为楷体、小五、单倍行距。文中页下脚注为宋体、小五、单倍行距）

（三）中文摘要、关键词

文字内容用楷体、五号，行间距固定值18；"摘要"与"关键词"本身用楷体、四号、加粗。

（四）英文摘要、关键词

文字内容用 Times New Roman、小四、行间距固定值18；"Abstract"和"Key words"本身用 Times New Roman、四号、加粗。

（五）背景信息

文字内容用宋体、五号，行间距固定值18；"背景信息"本身用黑体、四号。

（六）案例正文

一级标题用黑体、四号；二级标题用黑体、小四；三级标题用黑体、五号。正文文字内容行间距固定值18。"案例正文"本身用黑体、四号。

（七）案例思考题

文字内容用宋体、五号，行间距固定值18；"案例思考题"本身用黑体、四号。

（八）案例使用说明

文字内容用宋体、五号，行间距固定值18；"案例使用说明"本身用黑体、四号；"适用范围""教学目的""关键要点""教学建议""推荐阅读"本身用黑体、小四。"相关理论""关键知识点""关键能力点""案例分析思路"本身用黑体、五号。

附 录

一、全国教育专业学位研究生教育
指导委员会历届成员名录

试办教育硕士专业学位专家指导小组成员名单

组　长：

顾明远　北京师范大学教授、研究生院院长

副组长：

叶　澜　华东师范大学教授、副校长

何艳茹　东北师范大学教授、成人教育学院院长

沈德立　天津师范大学教授、校学位评定委员会主席

成　员：

阎金铎　北京师范大学教授、教育科学研究所所长

邓宗琦　华中师范大学教授、副校长

张大均　西南师范大学教授、教育科学研究所所长

王斌华　华东师范大学副教授、比较教育研究所所长

尚永亮　陕西师范大学教授

单　墫　南京师范大学教授

赵　卫　西北师范大学教授、教育系系主任

袁锐锷　华南师范大学教授

魏义钧　北京师范大学第一附属中学校长

阎治身　天津市耀华中学校长

吴昌顺　北京第五中学校长

（学位办〔1996〕25 号文，1996 年 6 月 10 日签发）

第一届全国教育硕士专业学位教育指导委员会成员名单

主任委员：

顾明远　北京师范大学教授、国务院学位委员会学科评议组召集人

副主任委员：

叶　澜　华东师范大学教授、国务院学位委员会学科评议组召集人

何艳茹　东北师范大学成人教育学院院长、教授

沈德立　天津师范大学教授、国务院学位委员会学科评议组召集人

委员（按姓氏笔画排列）：

王选章　哈尔滨师范大学副校长、教授

邓宗琦　华中师范大学副校长、教授

吕九如　陕西师范大学副校长、教授

乔际平　首都师范大学基础教育研究所所长、教授

孙名符　西北师范大学研究生处处长、教授

张大均　西南师范大学教育科学研究所所长、教授

杨启亮　南京师范大学教育科学学院院长、教授

周庆元　湖南师范大学教育科学学院副院长、教授

范禄燕　北京景山学校常务副校长、高级教师

胡晓莺　福建师范大学副校长、教授

赵庆刚　清华大学附中校长、副研究员

赵彦修　山东师范大学校长、教授

袁锐锷　华南师范大学教学委员会委员、教授

康岫岩　天津南开中学校长、高级教师

傅　诚　国务院学位委员会办公室、教育部研究生工作办公室干部

傅维利　辽宁师范大学教育科学学院院长、教授

裴娣娜　北京师范大学教育科学研究所所长、教授

秘书长：

裴娣娜（兼）

（学位〔1999〕30 号文，1999 年 7 月 19 日签发）

第二届全国教育硕士专业学位教育指导委员会成员名单

主任委员：

钟秉林　北京师范大学　　　　校长

副主任委员：

叶　澜　华东师范大学　　　　教授

朱慕菊　教育部基础教育司　　副司长

宋永刚　教育部师范教育司　　副司长

委员（按姓氏笔画排列）：

马云鹏　东北师范大学　　　　教授

马重奇　福建师范大学　　　　教授

万明钢　西北师范大学　　　　教授

王选章　哈尔滨师范大学　　　教授

卢家楣　上海师范大学　　　　教授

石　鸥　湖南师范大学　　　　教授

阴国恩　天津师范大学　　　　教授

刘登义　安徽师范大学　　　　教授

吴国通　北京小学　　　　　　高级教师

张斌贤　北京师范大学　　　　教授

张民选　上海市教育委员会　　副主任

张大均　西南大学　　　　　　教授

吴康宁　南京师范大学　　　　教授

李继凯　陕西师范大学　　　　教授

范禄燕　北京景山学校　　　　高级教师

周谷平　浙江大学　　　　　　教授

涂艳国　华中师范大学　　　　教授

袁锐锷　华南师范大学　　　　教授

梁景和　首都师范大学　　　　教授

戚万学　山东师范大学　　　　教授

康岫岩　南开中学　　　　　　特级教师

蒋春澜　河北师范大学　　　　教授

韩增林　辽宁师范大学　　　　教授

秘书长：

张斌贤（兼）

（学位〔2006〕8 号文，2006 年 2 月 20 日签发）

第三届全国教育专业学位教育指导委员会成员名单①

主任委员：

钟秉林　北京师范大学　　　　校长

副主任委员：

叶　澜　华东师范大学　　　　教授

朱慕菊　教育部基础教育二司　巡视员

宋永刚　教育部师范教育司　　副司长

谢维和　清华大学　　　　　　副校长

教育博士分委员会

召集人：

谢维和　刘海峰

成　员：

马云鹏　万明钢　文东茅

刘　鸣　李继凯　吴康宁

张大均　张应强　周谷平

涂艳国　龚　放

教育硕士分委员会

召集人：

叶　澜　宋永刚

成　员：

马重奇　王选章　卢家楣

石　鸥　阴国恩　李琳琦

吴国通　张民选　范禄燕

康岫岩　梁景和　戚万学

韩增林　蒋春澜

秘书长：

张斌贤

（学位〔2009〕44 号文，2009 年 9 月 15 日签发）

---

　　① 2009 年，因设置教育博士专业学位，全国教育硕士专业学位教育指导委员会改组为全国教育专业学位教育指导委员会，并补充部分委员。

第四届全国教育专业学位研究生教育指导委员会成员名单①

主任委员：

钟秉林	北京师范大学	教授

副主任委员：

谢维和	清华大学	副校长
范国睿	华东师范大学	教授
许　涛	教育部教师工作司	司长
申继亮	教育部基础教育二司	副司长
吴康宁	南京师范大学	教授

委员（按姓氏笔画排列）：

万明钢	西北师范大学	教授
马云鹏	东北师范大学	教授
文东茅	北京大学	教授
王延文	天津师范大学	教授
卢晓中	华南师范大学	教授
卢家楣	上海师范大学	教授
任奕奕	天津市耀华中学	校长
刘铁芳	湖南师范大学	教授
刘海峰	厦门大学	教授
李永青	福建师范大学	教授
李庆忠	首都师范大学	教授
李铁君	沈阳师范大学	教授
李雪铭	辽宁师范大学	教授
李琳琦	安徽师范大学	教授
杨　林	河南师范大学	教授
吴　刚	华东师范大学	教授
何晓文	华东师范大学第二附属中学	校长
张斌贤	北京师范大学	教授
范禄燕	北京景山学校	校长

---

①　2013年12月，全国教育专业学位教育指导委员会换届并更名为"全国教育专业学位研究生教育指导委员会"。

郑海荣　陕西师范大学　　　　教授

郑勤红　云南师范大学　　　　教授

涂艳国　华中师范大学　　　　教授

戚万学　山东师范大学　　　　教授

崔延强　西南大学　　　　　　教授

蒋春澜　河北师范大学　　　　教授

楼世洲　浙江师范大学　　　　教授

臧淑英　哈尔滨师范大学　　　教授

孟庆国（2015 年增补）　天津职业技术师范大学　书记

汤生玲（2015 年增补）　河北金融学院　　　　书记

彭德举（2015 年增补）　山东济宁市职业学校　副书记

秘书长：

张斌贤（兼）

副秘书长：

吴　刚（兼）

（学位〔2013〕43 号文，2013 年 12 月 3 日签发；
学位〔2015〕30 号文，2015 年 8 月 31 日签发）

第五届全国教育专业学位研究生教育指导委员会成员名单

主任委员：

钟秉林　北京师范大学　　　　教授

副主任委员：

吕玉刚　教育部基础教育司　　司长

任友群　教育部教师工作司　　司长

石中英　清华大学　　　　　　教授

范国睿　华东师范大学　　　　教授

缪建东　南京师范大学　　　　副校长

委员（按姓氏笔画排列）：

王光明　天津师范大学　　　　教授

卞松泉　上海打虎山路第一小学　校长

卢晓中　华南师范大学　　　　教授

吕立杰	东北师范大学	教授
朱家存	安徽师范大学	教授
刘旭东	西北师范大学	教授
刘铁芳	湖南师范大学	教授
汤生玲	河北金融学院	教授
孙杰远	广西师范大学	教授
李长吉	云南师范大学	教授
李步洪	福建师范大学	教授
李雪铭	辽宁师范大学	教授
别敦荣	厦门大学	教授
张斌贤	北京师范大学	教授
陆云泉	北京市第一〇一中学	校长
林一钢	浙江师范大学	教授
郑海荣	陕西师范大学	教授
孟庆国	天津职业技术师范大学	教授
赵国祥	河南师范大学	教授
夏惠贤	上海师范大学	研究员
郭　健	河北大学	教授
涂艳国	华中师范大学	教授
戚万学	曲阜师范大学	教授
崔延强	西南大学	教授
阎凤桥	北京大学	教授
蔡　春	首都师范大学	教授
臧淑英	哈尔滨师范大学	教授

秘书长：

张斌贤（兼）

（学位〔2019〕24 号文，2019 年 11 月 5 日签发）

二、教育硕士专业学位研究生培养院校名录

第一批培养院校（1996 年）

北京师范大学、天津师范大学、华东师范大学、哈尔滨师范大学、辽宁师范大学、南京师范大学、广西师范大学、福建师范大学、华中师范大学、湖南师范大学、华南师范大学、西南大学、陕西师范大学、山东师范大学、西北师范大学、东北师范大学

第二批培养院校（1998 年）

首都师范大学、内蒙古师范大学、河北师范大学、河南师范大学、山西师范大学、曲阜师范大学、上海师范大学、浙江师范大学、安徽师范大学、江西师范大学、四川师范大学、云南师范大学、沈阳师范大学

第三批培养院校（2003 年）

新疆师范大学、青海师范大学、江苏师范大学、贵州师范大学、西华师范大学、杭州师范大学、宁夏大学、渤海大学、扬州大学、苏州大学、浙江大学、河南大学

第四批培养院校（2005 年）

重庆师范大学、鲁东大学、聊城大学、延边大学、山西大学、湖北大学、广州大学、湖南科技大学

第五批培养院校（2007 年）

河北大学、宁波大学、湖南大学、深圳大学、中山大学①、西藏大学、吉林师范大学、华中科技大学

---

① 学位〔2019〕8 号文，动态调整撤点，2019 年 5 月 6 日签发。

第六批培养院校（2009 年）

北华大学、黑龙江大学、淮北师范大学、厦门大学①、闽南师范大学、南昌大学、赣南师范大学、信阳师范学院、武汉大学、南宁师范大学、四川大学②、云南大学、延安大学、石河子大学、青岛大学、海南师范大学

第七批培养院校（2010 年）

北京航空航天大学、北京理工大学、中央民族大学、吉林大学③、复旦大学、东南大学、中南民族大学、中南大学、华南理工大学④、西北大学⑤

第八批培养院校（2011 年）⑥

鞍山师范学院、合肥师范学院、洛阳师范学院、黄冈师范学院、黔南民族师范学院、宁夏师范学院⑦、天水师范学院⑧

第九批培养院校（2014 年）

北京工业大学、中国音乐学院、北京联合大学、天津职业技术师范大学、河北科技师范学院、太原师范学院、内蒙古民族大学、内蒙古科技大学、沈阳大学、大连大学、长春师范大学、吉林外国语大学、佳木斯大学、齐齐哈尔大学、牡丹江师范学院、江苏大学、南通大学、浙江工业大学、温州大学、安庆师范大学、集美大学、东华理工大学、江西科技师范大学、济南大学、河南科技学院、湖北师范大学、湖南理工学院、广东技术师范大学、五邑大学、佛山科学技术学院、广西民族大学、重庆三峡学院、四川音乐学院、大

---

① 学位〔2016〕5 号文，专项评估被取消授权，2016 年 3 月 16 日签发。
② 学位〔2016〕5 号文，专项评估被取消授权，2016 年 3 月 16 日签发。
③ 学位〔2016〕5 号文，专项评估被取消授权，2016 年 3 月 16 日签发。
④ 学位〔2015〕41 号文，动态调整放弃授权，2015 年 11 月 10 日签发。
⑤ 学位〔2016〕5 号文，专项评估被取消授权，2016 年 3 月 16 日签发。
⑥ 学位〔2011〕69 号文，"服务国家特殊需求人才培养项目"——学士学位授权单位开展培养教育硕士专业学位研究生试点工作单位，2011 年 10 月 17 日签发。
⑦ 学位〔2012〕46 号文，由服务特需院校建设单位转为正式授权单位，2012 年 12 月 21 日签发。
⑧ 学位〔2012〕46 号文，由服务特需院校建设单位转为正式授权单位，2012 年 12 月 21 日签发。

理大学、西安理工大学①、陕西理工学院、宝鸡文理学院、西安外国语大学、喀什大学、伊犁师范大学、南京航空航天大学、中国人民大学②、天津大学、同济大学、南京大学、中国地质大学③、重庆大学④、中国青年政治学院⑤、郑州大学、中国海洋大学

第十批培养院校（2016 年）

湖南农业大学、湖北工业大学、河北北方学院、江西农业大学、四川轻化工大学、江汉大学、成都大学

第十一批培养院校（2018 年）

天津外国语大学、吉林体育学院、苏州科技大学、浙江海洋大学、绍兴文理学院、阜阳师范大学、山东体育学院⑥、河南理工大学、三峡大学、吉首大学、湖南工业大学、汕头大学、四川外国语大学、西南民族大学、贵州民族大学、云南民族大学、塔里木大学、湖州师范学院、赤峰学院、临沂大学、衡阳师范学院、天水师范学院、宁夏师范学院、昌吉学院、陕西科技大学

第十二批培养院校（2019 年）

江南大学、南京体育学院、长江大学

第十三批培养院校（2020 年）

吉林农业大学、南京信息工程大学、广州美术学院、长春大学

第十四批培养院校（2021 年）

淮阴师范学院、丽水学院、肇庆学院、中华女子学院、江苏理工学院、大同大学、湖北文理学院、西华大学、西藏民族大学、西北民族大学、青海

---

① 学位〔2020〕3 号文，2019 年动态调整撤销，2020 年 3 月 30 日签发。
② 学位〔2018〕3 号文，2017 年动态调整撤点，2018 年 2 月 27 日签发。
③ 学位〔2019〕15 号文，通过专项评估主动提出放弃授权，2019 年 5 月 6 日签发。
④ 学位〔2019〕15 号文，通过专项评估主动提出放弃授权，2019 年 5 月 6 日签发。
⑤ 学位〔2019〕15 号文，通过专项评估主动提出放弃授权，2019 年 5 月 6 日签发。
⑥ 学位〔2021〕15 号文，2020 年向国务院学位委员会办公室提出撤销授权点，2021 年 10 月 26 日签发。

民族大学、贵阳学院、合肥学院、昆明学院、榆林学院、北部湾大学、广东外语外贸大学、南阳师范学院、大连理工大学、上海交通大学

第十五批培养院校(2022年)

安阳师范学院、河西学院、呼伦贝尔学院、吉林工程技术师范学院、①上海第二工业大学②、西北工业大学③

---

① 以上四所院校,学位〔2021〕13号文公布为建设单位,暂不能招生,2021年10月26日签发;学位〔2022〕17号文公布可以招生,2022年8月22日签发。

② 学位〔2022〕11号文,2021年动态调整增列,2022年7月12日签发。

③ 学位〔2022〕12号文,2021年学位授权自主审核单位增列,2022年7月12日签发。

三、教育博士专业学位研究生培养院校名录

第一批培养院校(2009 年)

北京大学、清华大学、北京师范大学、东北师范大学、华东师范大学、南京大学、南京师范大学、浙江大学、厦门大学、华中科技大学、华中师范大学、华南师范大学、西南大学、陕西师范大学、西北师范大学

(学位办〔2009〕47 号文,2009 年 7 月 21 日签发)

第二批培养院校(2018 年)

首都师范大学、天津师范大学、河北师范大学、辽宁师范大学、浙江师范大学、曲阜师范大学、河南师范大学、湖南师范大学、云南师范大学、新疆师范大学、广州大学、扬州大学

(学位〔2018〕9 号文,2018 年 3 月 22 日签发)

第三批培养院校(2021 年)

江西师范大学、山东师范大学、广西师范大学、杭州师范大学

(学位〔2021〕13 号、14 号文,2021 年 10 月 26 日签发)

四、教育专业学位研究生教育大事记
（1996—2023 年）

1996 年

4 月 13 日

◆国务院学位委员会第十四次会议审议通过《关于设置和试办教育硕士专业学位的报告》。

6 月 10 日

◆国务院学位委员会办公室、国家教委研究生工作办公室发布《关于开展教育硕士专业学位试点工作的通知》(学位办〔1996〕25 号)，成立教育硕士专业学位专家指导小组，公布教育硕士专业学位参考性培养方案。

9 月 14—16 日

◆教育硕士专业学位第一次试点工作会议在长春召开。会议确定第一批试点院校名单和 1997 年度开设学科专业方向：教育管理、学科教学(数学)、学科教学(语文)、学科教学(思政)、学科教学(物理)、学科教学(化学)、学科教学(生物)。

10 月 10 日

◆国务院学位委员会办公室转发《教育硕士专业学位第一次试点工作会议记要》及有关决定(学位办〔1996〕53 号)，确定试点院校及招生专业范围，公布教育硕士专业学位教学大纲。

10 月 14 日

◆成立教育硕士专业学位专家指导小组秘书处，秘书处设在北京师范大学研究生院。

1997 年

1 月

◆首次教育硕士专业学位研究生招生考试举行。

6 月 12—13 日

◆全国教育硕士专业学位专家指导小组扩大会议在天津召开。会议分析了 1997 年招生工作情况；决定开展在职攻读教育硕士专业学位工作；确定全国联考，考试科目为外语、教育学、心理学、专业课；由教育硕士专业学位专家指导小组秘书处组织编写《在职攻读教育硕士专业学位全国统一（联合）考试大纲及复习指南》。

9 月 1 日

◆首批 191 名教育硕士专业学位研究生入学。

10 月 15 日

◆国务院学位委员会、国家教育委员会发布《关于开展在职攻读教育硕士专业学位工作的通知》（学位〔1997〕55 号）。

1998 年

4 月 11—12 日

◆首次在职攻读教育硕士专业学位全国统一（联合）考试举行。

10 月 5—20 日

◆首次对教育硕士专业学位培养工作进行检查和调研（第一批 16 所试点院校）。

11 月 7—9 日

◆教育硕士专业学位培养工作检查及管理工作会议在南京召开。会议内容：工作总结；决定增加试点单位；确定 1999 年招生工作方针。

11 月 16 日

◆国务院学位委员会办公室、教育部基础教育司、教育部人事司、教育部师范司下发《关于 1999 年开展在职攻读教育硕士专业学位的通知》（学位办〔1998〕87 号），扩大试点范围，新增 13 所试点院校。

12 月 28 日

◆国务院学位委员会办公室下发学位办〔1998〕97 号文，将专家指导小组改组为教育指导委员会。

1999 年

7 月 19 日

◆国务院学位委员会、教育部下发《关于成立"全国教育硕士专业学位教育指导委员会"的通知》（学位〔1999〕30 号），教育指导委员会由 21 位委员组成。

11 月 2—4 日

◆全国教育硕士专业学位教育指导委员会成立大会暨第一次委员会会议在北京召开。会议总结了试点工作开展情况；讨论并通过了《全国教育硕士专业学位教育指导委员会章程》；成立了学科指导小组；讨论并通过了 2000 年招生工作的基本原则，决定 2000 年招生增加英语、历史和地理三个专业方向；研究、讨论了教育硕士专业学位研究生学位论文标准；决定 2000 年暂不增列新的教育硕士专业学位试点单位；确定 2000 年 3 月对教育硕士专业学位培养工作进行检查和调研(第二批 13 所试点院校)；研究了教材、教学参考资料(案例教材)的编写与出版工作；确定每年通过举办教师研讨班的形式开展师资培训工作；审定了全国教育硕士专业学位教育指导委员会会徽设计方案，同意采纳内蒙古师范大学设计的会徽，并确定教育硕士专业学位的简称为 Ed. M；确定将进行教育硕士专业学位《教学大纲》修改工作。

2000 年

4 月 18 日

◆国务院学位委员会办公室在清华大学主持召开专业学位入学联考教育指导委员会联席会，讨论专业学位入学联考事宜。

5 月 8 日

◆国务院学位委员会办公室下发学位办〔2000〕21 号文，规定从 2000 年开始，委托全国学位与研究生教育发展中心负责组织在职攻读学位全国联考考务工作和阅卷工作。

9 月 18—20 日

◆全国教育硕士专业学位教育指导委员会第二次会议在福州召开。会议通报了教育硕士专业学位新增试点单位工作专家检查情况；讨论了首批在职攻读教育硕士专业学位毕业研究生论文情况；讨论了《教育硕士专业学位教学大纲》修订工作；审定了新增专业方向培养方案与教学大纲；研究、讨论了教材建设工作；研究了案例教学工作；研究、讨论了教师培训工作；讨论了 2001 年新增专业方向(音乐、体育、美术)、扩大招生对象(小学教师、普通中学以外的其他中等学校的管理人员和政府机关教委系统的省、地、市教育行政人员)、增加试点单位和招生计划的管理工作(关于招生工作已形成报告，于 2001 年 2 月报国务院学位委员会办公室审批和备案)。

9—12 月

◆全国教育硕士专业学位教育指导委员会委员对首届教育硕士专业学位研究生毕业论文开展评审(一审、二审)工作。

10 月 28—29 日

◆全国学位与研究生教育发展中心首次组织的在职攻读学位全国联考举行。报考在职攻读教育硕士专业学位的考生首次突破 1 万人，达到 11355 人，仅次于工商管理专业学位的报名人数，位居全国在职攻读学位全国联考报名人数的第二名。

12 月 31 日

◆全国共有 512 人获得教育硕士专业学位，攻读教育硕士专业学位在校生人数为 6947 人，其中在职攻读人数为 6778 人，全日制生为 169 人。

2001 年

1—3 月

◆根据全国教育硕士专业学位教育指导委员会 2000 年工作会议精神，分片召开全国教育硕士专业学位教育教学研讨会。

1 月 11 日

◆全国教育硕士专业学位教育指导委员会秘书处下发《关于在职攻读教育硕士专业学位试点单位上交会费工作的通知》（教硕发〔2001〕01 号），全国教育硕士专业学位教育指导委员会工作经费由主要依靠考生报名费改为参照其他专业学位教育指导委员会经费收缴的通行做法，由各试点单位自愿交纳会费。会费上交时间为每年 3 月 1 日。

3 月

◆2001 年全国共录取在职攻读教育硕士专业学位学员 3778 人。

4 月 6—8 日

◆全国教育硕士专业学位教育指导委员会第三次会议在武汉召开。会议通过了 2001 年在职攻读教育硕士专业学位招生工作基本原则，对报考条件、招生对象、招生领域、招生计划等进行了调整。(1)报考条件：取消年龄限制。(2)招生对象：增加小学教师报考；其他中等学校招生对象与普通中学招生对象相同，专任教师与管理人员均可报考；省、市、区、县教育研究部门或政府机关教委系统中有中学教师职务的教研员或干部也可报考。(3)招生领域：增加现代教育技术专业，该专业面向从事中小学信息技术课程的教师开设。至此，2001 年招生专业方向总数达到 14 个，涉及教育管理、学科教学和现代教育技术三个领域。(4)招生计划：每校招生计划 200～300 人，每个专业方向招生原则上不能超过 30 人。(5)建议适当扩大试点单位，特别是西部地区，报请国务院学位委员会办公室研究审批。会议还决定成立公共课和专业必修课学科协作组，改分片指导为分学科指导修订培养方案、教学大纲、师资培训、教材（案例）教材建设等工作，教育指导委员会文科、理科、教育管理三个学科指导小组的委员参与到有关的学科协作组中，指导学科协作组开展工作；研究、讨论了首批教育硕士专业学位毕业研究生优秀论文选编的原则，最后确定 21 篇论文入选；研究、讨论了案例教学工作，确定教育学原理、教育心理学、教育管理、教育科学研究方法四门课先编写案例教材；决定研究、制定教育硕士专业学位教育质量评估指标体系；研究、讨论了教学大纲的修订问题，决定大纲的修订委托各学科协作组进行；决定新增学科专业方向(现代教育技术专业)的教学大纲按课程标准编写；决定 2001 年 10 月对试点单位开展教育硕士专业学位教育教师队伍情况专家检查活动。

4 月 28 日

◆2001 年 29 所试点单位上报招生计划数为 8550 人，比 2000 年(3700人)增加 131％，超过前三年的总和(1998 年 16 所院校招生计划数为 1655 人，1999 年、2000 年 29 所院校招生计划数分别为 2380 人、3700 人，三年合计数为 7735 人)。

4 月 29 日

◆全国教育硕士专业学位教育指导委员会经与全国学位与研究生教育发展中心商定，确定教育硕士专业学位各学科专业方向代码。

200201 教育管理；200202 学科教学(思政)；200203 学科教学(语文)；200204 学科教学(数学)；200205 学科教学(物理)；200206 学科教学(化学)200207 学科教学(生物)；200208 学科教学(英语)；200209 学科教学(历史)；200210 学科教学(地理)；200211 学科教学(音乐)；200212 学科教学(体育)；200213 学科教学(美术)；200214 现代教育技术。

5 月

◆国务院学位委员会办公室下发《关于 2001 年在职攻读硕士学位招收工作的通知》(学位办〔2001〕32 号)，规定在职攻读硕士学位全国联考的考务与联考课程命题工作，委托全国学位与研究生教育发展中心负责统一组织。至此，所有与考试有关的工作(命题、考务、阅卷、成绩登录等)全部改由该中心负责。

11 月 9—10 日

◆国务院学位委员会、教育部在北京召开首次全国专业学位教育工作会议。全国教育硕士专业学位教育指导委员会副主任委员何艳茹教授、秘书长裴娣娜教授以及北京师范大学、华东师范大学、东北师范大学研究生院于风政、由文辉、戴继天副院长分别代表教育指导委员会和试点单位出席了大会。何艳茹教授代表教育硕士专业学位教育指导委员会在会上做了大会发言。会议结合教育部副部长袁贵仁讲话和《关于加强和改进专业学位教育工作的若干意见》(讨论稿)，对如何进一步开展专业学位教育工作进行了讨论。会议期间，教育部师范教育司培养处处长林奇青与参会的教育硕士专业学位教育指导委员会代表和试点单位代表还研究、讨论了在大学本科生中招收教育硕士的可行性问题，并决定由北京师范大学、华东师范大学、东北师范大学、华中师范大学四所院校于 2001 年年底前分别制定各校有关在大学本科生中招收教育硕士的方案，提交教育指导委员会 2002 年年会讨论。

2002 年

1 月 11 日

◆国务院学位委员会办公室下发学位办〔2002〕1 号文，明确规定从 2002 年起，全国在职攻读硕士学位入学联考外语考试，实行统一考试大纲、统一命题、统一试卷。新的考试大纲由国务院学位委员会办公室统一制定。

1 月 29 日

◆全国教育硕士专业学位教育指导委员会秘书处下发教硕发〔2002〕01 号文，公布了教育硕士专业学位新增专业方向培养方案和教学大纲。

3 月 18—20 日

◆全国教育硕士专业学位教育评估方案研讨会在华南师范大学举行。本次会议初步确定了评估方案的总体框架，待会后进一步完善后提交 2002 年年会讨论。

4 月 22—24 日

◆全国教育硕士专业学位教育指导委员会第四次会议暨第二次教育工作扩大会议在兰州召开。会议重点讨论了 2002 年在职攻读教育硕士专业学位招生、考试工作：(1)调整联考内容，修订考试大纲；(2)增加幼儿园教师和幼教工作者报考；(3)新增新疆师范大学、青海师范大学、贵州师范大学和浙江大学、苏州大学为试点院校。会议决定成立教育硕士专业学位教材系列丛书编委会，编写教育学原理、教育心理学、教育技术学、教育管理学、教育科学研究方法、英语和教育问题案例研究七部教材。

12 月 27 日

◆国务院学位委员会办公室在北京召开各专业学位教育指导委员会联席会议。周其凤主任到会讲话，各专业学位教育指导委员会通报了 2002 年工作情况，讨论了录取上报表格问题和提高培养质量及质量监控措施等有关事宜。全国工程硕士专业学位教育指导委员会演示了专业学位考生录取信息采集系统情况，教育部学位与研究生教育发展中心通报了 2002 年联考情况，国务院学位委员会办公室介绍了新增专业学位培养单位审核办法思路。

12 月

◆《在职攻读教育硕士专业学位全国统一(联合)考试大纲及指南》(教育、

心理学部分)第一次修订。

2003 年

◆《在职攻读教育硕士专业学位全国统一(联合)考试大纲及指南》修订工作完成。

9 月 9 日

◆国务院学位委员会办公室下发学位办〔2003〕99 号文,批准杭州师范学院等 12 所院校新增为教育硕士研究生培养单位。至此,试点单位数已达到 41 所,遍布除西藏、海南以外的全国所有省(区、市)。

9 月 12—13 日

◆全国教育硕士专业学位教育指导委员会第五次会议暨第三次教育工作扩大会议在昆明召开。会议主题为规范教育硕士专业学位教育,保证教育硕士专业学位教育事业健康发展。会议围绕教育硕士专业学位培养与管理调研、规范教育硕士专业学位教育管理、科研课题结题、教育培训、国际交流、行业自律及 2004 年招生工作等问题进行了充分的研讨,并达成如下共识:(1)联考科目、内容不变,考试大纲不变;(2)新开设小学教育方向,委托有关院校论证开设科学教育方向;(3)招生对象增加政府机关教育系统中不具有中小学、幼儿园教师职务的管理人员报考,但要求必须在该工作岗位上工作三年以上;(4)2003 年 12 月,按学科召开教学研讨会,对新增教育硕士培养单位进行培训;(5)2004 年下半年召开教育硕士专业学位国际会议;(6)科研课题结题工作再次延长至 2003 年年底;(7)教材编写按计划于 2003 年年底完成;(8)成立规范教育硕士专业学位培养与管理工作文件研制小组,形成文件讨论稿;(9)加强行业自律,保证教育硕士专业学位培养质量;(10)培养方案、教学大纲、教育宣传等工作由下届委员会研究决定。会议还通报了 2003 年教育硕士专业学位培养与管理调研情况报告和分析报告,各校围绕调研情况进行了讨论。

9 月 25 日

◆国务院学位委员会办公室下发学位办〔2003〕104 号文,同意教育硕士专业学位教育指导委员会启用"教育硕士专业学位教育指导委员会"和"教育硕士专业学位教育指导委员会秘书处"两枚新印章,原"教育硕士专业学位专家指导小组秘书处"印章作废。

2004 年

2月13日

◆全国教育硕士专业学位教育指导委员会下发《关于加强教育硕士的培养与管理工作的意见》和《教育硕士专业学位现代教育技术专业课程标准》。

4月7日

◆教育部下发《关于做好为农村高中培养教育硕士师资工作的通知》（教师函〔2004〕1号），开始实施"农村高中教育硕士师资培养计划"，选拔部分优秀本科毕业生攻读教育硕士。

7月23—25日

◆全国教育硕士专业学位教育指导委员会第六次会议暨第四次教育工作扩大会议在西宁召开。本次会议的主题是加强自律，保证教育硕士专业学位培养质量。会议审议了小学教育方向培养方案；研究了论文撰写、评估、科研、国际交流、专家检查、行业自律、招生考试和2004年审议新增教育硕士研究生培养单位工作；做出了不调整联考科目，不开设信息技术、法学教育方向，暂缓开设科学、心理健康教育方向，不增加高校教师为教育硕士招生对象，同意继续进行教育博士招生的论证工作，同意适时召开录取工作协调会的决定。

9月20—21日

◆全国教育硕士专业学位教育指导委员会在新疆师范大学召开专项工作研究会议，审议了2004年新增教育硕士研究生培养单位，落实了进一步开展科学研究、第三批国际交流活动的内容、教育宣传等工作，决定不再单独安排第四批新增教育硕士研究生培养单位的培训工作，审定了小学教育方向培养方案。

10月11日

◆全国教育硕士专业学位教育指导委员会秘书处下发教硕发〔2004〕04号文，公布小学教育方向培养方案。

12月24—25日

◆教育硕士专业学位综合评估课题组在太原召开研讨会，对评估方案进行了进一步的修订。

2005 年

2月23日

◆国务院学位委员会办公室下发学位办〔2005〕3号文，批准山西大学等8

所院校新增为教育硕士研究生培养单位。至此,全国试点单位数已达到49所。

8月13日

◆首届全国教育硕士专业学位教育指导委员会工作总结会在江西师范大学召开。

9月4—6日

◆教育硕士专业学位综合评估组在天津师范大学召开研讨会,再次讨论评估方案,并上报国务院学位委员会办公室评估。

2006 年

1月9—13日

◆全国教育硕士研究生培养单位2005年录取工作信息交流会议在杭州师范学院召开。本次会议在广泛征求意见、大量数据分析、采取对照比较、考虑地区差异、保证生源质量的基础上,经全国教育硕士专业学位教育指导委员会领导研究,制定并下发了2005年教育硕士研究生录取建议分数线。这是教育指导委员会首次对招生工作下达建议录取分数线。

3月21日

◆国务院学位委员会办公室在北京召开全国教育硕士专业学位教育指导委员会换届大会。新老委员共31人出席了会议。会议主要内容:(1)听取第一届全国教育硕士专业学位教育指导委员会工作报告;(2)组成第二届全国教育硕士专业学位教育指导委员会;(3)讨论了教育硕士专业学位教育发展和2006年教育硕士专业学位教育工作思路。国务院学位委员会副主任委员、教育部副部长吴启迪出席了开幕式,宣布教育硕士在我国的试点工作顺利结束,转入规范发展阶段。

3月22日

◆国务院学位委员会办公室在北京召开全国专业学位教育指导委员会联席会议。会议主要内容为总结2005年工作,交流2006年工作思路,讨论了《关于加强专业学位教育指导委员会秘书处建设的若干意见》(征求意见稿)。全国教育硕士专业学位教育指导委员会主任委员、北京师范大学校长钟秉林教授,秘书长、北京师范大学教育学院院长张斌贤教授出席会议。国务院学位委员会副主任委员、教育部副部长吴启迪出席了开幕式并发表重要讲话。

3月24日—6月21日

◆全国教育硕士专业学位教育指导委员会开始中国Ed.M教育网站的设计工作,2006年6月21日网站开始试运行。

5 月 24 日—2007 年 1 月 17 日

◆全国教育硕士专业学位教育指导委员会组织首届全国优秀教育硕士专业学位论文评选。本次优秀论文评选首次采取网上专家评阅的方式。优秀论文经过公示环节无异议后将结集出版，作为中国 Ed. M 教育十周年献礼成果。

7 月 3—4 日

◆全国教育硕士专业学位第二届教育指导委员会第二次全体会议暨第一次教育工作扩大会议在陕西师范大学召开。会议审议通过了《中国高校教育硕士专业学位教育评估方案》，原则上通过了《关于开展全国教育硕士专业学位教育合格评估工作的若干意见》；原则上同意了教育硕士专业学位专家检查工作安排；讨论通过了教育硕士优秀论文评审办法；原则上同意了新增科学技术、心理健康教育两个教育硕士专业方向，讨论并原则上通过了关于教育博士专业学位设置的论证，原则上同意了在大学本科生中招收教育硕士的做法；研究、讨论了申请新增教育硕士研究生培养单位评审办法、组织建设工作、2006 年工作安排；听取了秘书处的工作汇报和中职教师在职攻读硕士学位专家小组秘书长、天津大学周志刚教授《关于中职教师在职攻读硕士学位工作有关问题的报告》。

7 月—2007 年 1 月

◆全国教育硕士专业学位教育指导委员会组织专家对申请 2006 年新增教育硕士专业学位研究生培养单位（第五批）的 13 所院校进行了实地考察，并在全国教育硕士专业学位第二届教育指导委员会成都专项工作会议上进行了会议评议，最后通过深圳大学等 8 所院校作为建议新增院校报国务院学位委员会办公室审批。

9 月 15 日

◆国务院学位委员会办公室下发《关于开展中国高校教育硕士（Ed. M）专业学位教学合格评估工作的通知》（学位办〔2006〕40 号），正式启动中国高校教育硕士（Ed. M）专业学位教学合格评估工作。

10 月 25 日

◆教育部学位与研究生教育发展中心下发学位中心〔2006〕61 号文，对中国高校教育硕士（Ed. M）专业学位教学合格评估报送材料工作做出具体布置。

2007 年

1 月 10—12 日

◆全国教育硕士专业学位第二届教育指导委员会 2007 年第一次专项工作会议在四川师范大学召开。会议审定通过了科学技术教育、心理健康教育方向和教育博士的论证报告,同意增设科学技术教育、心理健康教育方向,同意上报教育博士论证报告;支持上海市教育委员会和华东师范大学的合作项目,进行多样化培养教育硕士的探索;决定从中国 Ed. M 整体制度设计角度,重新思考、界定教育硕士专业学位实践背景的规定,研究在大学本科生中招收教育硕士的问题;通过了建议试评和正式评估时间,并修改试评院校数量为 1 所;听取了各专家小组组长对第三、第四批教育硕士研究生培养单位工作检查情况和秘书处关于 2006 年招生、联考情况的汇报;投票产生了第五批教育硕士专业学位研究生培养单位建议名单;审定了首届全国优秀教育硕士专业学位论文名单;讨论了纪念中国 Ed. M 教育十周年活动和 2007 年教育硕士专业学位教育指导委员会工作设想。国务院学位委员会办公室文理医学科处处长黄宝印和教育指导委员会 27 名委员中的 22 位委员出席了会议。

2—4 月

◆为了落实温家宝总理在 2007 年《政府工作报告》中提出的在教育部直属师范大学开展"免费教育师范生"试点的重大举措,全国教育硕士专业学位教育指导委员会组织有关专家探索教育硕士研究生培养新的模式,研制"免费教育师范生"攻读教育硕士的方案。

3 月 19—21 日

◆全国教育硕士专业学位第二届教育指导委员会 2007 年第二次专项工作会议在河北师范大学召开。会议主要议题是研究、讨论《"免费教育师范生"攻读教育硕士方案》(讨论稿);落实教育指导委员会 2007 年工作,其中重点落实评估工作和十周年庆祝活动。

4—6 月

◆进行中国 Ed. M 教学合格评估工作。

4 月 23 日

◆"两报两刊话征文"(纪念 Ed. M 教育十周年)工作座谈会在北京师范大学教育学院召开,全国教育硕士专业学位教育指导委员会秘书长张斌贤教授主持会议。《中国教育报》《中国教师报》《中国教师》《教师教育研究》等报刊代表及秘书处工作人员共 6 人出席会议。

5 月 22 日

◆国务院学位委员会办公室下发学位办〔2007〕28 号文,批准河北大学等8 所院校为第五批新增教育硕士研究生培养单位。

6 月 6 日

◆为保证质量、控制规模,国务院学位委员会办公室下发学位办〔2007〕35 号、36 号文,对国务院学位委员会办公室前几年政策做出调整,并做出新的规定：（1）对于排序靠前的学校实行自定招生计划，但设置招生计划上限，教育硕士招生上限不能超过 600 人；对排序居中的学校，由原来的维持 2006 年计划改为适当限定招生规模；对排序落后的学校，仍采取往年做法，减少招生限额。（2）首次对未按规定时间上传录取数据的招生单位进行公布，并规定今后逾期上报录取数据的招生单位将给予通报批评及排序最后的处理。

7 月 3 日

◆中国 Ed. M 教学合格评估工作总结会在沈阳师范大学召开。

8 月 27 日

◆全国教育硕士专业学位教育指导委员会秘书处下发教硕发〔2007〕10 号文，决定开展评选全国首届 Ed. M 优秀学员、教师和教学管理工作者活动。

9 月 28 日

◆国务院学位委员会办公室组织北京大学等院校领导和专家，在北京师范大学召开教育博士专业学位论证专家小组第一次工作会议。该会议的召开标志着教育博士专业学位论证工作已经进入新的阶段。

10 月 19—20 日

◆教育硕士专业学位评选先进、审议院校新增学科领域工作小组会议在天津师范大学召开。这是全国教育硕士专业学位教育指导委员会首次评选教育硕士优秀学员、教师和教学管理工作者的活动，同时也是首次开展院校申请新增学科领域的评议工作。

10 月 19—21 日

◆中国教育学会化学教学专业委员会在江西师范大学召开"全国化学教育硕士教学技能大赛"。这是首个以行业学会的名义，为庆祝中国教育硕士专业学位教育十周年而专门举办的庆祝活动。

12 月

◆为纪念教育硕士专业学位教育十周年，全国教育硕士专业学位教育指导委员会编辑出版了《教育硕士专业学位教育纪念文集》《全国教育硕士专业学位优秀论文集》。

12 月 15 日

◆《中国教育报》综合版发表整版庆祝教育硕士专业学位教育十周年文章《改革创新推进教育硕士专业学位教育发展》。

12 月 26 日

◆全国教育硕士专业学位教育十周年庆祝大会在北京召开。全国 57 所教育硕士研究生培养院校全部派代表参会，各类参会人员达 250 余人。

2008 年

1—8 月

◆全国教育硕士专业学位教育指导委员会秘书处完成教育硕士研究生教育专家资源库基本建设。

2—6 月

◆全国教育硕士专业学位教育指导委员会完成西部地区院校培养教育硕士情况调研报告,并上报教育部。

3 月 14 日

◆全国教育硕士专业学位教育指导委员会在北京召开教育硕士专业学位教学合格评估方案修订及相关工作会。

5—12 月

◆依据教育部工作部署,全国教育硕士专业学位教育指导委员会组织部分专家开展教育硕士研究生教育质量抽样调查。

12 月 14 日

◆全国教育硕士专业学位教育指导委员会秘书处组织专家完成对"免费师范教育生"攻读教育硕士方案的论证工作。

12 月 17 日

◆全国教育硕士专业学位教育指导委员会组织专家召开首次审核院校申请新增教育硕士研究生授权点报告材料工作小组会议,经过严格审核,41 所申请院校中有 22 所取得入围资格,初审淘汰率为 46.3%。

12 月 30 日

◆国务院学位委员会第二十六次会议审议通过《教育博士专业学位设置方案》。

2009 年

1 月 13 日

◆全国教育硕士专业学位教育指导委员会第三次全体委员会议暨第二次教育工作扩大会议在海口召开,全国 130 多名代表出席会议。会议投票通过了新增教育硕士研究生培养单位,审核了第六批新增教育硕士研究生培养单位招生学科领域;通过了内蒙古师范大学等 19 所院校申请新增教育硕士专业学位招生学科领域的决定;决定成立专家工作小组;听取了全国教育硕士专业学位教育指导委员会 2008 年工作总结和 2009 年工作规划。

2月10—11日

◆根据国务院学位委员会办公室的工作部署，全国教育硕士专业学位教育指导委员会秘书处组织部分委员和专家专题讨论教育博士专业学位教育试点工作政策建议。

2月20日

◆国务院学位委员会下发《关于下达〈教育博士专业学位设置方案〉的通知》（学位〔2009〕8号），正式启动教育博士专业学位设置和试办工作。

3月2日

◆国务院学位委员会办公室组织召开2009年全国专业学位教育指导委员会联席会议。会议主要听取了教育部副部长陈希关于从2009年开始招收大学应届本科毕业生全日制攻读专业硕士学位的动员报告（增招的计划全部用于招收硕士专业学位）以及教育部有关司局领导围绕该项工作所做的说明和工作布置。

3月10日

◆教育部师范教育司会同国务院学位委员会办公室、教育部高校学生司召集北京师范大学、东北师范大学校领导和全国教育硕士专业学位教育指导委员会领导，在教育部召开"免费师范生"攻读教育硕士研究生工作会议。

3月15—16日

◆为了落实2009年全国专业学位教育指导委员会联席会议精神，按照教育部师范司会同教育部高校学生司、国务院学位委员会办公室、全国教育硕士专业学位教育指导委员会秘书处等部门2009年3月10日会议精神，全国教育硕士专业学位教育指导委员会召集部分委员和北京师范大学、华东师范大学、浙江师范大学有关专家和研究生院负责人，在北京师范大学召开2009年第二次专项工作暨教育硕士招生与培养工作会议。

3月19日

◆教育部下发《关于做好全日制硕士专业学位研究生培养工作的若干意见》（教研〔2009〕1号）。

6月9日

◆国务院学位委员会办公室下发学位办〔2009〕35号文，正式批准北华大学等16所院校为第六批教育硕士专业学位研究生的培养单位。

6—12月

◆全国教育硕士专业学位教育指导委员会秘书处组织开展第二届全国优秀教育硕士专业学位论文评选工作。

6 月 29—30 日

◆全国教育硕士专业学位教育指导委员会秘书处协助国务院学位委员会办公室在北京召开教育博士申请单位答辩会议。

7 月 21 日

◆国务院学位委员会办公室下发学位〔2009〕47 号文，正式批准北京大学等 15 所院校为全国首批招收教育博士专业学位研究生的培养单位。

9 月 15 日

◆国务院学位委员会、教育部下发学位〔2009〕44 号文，正式将"全国教育硕士专业学位教育指导委员会"改组为"第三届全国教育专业学位教育指导委员会"，下设教育博士和教育硕士两个分委员会。

9 月 25 日

◆教育部下发《关于做好 2010 年"农村学校教育硕士师资培养计划"实施工作的通知》（教师〔2009〕5 号），决定从 2011 年开始，进一步扩大"农村学校教育硕士师资培养计划"（简称"硕师计划"）规模，并与"农村义务教育阶段学校教师特设岗位计划"（简称"特岗计划"）结合实施。

9—10 月

◆全国教育专业学位教育指导委员会委托教育部学位与研究生教育发展中心开展第三批教育硕士研究生培养院校教学合格评估工作。

11 月 23—24 日

◆教育部师范教育司在北京师范大学召开"免费师范毕业生"攻读教育硕士和就业工作研讨会。会议主要研究和讨论了教育部直属师范大学"免费师范生"攻读教育硕士专业学位实施办法、报考脱产研究生实施办法和就业办法。

12 月 7 日

◆国务院学位委员会办公室在北京召开全国社会工作硕士专业学位暨教育专业学位教育指导委员会成立会议。会议听取了教育部副部长陈希讲话，主要讨论了《全国教育专业学位教育指导委员会章程》、2010 年工作计划和教育博士培养方案。

2010 年

1 月 7 日

◆全国教育专业学位教育指导委员会第四次会议暨第一次教育工作扩大会议在云南师范大学召开，会议主要讨论了《全国教育专业学位教育指导委员会章程》、2010 年工作计划、教育博士招生培养方案、教育硕士优秀学位论文评审、新增教育硕士招生领域论证、第三批院校教学合格评估工作总结、第五批院校专家检查活动情况通报、2009 年录取建议分数线等工作。

3 月 14 日

◆教育部师范教育司在北京师范大学召开免费师范生教育工作会议，会议主要讨论了《教育部直属师范大学免费师范毕业生在职攻读教育硕士专业学位研究生实施办法》和《教育部直属师范大学免费师范毕业生就业实施办法》两个文件。

3 月 23 日

◆根据国务院学位委员会办公室要求，全国教育专业学位教育指导委员会在北京师范大学召开组织《申请开展教育硕士专业学位研究生教育培养工作的办学基本要求》修订工作会议。

4 月 6 日

◆全国教育专业学位教育指导委员会下发教指委发〔2010〕02 号文，86 人的学位论文被评为全国第二届教育硕士专业学位优秀论文。

4 月 8—10 日

◆为落实 2010 年全国教育专业学位教育指导委员会昆明会议精神，委员会在西安召开教育博士专业学位教育工作扩大会议。会议讨论了《2010 年全国教育博士专业学位研究生录取工作指导意见》（讨论稿）、《教育博士专业学位研究生指导性培养方案》等文件。

4 月 21 日

◆国务院学位委员会、教育部下发学位〔2010〕21 号文，批复了《全国教育专业学位教育指导委员会章程》。

4 月 26 日

◆教育部下发《关于开展研究生专业学位教育综合改革试点工作的通知》（教研函〔2010〕1 号）。

5 月 5 日

◆全国教育专业学位教育指导委员会教育博士分委员会在北京师范大学召开教育博士研究生培养方案审定工作会议。

5 月 7 日

◆国务院学位委员会下发《关于开展新增硕士专业学位授权点审核工作的通知》（学位〔2010〕20 号），新增硕士专业学位授权点基本条件和审核办法发生变化，部委属高等院校及中国科学院研究生院、中国社会科学院研究生院自行审核本校（院）新增硕士专业学位授权点，各省（自治区、直辖市）学位委员会组织审核所属院校新增硕士专业学位授权点。

5 月 31 日

◆全国教育专业学位教育指导委员会下发教育发〔2010〕04 号文,决定从 2010 年起增设学前教育、特殊教育两个学科专业。至此,教育硕士专业学位招生专业方向覆盖了基础教育战线的各个阶段和全部学科。

6 月 29—30 日

◆教育部学位管理与研究生教育司(国务院学位委员会办公室)在北京组织召开研究生专业学位教育综合改革申报单位答辩会议。

6 月

◆全国首届教育博士录取人数为 159 人。

7 月 27 日

◆全国教育专业学位教育指导委员会在烟台召开全日制教育硕士研究生管理培养工作暑期研讨会,这是委员会首次围绕全日制教育硕士研究生管理培养工作召开的专门会议。

7 月 29 日

◆全国教育专业学位教育指导委员会教育硕士分委员会在烟台召开教育硕士研究生参考性培养方案(在职、全日制、农村、免费师范生攻读教育硕士四种类型)审定工作会议。

◆国务院学位委员会下发《关于下达 2010 年新增硕士专业学位授权点的通知》(学位〔2010〕32 号),批准北京航空航天大学等 10 所院校为第七批教育硕士专业学位研究生培养院校。

9 月 15 日

◆教育部下发《关于批准有关高等学校开展专业学位研究生教育综合改革试点工作的通知》(教研〔2010〕2 号),以附件形式公布《关于实施专业学位研究生教育综合改革试点工作的指导意见》。

12 月 15 日

◆根据国务院学位委员会办公室《关于做好 2010 年在职人员攻读硕士学位录取工作的通知》(学位办〔2010〕76 号)精神和全国教育专业学位教育指导委员会要求,2010 年全国教育专业学位教育指导委员会将不再统一划定全国在职攻读教育硕士研究生录取建议分数线。

12 月 26—28 日

◆全国教育专业学位教育指导委员会第五次会议暨第三次教育工作扩大会议在广州大学召开,会议主要研究讨论了 2011 年工作计划,教育专业学位课程、论文、教学基本要求等教育标准,以及 2010 年工作总结等内容。

2011 年

1 月 14 日

◆教育部在北京召开全国专业学位研究生教育综合改革试点工作会议。

3 月 10 日

◆全国教育专业学位教育指导委员会在华南师范大学召开教育博士专业学位有关教育标准问题研讨会。

3 月 18 日

◆国务院学位委员会、教育部、人力资源社会保障部在北京联合召开全国专业学位教育指导委员会联席会议暨 29 个专业学位研究生教育指导委员会成立会议。

10 月 17 日

◆国务院学位委员会下发学位〔2011〕69 号文，公布鞍山师范学院、合肥师范学院、洛阳师范学院、黄冈师范学院、黔南民族师范学院 5 所院校为"服务国家特殊需求人才培养项目"——学士学位授予单位开展培养硕士专业学位研究生试点工作单位。

11 月 21 日

◆教育部办公厅下发《关于做好 2011 年特岗教师在职攻读教育硕士工作的通知》（教师厅〔2011〕5 号）。为支持特岗教师在职学习和专业发展，吸引更多优秀人才到农村学校任教，教育部决定从 2011 年起，开展服务期满留任特岗教师在职攻读教育硕士专业学位工作。

2012 年

3—12 月

◆全国教育专业学位教育指导委员会组织开展第三届全国教育硕士专业学位优秀教师和教学管理工作者评选活动，并发文公布评选结果。

3 月 6 日

◆全国教育专业学位评估工作专题研讨会议在天津师范大学召开。

3 月

◆首批"免费师范毕业生"开始在职攻读教育硕士专业学位，共计 8166 人；在职攻读教育硕士录取总人数为 9630 人，其中首批服务期满特岗教师也开始在职攻读教育硕士专业学位，共计 1004 人。2012 年在职教育硕士录取总人数为 17796 人，其中免费师范毕业生在职攻读教育硕士研究生占在职总人数的 45.9%，特岗教师占 5.6%。

4月18日

◆全国教育专业学位教育指导委员会秘书处向国务院学位委员会办公室上报第四批中国教育硕士专业学位教学合格评估工作总报告。

4月22日

◆全国教育博士专业学位研究生培养工作研讨会议在西南大学召开。

5月3—4日

◆教育硕士专业学位科学与技术教育专业教学研讨会议暨教育硕士专业学位评估指标体系研讨会议在广西师范大学召开。

6月13日

◆全国教育专业学位教育指导委员会在北京师范大学组织召开教育硕士专业学位评估指标体系研讨会议。

6—7月

◆全国教育专业学位教育指导委员会组织专家调研,指导"服务国家特殊需求人才培养项目"(本科院校招收教育硕士研究生)试点单位培养工作活动,并完成调研报告上报国务院学位委员会办公室。

6月15日

◆国务院学位委员会办公室在北京师范大学召开艺术、体育、汉语国际教育硕士和教育专业学位教育工作调研会议。

11月13日

◆第一、第二批教育硕士研究生培养单位在华东师范大学召开工作研讨会议,全国教育专业学位教育指导委员会副主任委员叶澜教授将教育硕士专业学位15年来工作所取得的成绩主要概括为培养单位分批扩大、教育类型阶段丰富、体制机制不断完善、工作研究日益深入、培养质量逐年提高。

11月14日

◆国务院学位委员会办公室下发学位办〔2012〕57号文,启动"服务国家特殊需求人才培养项目"——学士学位授予单位开展培养硕士专业学位研究生试点工作建设单位检查评估工作。

11月16日

◆西部地区院校教育硕士专业学位专项工作暨全日制教育硕士研究生实践能力培养与实践教学工作会议在重庆召开。会议由全国教育专业学位教育指导委员会主办,西南大学承办。

11月23日

◆东部地区院校教育硕士专业学位专项工作暨全日制教育硕士研究生实践能力培养与实践教学工作会议在南京召开。会议由全国教育专业学位教育指导委员会主办，南京师范大学承办。

11月29日

◆国务院学位委员会办公室启动"服务国家特殊需求人才培养项目"——学士学位授予单位开展培养硕士专业学位研究生试点工作建设单位检查评估工作。

12月21日

◆国务院学位委员会下发学位〔2012〕46号文，批准天水师范学院、宁夏师范学院为"服务国家特殊需求人才培养项目"——学士学位授予单位开展培养硕士专业学位研究生试点工作单位。

2013年

1—6月

◆按照全国教育专业教育指导委员会工作部署，秘书处组织部分委员、专家开展教育硕士学位论文抽检工作。平台收入论文约2万篇，抽检论文1642篇，抽检比例为8.21%；被抽检论文中，有157篇论文为不合格，占被抽检论文的比例为9.56%。

4月25—26日

◆教育部学位管理与研究生教育司（国务院学位委员会办公室）在北京组织召开教育专业学位研究生教育综合改革试点项目验收答辩会，会议讨论了综合改革总报告的起草原则和办法，评选华东师范大学、沈阳师范大学、北京师范大学、天津师范大学4所院校为优秀试点单位。

6月18日

◆教育部学位与研究生教育发展中心在北京召开中国专业学位教学案例中心建设工作研讨会，旨在规范专业学位教学案例采编，推进我国专业学位教学案例库建设工作。

7月4日

◆全国教育专业学位教育指导委员会在北京召开第一次全国教育硕士专业学位教育管理案例编写工作会议，研讨了案例库建设方案、案例库板块构成、案例库入选标准，确定案例编写责任学校及专家、工作人员职责和任务分工，确定编写计划等工作。

7月17—18日

◆全国教育专业学位教育指导委员会组织召开第二次全国教育硕士专业学位教育管理案例编写工作会议，成立全国教育硕士专业学位教育管理案例编写小组，起草《教育管理案例库建设方案》和《教育管理案例编写要求》两个文件。

10 月 11—13 日

◆首届全国教育博士论坛在西南大学举办。

11 月 4 日

◆教育部、人力资源社会保障部下发《关于深入推进专业学位研究生培养模式改革的意见》(教研〔2013〕3 号)。

11 月 18 日

◆全国教育专业学位教育指导委员会秘书处配合中国教育学会化学教学专业委员会举办的教学技能大赛决赛在华中师范大学进行。

11—12 月

◆中国学位与研究生教育学会增设教育专业学位工作委员会。

12 月 3 日

◆国务院学位委员会、教育部、人力资源社会保障部下发学位〔2013〕43号文,全国教育专业学位教育指导委员会进行换届,第四届教育指导委员会成立并更名为"全国教育专业学位研究生教育指导委员会"。

2014 年

1 月 21 日

◆第四届全国教育专业学位研究生教育指导委员会(以下简称教指委)暨第一届教育专业学位工作委员会第一次工作会议在北京召开,会议主要总结了教指委 2013 年的工作并研究了 2014 年的工作计划。

1 月 29 日

◆国务院学位委员会、教育部下发《关于加强学位与研究生教育质量保证和监督体系建设的意见》(学位〔2014〕3 号)。

2 月 26 日

◆教指委成立专家工作小组,下设教育博士、教育管理、学前与特殊教育、小学教育、教育技术、心理健康教育、学科教学—文科、学科教学—理科、学科教学—音体美 9 个专家工作小组,并制定《全国教育专业学位研究生教育指导委员会专家工作小组工作条例》。

4 月 24 日

◆国务院学位委员会办公室在中国人民大学召开示范性专业学位研究生实习实践基地遴选工作研讨会。来自工程、教育等 6 个专业学位教指委代表出席了研讨会,会议主要围绕示范实践基地的遴选办法展开了交流和讨论。

5月9日

◆"服务国家特殊需求"教育硕士培养工作研讨会在黄冈师范学院召开。来自鞍山师范学院、合肥师范学院等7所该项目试点院校和湖北第二师范学院、湛江师范学院、北京联合大学、湖南科技大学等全国14个省（区、市）兄弟高校代表50余人参加会议。

6月9日

◆教育部学位管理与研究生教育司下发《关于委托开展示范性专业学位研究生联合培养基地遴选及经验推广工作的函》（教研司便字20140607号），委托教指委开展示范性专业学位研究生联合培养基地遴选及经验推广工作。

6月21日

◆教育硕士专业学位案例编写小组负责人张新平教授应邀前往深圳在全国法律硕士专业学位研究生教育指导委员会组织的工作会议上作"案例教学：理想认识与实践应用"主题报告，百余位法学专家听取了报告。

7月15日

◆为进一步推动"服务国家特殊需要"项目院校探索教育硕士专业学位研究生教育改革，促进规范办学，提高人才培养质量，教指委通过课题立项的方式支持项目院校开展相关研究。

7—12月

◆为帮助新增教育硕士研究生培养院校了解和掌握教育硕士专业学位教育标准和有关政策，教指委组织委员和专家小组成员组成若干小组，根据新增教育硕士研究生培养院校培训的需求，开展为期半年的"送培训上门服务"活动。

9—11月

◆9月11日教指委启动"全国教育硕士专业学位研究生联合培养示范基地"评选活动。11月18日教指委南京专项工作会议对34所院校上报的近70个基地进行评审，评出18个基地为"教育硕士专业学位联合培养示范基地"并上报教指委2015年年会审议。

9月12日

◆为了保证教育博士专业学位试点工作的顺利开展，教指委下发《关于严格教育博士专业学位研究生招生工作规范的通知》（教指委发〔2014〕08号），重申各培养院校应认真贯彻落实国务院学位委员会和教育部的相关规定，进一步规范教育博士专业学位研究生招生工作，严格审核报考资格，把好入门环节。

10月10日

◆教指委下发《关于举行全日制教育硕士学科教学（历史）专业教学技能大

赛的通知》(教指委发〔2014〕09 号)。这是继已确定的全日制教育硕士学科教学
(语文)专业教学技能大赛决赛之后的第二个专业教学技能大赛。

11 月

◆《首届全国教育博士专业学位研究生论坛优秀论文集》出版发行。

11 月 15 日

◆国务院学位委员会办公室下发《关于委托教指委承担 2014 年专业学位
研究生培养模式改革项目的通知》(学位办〔2014〕12 号)。这是继 2013 年专业
学位研究生教育指导委员会建设项目结题后,国务院学位委员会办公室持续
支持的改革项目。

11 月 21—22 日

◆第二届全国教育博士论坛在浙江大学举办,主题是"变革时代的学校与
教育"。来自全国 15 所教育博士培养院校和聊城大学、沈阳师范大学的 180
余名师生代表参加论坛,11 篇论文被评为本次论坛优秀论文。15 家教育博士
试点单位围绕"教育博士培养模式的探索与比较"这一主题,就教育博士的培
养模式、培养标准、师资结构、课程设置等问题进行了专题研讨与经验交流。

2015 年

1 月 16—18 日

◆教指委 2015 年年会在华南师范大学召开。会议通报了教指委 2014 年
开展的有关工作,讨论了 2015 年及 2015—2018 年的有关工作,重点讨论教
育专业学位评估标准、论文标准、课程标准、实践基地、实践教学、培养模
式改革等工作,通过了优秀论文和示范基地名单。

1 月 19 日

◆教指委下发《关于公布"全国教育硕士专业学位研究生联合培养示范基
地"评选结果及有关工作的通知》(教指委发〔2015〕01 号)。

4 月 18 日

◆教指委下发《关于"全国教育硕士(教育管理)教学案例征集评选"结果工
作的通知》(教指委发〔2015〕03 号),湖南科技大学等 7 所院校提交的 12 个案
例被评为全国教育硕士(教育管理)教学优秀案例。

4 月 24—25 日

◆教指委在江苏大学召开全国新增教育硕士院校工作研讨会,国务院学
位委员会办公室和江苏省学位委员会办公室的有关领导、教指委部分委员、
2014 年新增的 50 所教育硕士研究生培养院校的单位代表共 230 余人出席了
会议。

4 月 27 日

◆国务院学位委员会下发《关于印发〈教育硕士专业学位设置方案(2015 年修订)〉的通知》(学位〔2015〕4 号)。

5 月 4 日

◆国务院学位委员会办公室重点调研教育专业学位教指委秘书处建设情况。

5 月 7 日

◆教育部下发《关于加强专业学位研究生案例教学和联合培养基地建设的意见》(教研〔2015〕1 号)。

5 月 25 日

◆中国学位与研究生教育学会召开秘书长 2015 年第一次联席会议,解读学会收取会费以及会费管理办法。

5 月

◆经专家组评审和全体委员审核,教指委向中国专业学位教学案例中心案例库提交首批 65 个教学案例。

6 月 3 日

◆教指委组织专家讨论通过《教育硕士(职业技术教育领域)专业学位研究生指导性培养方案(试行)》。

6 月 11 日

◆国务院学位委员会办公室下发《关于做好开展教育硕士(职业技术教育)专业学位研究生教育试点单位确认工作的通知》(学位办〔2015〕22 号)。

6 月 13—14 日

◆首届全国教育硕士专业学位教育管理案例教学观摩与研讨工作会议在沈阳师范大学召开。

6 月 16 日

◆教指委下发《关于筹备教育专业学位研究生教育 20 周年研讨活动的通知》(教育发〔2015〕10 号),正式启动研讨活动筹备工作。

6 月

◆全国专业学位研究生教育指导委员会编写的《专业学位类别(领域)博士、硕士学位基本要求》由高等教育出版社出版。

7 月 28 日

◆国务院学位委员会办公室下发《关于公布教育硕士(职业技术教育领域)专业学位研究生试点单位确认结果的通知》(学位办〔2015〕28 号),要求教指委下发培养方案,并明确规定各试点院校招生方向不能超过 5 个。

8月3—6日

◆全国教育专业学位教育工作委员会第一次工作会议暨全日制教育硕士培养院校实践教学与实践基地建设工作暑期研讨会在烟台召开，来自全国111所院校的290余名代表出席了会议。这是中国学位与研究生教育学会教育专业学位教育工作委员会成立后召开的第一次会议。

8月13日

◆教指委下发《关于增设教学案例、职业技术教育专家工作小组的通知》(教指委发〔2015〕08号)，至此，教指委下已成立11个专家工作小组。

9月23—25日

◆全国教育博士专业学位授权点专项评估工作会议在北京召开，会期三天，分别进行了专家审阅材料、院校汇报情况、专家会议评审工作。

10月30—31日

◆教指委委托杭州师范大学承办全日制教育硕士小学教育专业教学技能大赛(决赛)。

11月18—21日

◆为落实教育部《关于委托教指委承担2014年专业学位研究生培养模式改革项目的通知》(教研司〔2014〕12号)精神，教指委副主任委员吴康宁一行五人对赣南师范学院进行了教育硕士专业学位研究生培养模式改革情况调研。

11月27日

◆"教育硕士专业学位小学教育领域案例库开发研究"课题研讨会在东北师范大学召开。本次会议初步确定了案例编写的基本框架和内容，明确了任务分工和工作进度。

12月2—6日

◆教指委组织部分委员组成评审组，在云南师范大学对44所院校上报的101项教育专业学位优秀教学成果奖申报材料进行审议，结果为特等奖空缺、一等奖12项、二等奖40项。

12月11—13日

◆第三届全国教育博士论坛在南京师范大学举办。来自15所院校的130多位教育博士生和40多位博士生导师参与了三个分论坛活动和不同专业方向的"学习与研究工作坊"，就学习和研究中的经验和难题进行了充分交流和研讨。会议期间，教育博士专业学位专家工作小组研究了教育博士专业学位招生对象、招生领域、培养方案、论文标准等问题，形成工作报告，供教指委研究有关工作参考。

2016 年

1 月 4—6 日

◆全国教育专业学位研究生教育指导委员会职业技术教育专家工作小组暨教育硕士(职业技术教育领域)试点院校工作会议在浙江工业大学(屏峰校区)召开,教育部有关司局职能部处干部、专家工作小组成员、院校参会专家120 余人出席会议。参会院校在专家的指导下,统一了对教育硕士(职业技术教育领域)专业学位指导性培养方案的理解与认识。

1 月 24 日

◆教指委下发《关于开展新增教育硕士研究生培养院校工作检查的通知》(教指委发〔2016〕01 号),定于 2016 年 4—5 月间开展 2014 年新增教育硕士研究生培养院校培养工作情况检查。

3 月 2 日

◆教指委下发《关于评选"第二届全国教育硕士专业学位研究生联合培养示范基地"的通知》(教指委发〔2016〕02 号)、《关于开展第五届全国 Ed. M 优秀教师和教学管理工作者评选工作的通知》(教指委发〔2016〕03 号)、《关于开展第五届全国优秀教育硕士专业学位论文评选工作的通知》(教育发〔2016〕02 号)。

3 月 11 日

◆国务院督导委员会办公室下发《关于开展专业学位水平评估试点工作的通知》(国教督办函〔2016〕16 号)。

5 月 12 日

◆教指委与教育部学位与研究生教育发展中心签订合作协议,按照该协议,教指委将在一年内组织专家完成编写 60 个案例入库,召开 5 次案例工作研究会议,开展 8 次案例编写与案例教学"送培训到校"活动,学位与研究生教育发展中心提供一定经费支持。

5 月 14—16 日

◆《教育博士硕士专业学位授权点申请基本条件》编写小组在华东师范大学召开第一次工作会议。

6 月 2—5 日

◆教指委秘书处在河北金融学院召开教育硕士专业学位(职业技术教育领域)培养方案审核总结及反馈院校会议。

6 月 10 日

◆教指委秘书处下发《关于审核院校教育硕士(职业技术教育领域)专业学位培养方案意见工作的通知》(教育发便字 201610 号),对每所职业技术教育领域招生试点院校的培养方案提出了具体的修改意见，并提供了统一的修改模板。

8月8—11日

◆根据《关于委托国务院学位委员会学科评议组和全国专业学位教育指导委员会编写〈博士硕士学位授权点申请基本条件〉的通知》（学位〔2016〕8号）和《关于评选"第二届全国教育硕士专业学位研究生联合培养示范基地"的通知》（教指委发〔2016〕02号）要求，教指委在曲阜师范大学日照校区召开暑期专项工作会议。

8月13日

◆教指委秘书处下发《关于组织开展教育硕士专业学位案例教学培训工作的通知》（教育发便字201615号），明确从2016年10月至2017年3月，分五批采取"依托一点""辐射周边""分片培训"的方式，加强教学案例编写与案例教学工作的宣传推广，扩大案例培训范围，提高案例编写与教学案例培训的效率。

8月25日

◆案例专家小组集体审议通过《中国教育专业学位教学案例入库标准》。

9月2日

◆教指委秘书处下发《全国教育专业学位研究生教育改革与发展研讨会通知》（教育发〔2016〕08号），正式拉开了全国教育专业学位研究生教育20周年庆祝活动的序幕。

9月10日

◆教指委下发《关于开展首届全国教育专业学位教学案例征集工作的通知》（教指委发〔2016〕08号），开始全面征集教学案例工作。

9月13日

◆教指委下发《关于表彰全国第五届教育硕士专业学位优秀教师和教学管理工作者的决定》（教指委发〔2016〕09号）、《关于公布"全国教育硕士专业学位研究生联合培养示范基地"评选结果及有关工作的通知》（教指委发〔2016〕10号）、《关于公布全国教育专业学位突出贡献奖获奖人名单的通知》（教指委发〔2016〕11号）。

9月14日

◆国务院学位委员会办公室下发《关于反馈〈博士硕士学位授权点申请基本条件〉编写修改意见的函》（学位办便字20160903号），要求编写小组参照通知附件"部分一级学科和专业学位类别申请基本条件参考文本"进行修改。

9月18日

◆教指委下发《关于反馈教育硕士专业学位研究生培养工作检查意见的通知》(教指委发〔2016〕12号)。

9月20日

◆教指委秘书处下发《关于院校网上注册"全国教育专业学位研究生教育改革与发展研讨会"参会信息工作的通知》(教育发便字201617号)。该项工作标志着秘书处逐步将日常工作也纳入网络管理,继续向管理工作信息化迈进。

9月23日

◆教指委秘书处出席国务院学位委员会办公室和教育部教师工作司联合召开的落实习近平总书记2016年教师节重要讲话精神工作会议,研究讨论全面落实中小学教师职业资格考试和教师注册制度工作。

10月27日

◆《中国教育报》发表教育硕士20周年宣传文章。

10月30日

◆全国教育专业学位研究生教育改革与发展研讨会在北京召开,138所院校397名代表出席。会议向顾明远(北京师范大学)、叶澜(华东师范大学)、裴娣娜(北京师范大学)、何艳茹(华南师范大学)、傅维利(辽宁师范大学)、杨启亮(南京师范大学)、李继凯(陕西师范大学)、张大均(西南大学)、阴国恩(天津师范大学)、康岫岩(南开翔宇学校)十位教授颁发全国教育专业学位教育突出贡献奖。

12月26日

◆教指委秘书处向国务院学位委员会上报《教育博士硕士专业学位授权点申请基本条件》。

2017年

1—12月

◆学科教学(生物)、学科教学(数学)、学科教学(语文)、学科教学(历史)和小学教育五个专业领域全日制教育硕士研究生教学技能大赛初赛相继在全国举行。

3月6日

◆教指委发布《关于公布〈全日制教育硕士专业学位研究生指导性培养方案(修订)〉的通知》(教指委发〔2017〕04号)。

3月8—11日

◆全国教育专业学位研究生教育认证第一次工作会议在福州召开。

3 月 17 日

◆国务院学位委员会下发《关于开展 2017 年博士硕士授权审核工作的通知》(学位〔2017〕12 号)。

3 月 20 日

◆国务院学位委员会办公室下发《关于召开国务院学位委员会学科评议组、全国专业学位研究生教育指导委员会工作会议的通知》(学位办〔2017〕7 号),首次召集主任委员和秘书长同时出席会议,目的是传达落实国务院学位委员会第三十三次会议精神,充分发挥专家组织的作用。

4 月 14 日

◆国务院学位委员会学科评议组、专业学位研究生教育指导委员会工作会议在北京召开,教育部副部长杜占元、学位委员会办公室副主任李军、学科评议组成员、各专业学位研究生教育指导委员会委员及秘书处工作人员等共 200 余人出席会议。全国教育专业学位研究生教育指导委员会出席会议的是主任委员钟秉林、秘书长张斌贤及秘书处工作人员。张斌贤作为专业学位研究生教育指导委员会一组副组长主持并参与了下午的分组讨论。

5 月 3 日

◆为了全面把握和诊断我国全日制教育硕士研究生培养质量的现状,总结经验,挖掘存在的问题,分析存在问题的原因,提出解决的策略,最终促进我国全日制教育硕士研究生培养质量再上一个新的台阶,教指委下发《关于开展全日制教育硕士培养质量调查的通知》(教育发便字 201710 号),组织有关院校开展问卷调查等活动。

5 月 21—23 日

◆全国教育专业学位研究生教育认证专项工作第二次研讨会议在北京召开。

5 月 23—25 日

◆全国教育硕士(职业技术教育领域)研究生教育试点院校工作会议在上海召开。

6 月 20 日

◆教指委下发《关于公布〈非全日制教育硕士专业学位研究生指导性培养方案(暂行)〉的通知》(教指委发〔2017〕11 号)和《关于公布〈全日制教育硕士专业学位研究生实践教学基本要求〉的通知》(教指委发〔2017〕12 号)。

11 月 20 日

◆教指委下发《关于开展"全国教育硕士专业学位研究生联合培养示范基地"建设情况检查的通知》(教指委发便字 201704 号)。

11 月 27 日

◆教指委下发《关于转发〈安徽师范大学关于进一步加强专业学位案例库建设和案例教学工作的意见(试行)〉的通知》(教育发〔2017〕09 号),这是教指委首次转发院校规范文件。

11 月 30 日

◆教指委下发《关于反馈"首届全国教育专业学位教学案例征集"教学案例入库评审意见的通知》(教指委发便字 201705 号)。

12 月 6—9 日

◆教指委专项工作会议暨第六届全国优秀教育硕士专业学位论文评审工作会议在江苏师范大学召开。此次优秀论文评审有三个变化:一是将以前的"网评+会议评审"合二为一;二是增加了各组推荐一篇范文,以供全文刊发出版;三是在教指委年会审议前先行公示。

12 月 18 日

◆教指委下发《关于继续做好教育硕士专业学位研究生培养方案修订工作的通知》(教指委发〔2017〕25 号),为规范院校制定、修订培养方案提供参照。

12 月 21 日

◆广东省教育厅在华南师范大学召开关于开展推进教育专业学位研究生教育综合改革工作会议,会议围绕教育硕士联合培养基地建设、案例库建设、课程与教材开发、实践能力培养与实践教学等内容开展专项研讨。这是全国首次由省研究生教育主管部门专门针对教育专业学位研究生教育而组织召开的工作会议,整个活动得到了教指委秘书处的具体指导和帮助。

12 月 25 日

◆教指委向国务院学位委员会办公室上报"服务国家特殊需求人才培养项目"教育专业学位研究生教育验收评估报告。

2018 年

1 月 8 日

◆国务院学位委员会下发《关于下达 2017 年审核增列的博士、硕士学位授权点名单的通知》(学位〔2018〕9 号),辽宁师范大学等 12 所院校被增列为教育博士培养单位。

3 月 6 日

◆教育部布置委托全国专业学位研究生教育指导委员会编写各专业学位类别《研究生核心课程指南》的工作。

3 月 8 日

◆教育部学位管理与研究生教育司培养质量处召开专业学位核心课程教材编写指南研讨会。

3 月 14 日

◆国务院学位委员会下发《关于公布 2017 年服务国家特殊需求人才培养项目验收评估结果的通知》(学位〔2018〕6 号),鞍山师范学院等 5 所教育硕士特需项目院校通过验收。

3 月 15—17 日

◆教育博士改革方案研讨会在南京大学召开。

3 月 19 日

◆教指委下发《关于开展首届全国优秀教育博士专业学位论文评选工作的通知》(教育发〔2018〕02 号)。

3 月 31 日

◆教指委下发"全国全日制教育专业学位研究生学科教学技能大赛规范化研究"的立项通知[教指委(工作委)教科立〔2018〕001 号]。

4 月 26—28 日

◆新增教育博士研究生培养院校研讨会在湖南师范大学召开。

5 月 4 日

◆国务院学位委员会办公室下发《关于委托国务院学位委员会学科评议组和全国专业学位研究生教育指导委员会编写〈研究生核心课程指南〉的通知》(学位办〔2018〕16 号)。

5 月 7 日

◆国务院学位委员会、教育部下发《关于进一步发挥国务院学位委员会学科评议组和专业学位研究生教育指导委员会作用的意见》(学位〔2018〕20 号)。

6 月 14—16 日

◆全国教育硕士学科教学(数学、物理、化学)专业学位论文指导工作研讨会在江苏大学召开。

6 月 21—23 日

◆《教育硕士专业学位教学技能大赛规程》研制研讨会在鲁东大学召开。

7 月 22—25 日

◆教育硕士专业学位授权点专项评估工作会议在辽宁师范大学召开。

7 月 26 日

◆第二届全国教育专业学位教学成果奖评审会议在辽宁师范大学召开,共有 54 所院校的 115 个项目参加评审,最终评出特等奖 3 项,一等奖 17 项,二等奖 43 项。

8 月 4 日

◆教指委下发《关于进一步加强全国教育硕士专业学位研究生联合培养示
范基地建设的意见》(教指委发〔2018〕23 号)和《关于评选"全国教育硕士专业学
位研究生联合培养示范基地"的通知》(教指委发〔2018〕24 号)。

11 月 30 日—12 月 3 日

◆第七届全国优秀教育硕士专业学位论文评审会议在深圳大学召开,经
过专家严格评审,共评出优秀论文 47 篇。

◆第六届全国教育博士论坛在华南师范大学举办。为调动院校参加论坛
活动的积极性,教指委首次为论坛优秀论文和论坛发言分别颁发证书和证明。

12 月 17—21 日

◆教指委专项工作会议暨首届全国优秀教育博士专业学位论文评审会议
在海南师范大学召开。经过严格评审,评出优秀论文 10 篇。会议还评审了院
校教育硕士专业学位研究生联合培养示范基地,经严格评审,评选出了 30 个
示范基地。

12 月 30 日

◆教指委下发《关于公示全国第七届教育硕士优秀教师和教学管理工作者
的通知》(教育发〔2018〕11 号),公示优秀教师 255 人、优秀教学管理工作者
89 人。

2019 年

3 月 28 日

◆教指委秘书处向国务院学位委员会办公室上报《部属师范大学公费师范
生攻读教育硕士专业学位情况调研报告》。

◆国务院学位委员会办公室为教指委提供《〈研究生核心课程指南〉编写工
作汇报》。

3 月 29 日—4 月 27 日

◆教指委组织 50 余名专家对 25 所 2018 年全国教育硕士专业学位新增院
校进行工作检查。

4 月 9 日

◆教指委秘书处向国务院学位委员会办公室上报近五年教育专业学位研
究生教育发展报告。

4 月 29 日

◆教指委向国务院学位委员会办公室上报《教育专业学位研究生核心课程

指南》。

◆教指委下发《关于发布〈全国全日制教育硕士专业学位研究生教学技能大赛规程〉的通知》（教指委发〔2019〕08 号）。

5 月 22 日

◆教指委下发《关于公布〈教育硕士专业学位论文基本要求〉的通知》（教指委发〔2019〕09 号），并上报国务院学位委员会办公室备案。

6 月 3 日

◆国务院学位委员会、教育部、人力资源社会保障部下发《关于修订〈专业学位研究生教育指导委员会工作规程〉的通知》（学位〔2019〕17 号）。

6 月 4—6 日

◆全国教育硕士专业学位新增院校专家检查工作总结暨交流研讨会在贵州都匀召开。教指委主任委员钟秉林、秘书长张斌贤、副秘书长吴刚出席会议。

6 月 12 日

◆国务院学位委员会办公室下发《关于请推荐有关专业学位研究生教育指导委员会新一届委员的通知》（学位办〔2019〕12 号）。

8 月 30 日

◆教育部、国家发展改革委、财政部、人力资源社会保障部下发《关于印发〈深化新时代职业教育"双师型"教师队伍建设改革实施方案〉的通知》（教师〔2019〕6 号）。

9 月 30 日

◆国务院学位委员会办公室下发《关于对修订〈学位授权审核申请基本条件〉征询意见的函》（学位办便字 20190906 号）。

10 月 21 日

◆秘书处向教指委职业教育专家小组和职业院校转发《深化新时代职业教育"双师型"教师队伍建设改革实施方案》（教师〔2019〕6 号，2019 年 8 月 30 日签发）。

11 月 5 日

◆国务院学位委员会、教育部、人力资源社会保障部下发《关于全国社会工作等 5 个专业学位研究生教育指导委员会换届的通知》（学位〔2019〕24 号），第五届全国教育专业学位研究生教育指导委员会成立。

11 月 5—7 日

◆沈阳师范大学和美国密苏里大学圣路易分校联合举办教育专业学位发展论坛。这是国内高校首次与国外大学合作举办教育专业学位研究生教育相关的研讨会。

2020 年

2 月 27 日

◆教指委下设的教育专业学位案例专家工作小组通过视频会议平台召开第十次工作会议。

3 月 26 日

◆教指委秘书处发布教指委 2019 年工作总结与 2020 年工作计划。

4 月 19 日

◆按照中国学位与研究生教育学会《关于进行 2019 年社会团体年度检查信息统计的通知》(学会秘〔2020〕6 号)要求，教指委秘书处完成信息统计上报工作。

4 月 23 日

◆国务院学位委员会、教育部下发《关于开展 2020 年学位授权点专项评估工作的通知》(学位〔2020〕9 号)。

5 月 3 日

◆教指委向国务院学位委员会办公室上报《2020 年教育硕士专业学位授权点专项评估工作方案》。

5 月 10 日

◆教指委秘书处下发《关于院校填报 2020 年教育硕士研究生录取数据统计等系列表工作的通知》(教育发便字 202003 号)。

5 月 11 日

◆教指委秘书处下发《关于院校上报 2019 年教育硕士研究生获学位情况等数据库工作的通知》(教育发便字 202004 号)。

5 月 20 日

◆教指委秘书处下发《关于报送教育博士专业学位基础数据工作的通知》(教育发便字 202005 号)。

7 月 10 日

◆国务院学位委员会办公室下发《关于进一步严格专业学位授权点专项评估工作纪律的通知》(学位办〔2020〕9 号)。

7 月 16 日

◆教育硕士专业学位授权点专项评估评审动员在线会议(第一次)在东北师范大学召开。

8 月 3 日

◆教育硕士专业学位授权点专项评估评审工作在线会议(第二次)在东北师范大学召开。

8 月 13 日

◆教指委秘书处公布教育硕士专业学位授权点专项评估结果。

8 月 17 日

◆国务院常务会议决定推进师范毕业生免试认定教师资格改革,由院校考核教学能力。允许教育类硕士及以上学历毕业生、公费师范生免试认定教师资格。

8 月 24 日

◆教指委秘书处下发《关于下发教育博士研究生招生对象情况的问卷调查工作的通知》(教育发便字 202008 号)。

9 月 4 日

◆教育部、国家发展改革委、财政部下发《关于加快新时代研究生教育改革发展的意见》(教研〔2020〕9 号)。

9 月 19 日

◆教指委秘书处召开教育博士专业学位专家工作小组 2020 年教育博士专业学位招生工作研究在线会议。

9 月 24 日

◆教育部下发《关于加强博士生导师岗位管理的若干意见》(教研〔2020〕11 号)。

9 月 25 日

◆国务院学位委员会、教育部下发《关于进一步严格规范学位与研究生教育质量管理的若干意见》(学位〔2020〕19 号)和《关于印发〈专业学位研究生教育发展方案(2020—2025)〉的通知》(学位〔2020〕20 号)。

10 月 21 日

◆教指委秘书处出席教育部教材局在北京召开的新时代马克思主义理论研究和建设工程(以下简称马工程)重点教材建设规划座谈会,布置课程遴选与推荐工作。

10 月 30 日

◆教指委向教育部教材局上报马工程教材编写清单。

11 月 11 日

◆国务院学位委员会、教育部下发《关于修订印发〈学位授权点合格评估办法〉的通知》(学位〔2020〕25 号)。

11月21日

◆教指委秘书处出席中国学位与研究生教育学会在北京召开的第六届理事会第四次全体会议。

11月25日

◆全国2019年教育硕士研究生学位论文题目工作总结会采用线上视频会议的形式在上海师范大学召开，会议决定今后分领域方向、分片组织专家对院校导师进行论文选题培训。

11月30日—12月2日

◆全国教育专业学位研究生教育"十四五"改革与发展规划研讨会在云南师范大学召开。

12月14—16日

◆全国教育博士培养专项工作研讨会在华南师范大学召开。

12月23日

◆根据国务院学位委员会办公室下发的《关于报送专业学位专业领域设置情况的函》（学位办便字20201206），教指委秘书处上报《专业学位专业领域设置情况表》。

2021年

1月16日

◆教指委审议通过《教育专业学位研究生教育"十四五"发展规划报告》。

1月17日

◆教指委主任委员钟秉林主持召开新年秘书处第一次工作会议。

1月22日

◆教指委秘书处向国务院学位委员会办公室上报《教育专业学位研究生教育发展报告》。

1月25日

◆教指委秘书处出席国务院学位委员会学科评议组、全国专业学位研究生教育指导委员会视频工作会议。

1月29日

◆第五届教指委第一次全体工作会议以在线方式召开，教育部学位管理与研究生教育司司长洪大用做了主旨报告，委员们围绕教育专业学位研究生教育"十四五"发展规划和教指委2021年工作计划进行了讨论。

2月24日

◆教指委秘书处下发《关于征集教育博士专业学位教学案例选题工作的通

知》(教育发便字202105号)。

3月16日

◆教指委秘书处转发《教育部关于〈中华人民共和国学位法草案(征求意见稿)〉公开征求意见的公告》(2021年3月15日发布),组织教指委新老委员和教育专业学位授权点院校学习和征求意见。

3月20日

◆教指委秘书处转发《教育部关于印发〈职业教育专业目录(2021年)〉的通知》(教职成〔2021〕2号,2021年3月12日签发),征集并组织讨论教育硕士职业技术教育领域研究生招生工作的建议。

3月23日

◆教指委秘书处向国务院学位委员会办公室上报《2021年教育专业学位专项合格评估工作方案》。

3月25—27日

◆教指委专项工作研讨会在浙江师范大学召开,会议研究讨论了教指委"十四五"发展规划、培养方案修订、教育巡查方案等工作。

3月27日

◆教指委秘书长张斌贤与田家炳教育基金会秘书长戴大伟通过视频会议达成全国全日制教育硕士专业学位研究生教学技能大赛冠名"田家炳杯"的意向。

3月28日

◆教指委秘书处向国务院学位委员会办公室上报《2021年教育硕士专业学位研究生教育质量专项巡查工作方案》。

4月2日

◆教指委秘书处下发《关于开展教育硕士研究生实践教学方式及其质量保障措施调研工作的通知》(教育发便字202110号),对院校近三年开展教育硕士研究生实践教学方式及其质量保障措施的情况进行调研。

◆教指委秘书处下发《关于报送2020年教育硕士(职业技术教育)研究生抽检学位论文的通知》(教育发便字202109号)。

4月23日

◆国务院学位委员会办公室下发《2021年教育专业学位专项合格评估工作方案》(修改稿)征求意见。

4月26日

◆教指委下发《关于成立教育硕士专业学位研究生实践教学专家工作小组的通知》(教指委发〔2021〕01号)。

5月11日

◆教指委下发《关于成立全国全日制教育硕士专业学位研究生教学技能大赛组委会及执委会的通知》(教指委发〔2021〕02号)。

5月12—14日

◆教指委《教育专业学位研究生教育发展报告》、《教育专业领域简介》、"十四五"发展规划课题结题评审等专项工作会议在沈阳师范大学召开。

5月18日

◆"田家炳杯"全日制教育硕士专业学位研究生教学技能大赛组委会2021年第一次工作会议在线召开。

5月26日

◆教指委下发《关于举办"田家炳杯"全日制教育硕士专业学位研究生教学技能大赛的通知》(教指委发〔2021〕03号)。

5月31日

◆教指委秘书处向国务院学位委员会办公室上报《教育专业学位领域简介》。

◆全国教育专业学位研究生实践教学专家工作小组2021年第一次工作会议在线召开。

6月1日

◆教指委秘书处向国务院学位委员会办公室上报《教育专业学位研究生教育发展报告》。

6月15日

◆中国学位与研究生教育学会下发《关于召开"教学案例库建设与教育专业学位人才培养改革"研讨会的通知》(学会文〔2021〕68号)。

7月5—8日

◆2021年教育硕士专业学位授权点专项合格评估工作会议在赤峰召开,会议由赤峰学院承办。

7月15日

◆教指委秘书处下发《关于对2021年教育硕士专业学位授权点专项合格评估初评结果进行复评工作的通知》(教育发便字202121号)。

8月11日

◆教指委下发《关于下发〈关于进一步规范教育硕士(职业技术教育领域)专业学位论文工作的指导意见〉的通知》(教指委发〔2021〕06号)。

8月27日

◆国务院学位委员会办公室下发《关于开展2021年学位与研究生教育质

量专项巡查的通知》(学位办〔2021〕23 号),巡查工作启动。

9 月 6 日

◆教指委秘书处下发《关于开展全国教育硕士专业学位研究生教育推荐教材申报工作的通知》(教育发便字 202123 号)。

9 月 30 日

◆教指委下发《关于委托专家开展 2021 年教育硕士专业学位授权点质量专项巡查工作的通知》(教指委发〔2021〕07 号)、《关于 2021 年教育硕士专业学位授权点质量专项实地巡查工作的通知》(教指委发〔2021〕08 号)。

◆2021 年教育硕士专业学位授权点质量专项巡查专家工作小组组长在线工作会议召开。

10 月 9 日

◆为深入贯彻习近平总书记关于研究生教育工作的重要指示精神和全国研究生教育会议精神,推进学术学位、专业学位研究生分类培养、分类评价,国务院学位委员会办公室委托全国专业学位研究生教育指导委员会研究制定各类别的《博士、硕士专业学位论文(实践成果)基本要求》。

◆教指委下发《关于举办"田家炳杯"全日制教育硕士专业学位研究生教学技能大赛决赛的通知》(教指委发〔2021〕09 号)。

10 月 29 日

◆教指委下发《关于开展第四届全国教育专业学位教学案例征集工作的通知》(教指委发〔2021〕10 号)、《关于开发教育博士专业学位教学案例工作的通知》(教指委发〔2021〕11 号)。

◆教指委秘书处下发《关于上报 2021 年教育硕士专业学位授权点质量专项巡查自查工作报告的通知》(教育发便字 202126 号)。

11 月 5 日

◆2021 年教育硕士专业学位授权点质量专项巡查在线总结工作会议召开。

11 月 12—14 日

◆教指委陆续转发国务院学位委员会下发的关于新增学位授权点的文件,介绍已有教育硕士、博士专业学位授权点情况。

11 月 19 日

◆教指委秘书处下发《关于组织专家网上评阅院校推荐全国教育硕士研究生教材工作的通知》(教育发便字 202128 号)。

12 月 10 日

◆教指委向国务院学位委员会办公室上报教育巡查工作报告。

2022 年

1 月 13 日

◆教育硕士研究生教学技能大赛组委会 2021 年"田家炳杯"全日制教育硕士专业学位研究生教学技能大赛工作总结会议在线召开。

1 月 22 日

◆第五届教指委第二次全体工作会议在线召开。国务院学位委员会办公室副巡视员唐继卫到会指导并作主旨报告，教指委主任委员钟秉林作中心发言。教指委副主任委员、教育部教师工作司司长任友群和基础教育司司长吕玉刚出席会议。

3 月 7 日

◆教指委下发《关于成立"田家炳杯"教育硕士研究生教学技能大赛专家组织的通知》(教指委发〔2022〕02 号)，成立大赛专家委员会和各赛项专家组，对大赛开展业务指导工作。

3 月 9 日

◆教指委秘书处转发大赛专家委员会制定的《"田家炳杯"全日制教育硕士专业学位研究生教学技能大赛规程》(教育发〔2022〕01 号)。

3 月 13 日

◆教指委下发《关于公布首批教育硕士专业学位研究生推荐教材的通知》(教指委发〔2022〕03 号)，公布了小学教育、心理健康教育和学科教学(语文、英语、数学、物理、地理、化学)8 个领域方向的 8 门专业必修课程推荐教材。

4—11 月

◆教指委通过中国学位与研究生教育学会平台，先后组织了学科教学(文科)、学科教学(理科)、教育管理和小学教育 14 个领域(方向)的教育硕士研究生导师论文指导研修活动。

4 月 21 日

◆教指委秘书处下发《关于开展院校教育硕士专业学位学科教学论教学科研的师资队伍状况调研工作的通知》(教育发便字 202210 号)，开展全国教育硕士专业学位研究生培养院校专门从事学科教学论教学科研师资队伍状况调研。

6 月 28 日

◆教指委秘书处向教育部教师工作司提交《全国教育硕士专业学位研究生培养院校学科教学论教师队伍状况调研报告》。

7—8 月

◆教指委组织专家开展 2021 届教育硕士(职业技术教育)专业学位论文审核工作,对 881 篇学位论文选题进行审核。

8 月 6 日

◆教指委秘书处下发南京师范大学陈学军教授撰写的《首届全国优秀教育博士专业学位论文参评论文分析报告》(教育发便字 202214 号)。

8 月 9 日

◆教指委完成并发布《2022 年我国高校教育博士招生与培养工作研究报告》。

8 月 28 日

◆教指委完成并发布《教育博士、硕士专业学位论文基本要求》。

8 月 30 日

◆教指委面向所有教育专业学位研究生培养院校进行教育专业学位案例教学实施情况普查调研。

9 月 20 日—10 月 4 日

◆教指委组织部分委员及专家开展新增教育硕士专业学位授权点院校基本情况摸底工作。

10 月 6 日

◆教指委委托北京师范大学、首都师范大学有关专家调研国外专业学位研究生学制情况。

10 月 30 日

◆教指委实践教学专家工作组完成对《全日制教育硕士专业学位研究生实践教学基本要求》(2017 年版)的修订工作。

11 月 5—13 日

◆教指委组织院校开展全日制教育硕士研究生教学能力调研工作。

11 月 16 日

◆国务院学位委员会办公室下发《关于开展专业学位研究生在线示范课程建设工作的通知》(学位办〔2022〕22 号)。

11 月 19 日

◆教指委下发《关于教育硕士专业学位研究生在线示范课程评选的通知》(教育发〔2022〕02 号),组织开展 2022 年教育硕士专业研究生在线示范课程评选工作。

12月4日

◆教指委在线举办教育专业学位人才培养改革发展论坛暨教育专业学位教学案例库建设研讨会。

12月29日

◆教指委下发《关于公布第四届教育专业学位教学案例征集工作评审结果的通知》(教育发便字2022017号),共有191篇教学案例通过了教育部学位与研究生教育发展中心中国专业学位案例建设专家咨询委员会审核,收录至中国专业学位案例中心案例库。

2023 年

1月1日

◆教指委秘书处组织专家修订《教育专业学位简介》和《教育博士、硕士专业学位基本要求》,报送国务院学位委员会办公室。

2月6日

◆教指委秘书处组织专家修订《教育专业学位授权点申请基本条件》,报送国务院学位委员会办公室。

2月28日

◆教指委秘书处组织专家研制《教育硕士专业学位研究生在线示范课程建设计划表》,报送国务院学位委员会办公室。

3月2日

◆教指委秘书处工作人员应邀出席中国学位与研究生教育学会在线教育委员会江苏访问交流活动暨"研究生在线示范课程建设"专题研讨会,教指委委员王光明教授应邀作教育硕士专业学位研究生在线示范课程建设评审工作情况报告。

4月13日

◆教育部学位与研究生教育发展中心下发关于协力推进中国专业学位案例建设工作的调研问卷。

4月22日

◆教指委秘书处组织专家研制并上报《关于实施师范教育协同提质计划重点支持师范院校教师在职攻读博士学位专项计划的建议报告》。

5月12—13日

◆国务院学位委员会办公室委托北京航空航天大学举办《硕士、博士专业学位类别论文基本要求》文本专题研讨会。

5 月 24 日

◆教育部办公厅下发《关于师范教育协同提质计划重点支持师范院校教师在职攻读博士学位研究生工作的通知》（教师厅函〔2023〕9 号）。

6 月 1 日

◆教指委秘书处向国务院学位委员会办公室上报《教育博士专业学位论文基本要求》和《教育硕士专业学位论文基本要求》。

7 月 2—4 日

◆中国学位与研究生教育学会分支机构秘书长联席会暨首届中国学位与研究生教育大会召开。

7 月 28 日—8 月 1 日

◆教指委 2023 年第二次工作会议在鄂尔多斯召开。会议审议通过了全日制、非全日制《教育硕士专业学位研究生指导性培养方案》（修订版），《全日制教育硕士专业学位研究生实践教学基本要求》（修订版），教育博士和教育硕士教育专业学位研究生专项评估指标体系（修订版），教育博士专业学位研究生调整招生对象和增设职业技术教育领域的论证报告。

8 月 5 日

◆教指委下发《关于公布〈教育硕士专业学位研究生指导性培养方案（2023 年修订版）〉的通知》（教指委发〔2023〕06 号），公布《全日制教育硕士专业学位研究生指导性培养方案（2023 年修订）》和《非全日制教育硕士专业学位研究生指导性培养方案（2023 年修订）》。

8 月 6 日

◆教指委下发《关于公布〈全日制教育硕士专业学位研究生实践教学基本要求〉（2023 年 8 月修订）的通知》（教指委发〔2023〕07 号）。

8 月 26 日

◆教育部学位与研究生教育发展中心下发《关于开展第二批"精品案例课堂"建设的函》（学位中心函〔2023〕23 号）

8 月 30 日

◆教指委秘书处向教育部学位与研究生教育发展中心提交《第五届全国教育专业学位教学案例征集与评审工作报告》。

9 月 14 日

◆国务院学位委员会、教育部下发《关于开展 2023 年学位授权点专项核验工作的通知》（学位〔2023〕22 号）。

9 月 22 日—12 月上旬

◆2023 年"田家炳杯"全国全日制教育硕士专业学位研究生 16 个领域（方

向)教学技能大赛在全国 12 个城市的 12 所高校举办,每项赛事平均有 80 多所院校、400 余名学生参赛,累计共有 6000 余名学生参赛。

9 月 28 日

◆按照国务院学位委员会办公室的修改意见,教指委重新报送《教育专业学位简介》和《教育博士、硕士专业学位基本要求》。

10 月 6 日

◆教指委向国务院学位委员会办公室报送《关于调整教育博士专业学位招生对象的请示报告》。

10 月 10 日

◆教指委向国务院学位委员会办公室报送《教育专业学位专项核验工作方案》。

10 月 26—28 日

◆教指委依托中国学位与研究生教育学会在成都大学组织召开西部地区院校"全国教育硕士专业学位研究生指导性培养方案(修订版)、实践教学基本要求(修订版)政策解读研修会",秘书处划定的西部地区 90 余所院校、近 200 名代表出席了会议。

11 月 2—4 日

◆教指委依托中国学位与研究生教育学会在集美大学组织召开东部地区院校"全国教育硕士专业学位研究生指导性培养方案(修订版)、实践教学基本要求(修订版)政策解读研修会",秘书处划定的东部地区 100 所院校、200 余名代表出席了会议。

11 月 24—26 日

◆第八届全国教育博士论坛在华中师范大学举办。

12 月 17 日

◆2023 年"田家炳杯"全日制教育硕士专业学位研究生教学技能大赛总结会在云南师范大学呈贡校区召开,学科教学(思政)、小学教育等 16 个赛项专家组成员及 3 名大赛专家委员会委员列席会议,分享大赛各个赛项的办赛经验,提出问题,共同研讨解决方案,围绕现有大赛规程(2022 年版)的修订展开讨论。